[加] 廖晓英 著

共情养育

和青春期的孩子一起成长

中国友谊出版公司

图书在版编目（CIP）数据

共情养育：和青春期的孩子一起成长 / (加) 廖晓
英著. -- 北京：中国友谊出版公司, 2022.1
ISBN 978-7-5057-5358-7

Ⅰ.①共… Ⅱ.①廖… Ⅲ.①家庭教育－研究 Ⅳ.
①G78

中国版本图书馆CIP数据核字（2021）第247127号

著作权合同登记号 图字：01-2021-7128

书名	共情养育：和青春期的孩子一起成长
作者	[加]廖晓英
出版	中国友谊出版公司
发行	中国友谊出版公司
经销	北京时代华语国际传媒股份有限公司　010-83670231
印刷	三河市宏图印务有限公司
规格	690×980 毫米　16 开
	18 印张　290 千字
版次	2022 年 1 月第 1 版
印次	2022 年 1 月第 1 次印刷
书号	ISBN 978-7-5057-5358-7
定价	68.00 元
地址	北京市朝阳区西坝河南里 17 号楼
邮编	100028
电话	（010）64678009

前　言

本书是观察和记录加拿大中小学教育系列书的第三本。第一本是《小学还能这样上——中国妈妈眼中的加拿大小学教育》，第二本《中学还能这样上——加拿大教育的精神与细节》，那里面分别记述了小学和初中教育。这一本，聚焦高中。

在加拿大，免费义务教育从5岁学前班开始，直到高中毕业，一共13年。我们所处的英属哥伦比亚省（简称BC省，中文按发音习称卑诗省）把这13年的基础教育分为三个阶段，即：从5岁学前班到五年级为小学阶段，六、七、八年级为初中阶段，九年级至十二年级为高中阶段。每一阶段都针对学生成长期的特点采用不同的教学方法和教学内容。小学阶段，无论在智力上还是身体上，孩子们在成长中存在很大差异，教学多采取通过玩耍游戏和动手操作的方式开发认知兴趣，挖掘想象力和创造力，并注重培养读书的好习惯。初中正是他们从幼童转变到青少年的过渡时期，教学一方面继续扩大和加深孩子们在兴趣和技能上的探索，另一方面也开始注重批判性思维能力的训练。转入高中后，学生们心智逐渐成熟，认知能力大大提高，教学对思维和技能的训练力度也随之增强，特别是学校还帮助他们寻找自己喜欢并适合的专业，确定人生想要从事的职业方向。

加拿大的基础教育，无论是小学还是初中、高中，虽然在每个教学阶段有其不同特点，但其教育哲学却是一脉相承的。与传统的灌输知识、死记硬背、大量练习的方式截然不同，其传授知识的方法，特点在于顺其自然地引导学生主动探索、发掘自己的兴趣和爱好，提供大量机会让他们尝试自己喜欢和适合做的事情，重视启发和训练思维能力，在同一年龄段设立多层次的教学项目，让学生按自己的水平和能力来安排自己的学习进度。

高中是基础教育的最后阶段。高中毕业后，有人选择进入大学，继续接受高等教育，也有人则直接进入职场，走向社会，从此离开学校教育的轨道。在加拿大，高中教育绝不是单纯地传授知识，也不是以把学生送进大学为目的，而是着力于培养能够承担社会和家庭责任的人格健全的人，其目标是帮助青少年为进入成人社会做好准备。

为此，高中的教学内容涵盖了这样三个方面：

第一，知识教育。教育学生具备作为一个文明社会的人应当具有的文化素养，并为其中部分学生继续接受高等教育打好必需的知识基础。教学通过训练批判性思维能力，采取以做项目为基础的教学模式，让学生通过自己的探索和独立思考来获取知识；与现实社会和生活相结合，培养学生解决问题的能力，用多种手段鼓励学生独立自主地学习。

第二，技能教育。学校提供丰富的技能课程，教给学生们多种可享用终身的实用技能，既可以适应职业市场的需求，也帮助他们发展个人的爱好和兴趣并掌握一技之长，用这些技能服务社会和家庭。这些技能课程，或者通过一个个项目的具体操作，或者与劳动市场紧密结合，直接参与生产实践，让学生能够与社会所需建立直接联系，辅助他们从学校过渡到职场。

第三，精神和心理教育。学校极为关注青少年的精神和心理成长，让他们在备受家庭和学校保护的环境中逐渐了解和适应成人社会，培育他们作为公民对社会的关怀，教授他们为社会服务的本领，也操练他们作为社会人独立生活的能力，学会处理日常生活和人际关系，懂得掌控自己的身体和情绪，独立做出正确的人生选择，成为一个身心健康、幸福快乐的人。

本书即围绕以上三个方面的内容展开，记录和介绍加拿大高中教育的具体实践。

国际经合组织相关机构在世界范围历年进行的评审中，加拿大中小学教育的水准一直名列前茅。必须指出的是，这一优异成绩并不是加拿大在教育资源最丰厚地区中抽取最优秀的学生经过大量刷题练习而获得的，而是根据评审机构的常规做法，在全国范围进行评审得到的结果。

加拿大取得这样的教育成果，并不仅仅是由于在教育经费上的大量投入，也取决于公共教育体系建设的公平合理，更在于在教育实践中对每一个个体的尊重，对智力和能力不同的学生给予的不同关注。所谓有教无类、因材施教，这是古代中国的教育哲学，今天的加拿大在这方面做得很好。培养具有独立人格、公民责任心、批判思维能力和信息时代多种工作技能的社会成员，这是加拿大教育哲学的关注点，他们对此也付出许多努力。本书通过对多种细节的观察和记载，展现的就是加拿大高中教育的这些风貌。

一 跃 成 人

学校是孩子们成长的一块沃土。

高中生活与小学和初中生活相比发生了很大变化。在众人眼里，高中生已经被看作大人了。高中的老师们把他们称作"青年人"（young man），高中门前的马路上也不见初中和小学门前时速 30 公里的汽车限速标志了，学校里平日更没有家长的身影。高中四年，他们一跃成人。踏入高中时还是一脸稚气的孩子，走出校门时已是踌躇满志的社会新人。他们的变化真是日新月异。

高中的教育，针对这一阶段青少年成长的特点和需要，规划了与中小学有所不同的体系和内容。

各具特色的高中

我们家生活在 BC 省的首府维多利亚。这里与全省其他地区一样，高中不存在重点学校与非重点学校的区别。但是每一所公立高中都有独特的教学项目，或是很受重视的教育科目。这往往成为学生们选择上哪所高中的一个重要考量因素。我们住地社区所在的维多利亚第 61 学区拥有 7 所高中，每年学区管理部门都向即将升入高中的初中学生和家长发送高中简介手册，每所高中所开设的各种项目都列在上面。下面方框里的内容就是手册上列出的各校开设的课程项目概要。

埃斯奎马尔特高中（Esquimalt High School，简称 E 高中）
- 专门课程项目：挑战项目、沉浸式法语项目、国际学生项目、大学先修（AP）课程、厨艺 / 汽车 / 音乐 / 环境职业生涯项目、原住民教育项目、学生领袖课程、冰壶运动专业课程、奖学金探索项目；
- 艺术课程：戏剧（初级班、提高班）、音乐（管乐、爵士乐、声乐、弦乐）、舞蹈、平面艺术、工艺美术；
- 课外活动项目：动漫、赛车、摄影、象棋、环境保护、公益组织活动；
- 体育：所有主要体育项目，特别是自行车、网球、游泳、羽毛球。

兰姆布里克公园中学（Lambrick Park Secondary School，简称 LP 高中）：
- 加速项目：加快课程速度的项目；
- 荣誉课程；
- 课时之外的管乐队、合唱队和学生领袖项目；
- 多种选择的艺术课程和实用技术课程；
- 木工、商业、教育和旅游职业生涯预备课程；
- 高中学徒课程和技术工人训练（ACE-IT）课程；
- 垒球专业课程；
- 提供学生援助的资源室；
- 申请奖学金课程。

道格拉斯山中学（Mount Douglas Secondary School，简称 MD 高中）：
- 挑战项目：针对天才的、优秀的和有创意的学生；
- 荣誉课程：成绩出色的学生的加强课程；
- 辅助课程：帮助英语为第二语言的学生和有特殊需要的学生；
- 大学先修（AP）课程：人文、科学、数学课程，为进入大学提供学分；
- 职业课程：提供商业教育、计算机辅助制图、旅游课程；
- 艺术课程：各种音乐技能（管乐、爵士乐、合唱、弦乐），音乐剧，话剧，舞蹈，视觉艺术和媒介艺术；
此外还有各种体育运动科目和学生领袖课程。

橡树湾高中（Oak Bay High School，简称 OB 高中）：
- 提供大量可以选择的课程；
- 多次获奖的管乐、合唱、舞蹈、戏剧和艺术课程；
- 省级最好的体育课程项目；
- 不断扩展的沉浸式法语项目；
- 无数的体育、艺术和少年领袖活动机会。

雷诺兹高中（Reynolds High School，简称 R 高中）：
- 高水平的文化知识课程项目；
- 各类体育项目；
- 综合艺术课程：管乐、舞蹈、戏剧、合唱、音乐剧、弦乐、视觉艺术、电影研究；
- 专业和社区项目：媒体和舞台艺术、记者、旅游、社区娱乐健身、体育与健康；
- 足球专业训练；
- 灵活学习项目：在服务和少年领袖课程中学习；
- 沉浸式法语项目；
- 实用技术课程：家政、技术训练；
- 参与为本地、社区和世界服务的机会；
- 少年领袖课程：专注于精神、服务和环境。

维多利亚高中（Victoria High School，简称 V 高中）
- 综合基础知识课程，包括沉浸式法语项目和奖学金准备课程；
- 高水平的艺术课程，包括视觉艺术、表演艺术、管乐、合唱和爵士乐；
- 各类专业技术课程，如美发课程、音乐课程、木工、汽车、金属制品技工/焊接、生物和健康、人体科学；
- 独一无二的课程项目：糕点制作、海洋生物、时装设计、日语、旅游、妇女研究、基础文化知识加强课程；
- 通过环保俱乐部、少年领袖和"青年反对不容忍"活动贡献社区；
- 各种体育课外活动，如：划船、足球、排球、篮球、橄榄球。

来源：维多利亚 61 学区高中简介手册
- 全书将使用学校简称

  纵观介绍，课程项目琳琅满目，令人眼花缭乱。仔细研究，便知每个学校都有自己的侧重点，也各有一两项别具一格的教学内容。其中有的学校开设了英法双语毕业文凭项目；有的学校有为成绩优异的天才学生设立的特殊项目；有的学校以加快速度的方法合并一些课程，为优秀学生在高年级选择更多的课程节省时间；有的学校则以某类体育强项为主，是培养未来专业体育人才的基地；还有的学校用多种社区活动带动学生活跃于本地社会，成为热心公益的学生们所喜爱的校园。各高中以自己独具一格的项目来吸引学生，学生们也依此来挑选学校，看哪所学校的项目能够满足自己的需要，哪里的校园文化和风气更合乎自己的口味。

  在维多利亚，每所初中在本居民区一带都有与其相衔接的高中。就拿我的两个儿子上过的梅树初中来说，学校开办了英语和法语两种语言的教学项目。英语项目的学生读完八年级，可直接升入社区内距离该校最近的 MD 高中，而法语项目的学生则可入读距离稍远但设有法语项目的 R 高中。

但是，进入相衔接的高中只是政府管理上的安排，并不是一项必须遵守的制约条件。学生仍然可以根据自己的需要在更广的范围内选择学校。特别是近些年来，教育改革鼓励学生主动、灵活和自由地选择自己的学习地点，选择学校也属于这一范畴。各所高中的生源都以本社区的初中为基础，在满足这些学生入校的前提下，空余的名额可以用来招收其他来源的学生。61 学区的 7 所高中，各校规模都比初中要大许多，一所学校往往有学生近 2000 人，所以不仅能够满足指定的衔接初中的学生转入高中的需求，也有能力接纳更多其他来源的学生，包括相当数量的国际学生。比如说，MD 高中就有 60% 的学生并不是来自与其相衔接的那些初中。

为了能让八年级的初中生清楚地了解情况以恰当地选择高中，每年各所高中都会为他们举办开门晚会，邀请本学区八年级的学生和家长到校聆听介绍并参观校舍。会上除了有老师专门介绍学校的情况，还有在校高中生讲述在这所学校的亲身体验。

开门会对学生和家长判断、选择高中非常有帮助。当年老大栓柱选择高中时，我们参加了附近 3 所高中的开门晚会。俗话说，百闻不如一见。听了介绍，参观了教学楼，对高中的校舍条件、课程项目及人文环境有了切身的了解，为选择学校做出决定自是有诸多好处，让心中更加有数。

一些移民加拿大的中国家庭，新来乍到，对本地教育状况不够了解，往往把学校的排名作为寻找所谓好学校的标准。在加拿大，位于温哥华的一个调查机构菲沙研究所，每年都会公布一个全国中小学教学质量的排名榜。不过，这个排名饱受争议，因为学校还有许多的教学特点、教学项目及各种社会因素并不能在这个排名中全面、准确地反映出来。一所学校好不好，并不能以某一家机构所做的排名名次来简单地判断。

加拿大社会追求均等的受教育机会，在加拿大进入大学无须高考。一方面，大学的校门向每一位合格的高中毕业生敞开；另一方面，上不上大学一般仅仅属于学生自己的人生规划，不能证明学生优秀与否。因此，人们选择高中的标准并不以学校的大学入学率为前提。这也是教育公平的具体体现。

多样的选择

高中在课程安排上为即将成人的青少年要走的道路开拓了诸多的途径，不仅有文科和理科的选择，也有偏重学术或偏重实用技术的区别。其中无论文科或理科，理论性或实用性，教学中都有大量可以挑选的课程，而那些重要的科目，又有不同程度或不同侧重点的区分。

每个学校的课程选择指引手册，从前使用纸印版本时，都像是一本厚厚的16开本的杂志。打开翻阅，如同阅读一本科学和社会职业大全，种类之多，内容之细，令人目不暇接。后来，为了保护环境，节省纸张，学校把这些课程选项放到了网上，查阅起来也更方便了。

数量如此之多的课程，概括地讲可分为两大类：一类是基础知识课程，包括英语、数学、科学和社会科学等；另一类是实用技术课程，如电脑、木工、商业、厨艺、体育以及艺术类课程。

高中四年，九年级和十年级还是高中的初级阶段，十一年级和十二年级则为高级阶段。初级阶段仍然保持初中综合性课程分类模式。而到了高级阶段，就细分了科目，比如把科学课划分为化学、物理、生物、地球科学等多门；社会科学课内容更加广泛，有公民研究、心理学、哲学、原住民研究、历史、比较文明、地理、犯罪学、社会正义、法律课等多种；英文课也进一步分成语言艺术、英语文学、写作、语言交流等等；就连数学也有实用数学、基础数学、微积分等不同课程。

根据学生学习的不同程度和不同要求，教学也分为不同层次和不同类型。在普通教学班之外，有些学校还设有"荣誉课程"班（Honor Class）、大学先修课程（AP课程）、大学预科国际高中毕业证书课程（IB课程）等，类型多样，但都是为了满足更高的学习要求。有些学校还设立某种特殊项目，让一些优秀学生通过不同于普通班和荣誉班的教学方式接受训练，扩展他们的学习经验。像MD高中和E高中的"挑战项目"，R高中的"灵活项目"，LP高中的"加速项目"，都是在本地很有口碑的教学项目。

多样而丰富的课程设置，在开启人生职业大门之前，为学生提供了多种尝试的机会。学生对于学习哪些课程有着很大的自主权，其中有些是必修课，有些是选修课。即便是必修课，也并不简单划一，有些是高中毕业必修的课程，有些是学生为今后选择职业需读的课程。需要修什么课，学生可以根据自己的爱好和毕业后的方向来选择。

高中修课就像加拿大的大学一样实行学分制。一门课 4 个学分，九年级初入高中校门，给学生留有一年的适应期。从十年级到十二年级这三年间，他们需要修满 80 个学分。维多利亚的公立高中，一学年分为两个学期，一般一个学期修四门课，一年共修八门就能完成高中的学业。

学生在修课的方法和时间上也有极大的灵活性。他们可以跟随课堂老师的教学，也可以通过网上教学自学，因而不仅培养了学生学习上的主动性，也提高了学生在时间、效率等多方面的自主性。

教育必须应对不断变化的世界，这又与技术进步密切关联。近几年来，省教育部门向教育专家、大专院校的学者、商家、原住民、市政府人员、家长、学生和雇主们在内的社会各方人士征求意见，又以教育研究者的研究结果为基础，对高中十至十二年级的教学大纲进行修改，2016 年，正式颁布了新的教学大纲。这个新的大纲在坚持教授学生们阅读、写作和算术这些基本技能的同时，更加强调在各个领域让学生追随他们自己的"梦想"和"激情"，尤其关注教学能够针对每位学生的特点，即实现"个性化的学习"，充分注意到每个人学习方法和学习速度的不同，确保人人积极参与，获得个人所需的技能。教学中既把学生的学习过程作为群体行为，也视作个体活动。这一切都体现在从理论到行动的转变之中。

训练批判性思维

好的教育意味着什么？中国传统的教育理念认为，要让学生懂得的东西越多越好，学到的知识越深奥越好。而加拿大的教育则尊崇培养积极、活跃的思维，鼓励发现和创新。形象地说，在加拿大，好的教育是能够让学生"把你的思维带到你从未去过的地方"。

培养批判性思维是加拿大教育的核心议题。如哲学家叔本华所说："真正独立思考的人，在精神上是君主。"他还说："如果一个人拥有大量的知识，却未经过自己头脑的独立思考而加以吸收，那么这些学识就远不如那些虽所知不多但却经过认真思考的知识有价值。"这是加拿大教育哲学的重要依据之一。

不过,对批判性思维的理解不可望文生义,以为批判性思维就是凡事以批判的方式看待。从本质上说,批判性思维是一种思维能力,其中蕴含着严谨、周密的思维程序,是需要经过长期训练才能达到的技能;批判性思维是清楚、理性的思维,是一种理解思想之间的逻辑和连接的能力;批判性思维也可以被描述为人的一种反思和独立思考的能力。懂得批判性思维的人是一个主动的学习者,而不是信息的被动接受者。有批判思维能力的人对思想和假设会提出疑问,而不是接受其表面价值;他们喜爱论证某种思想、论据或结论是否说明了问题的实质;他们善于系统地识别、分析和解决问题,而不是只靠直觉和本能。

高中阶段的教学以训练这种思维方式为主要目标。教学中,老师通过让学生尝试理解某种思想及与之相关的各种联系,认识思想和其论据的重要性和相关性,辨认、建立和评价论据,并用推理的方式寻找其中的问题和错误,以贯穿始终的逻辑和系统的方式分析问题,反思自己的假设、信仰和价值观,最终引导学生以最合理的方式来解决问题,思考出最佳结论。

在教授学生培养这种思维的过程中,老师的教学活动就是一步步地引导他们学习怎样用客观和批判的方式思考主题或问题,怎样评估一个观点并确定它是不是正确的,怎样辨认某个问题的不同证据,怎样确认有关某种事物的证据或论据有缺点或不足,怎样注意到是什么因素在背后影响到陈述或论据,怎样为所持论点提供结构化的推理和支持。

在近些年的教育改革中,批判性思维方式还结合并加强了在现实生活和未来职业间的实际操作。在学习课堂上的知识、理论之外,学生们还要解决一些实际问题,比如解释某个图表中所包含的关于选举的信息;预估完成几项任务所需要的时间,包括开车到某个地方需要多少时间;根据经验判断把闹钟设在几点钟来开始新的一天;在现实环境中应用数学,包括计划成本、时间和空间的运算。其教学方法更加强调让学生在课堂上大量动手实践。2016年出台的新的大纲提出,让学生"在做项目的基础上学习",其意思是让学生通过完成一个个具体的项目课题,边了解问题,边认识问题,再对问题进行研究,最终达到解决问题的目的,把学习知识与批判思维、沟通技巧和实际工作更紧密地融合在一起。总之,就是让教学在培养批判思维能力的过程中能够符合新技术时代的社会和人的特点与需要。

独立、自主地学习

高中学生要独立、自主地学习，而他们从一进入高中就开始从细节上感受到这一点，并且必须开始培养自己的这种能力了。

高中的教学楼比初中的庞大许多，结构也复杂许多。初中生步入高中时，遇到的第一个困扰就是寻找教室。高中的课堂不再像初中那样，一个班级有一间各种科目都上的固定教室。高中学生上不同的课需要去不同的教室。英文课有英语教室，数学课有数学教室，化学课有化学实验室。往这些教室瞟上一眼，就能看出这个学科的明显特征。历史教室里挂满了历史人物的图像，数学课教室的墙上贴着数学公式和数学家箴言，物理和化学教室有各种实验仪器，管乐课的教室是一个阶梯式音乐室，戏剧课教室有一个小小的舞台，IT 课教室摆放着电脑，木工教室有各种机器，等等。学生们每上一门课都要更换教室。寻找教学课堂，学生需主动为之，而待在一个固定的课堂等待老师的到来，学生则处于被动地位。这样的教学安排看似寻常，其实从心理上对学生的影响很大。

高中也没有固定的同班同学一起上所有的课程。同学们各自选择不同的课程，上课的时间也就不同。有些同学可能在上英语课时同班，但数学课不同班；有些同学在上体育课时同班，但科学课又不同班。门门课都能碰在一起的情况十分罕见，甚至同在一个年级，有些同学几乎一年之内没有在同一个课堂上碰过面。同学间建立密切的关系就不可能只依赖于课堂了。

他们也不再有班主任老师了，而只有辅导员，或叫顾问。每个年级都有一两个辅导员。非非所在的 MD 高中学生多，学校把每个年级的学生按照姓氏字母排列起来分成群组，由辅导员分别管理。有趣的是，以最后几个字母 W、X、Y、Z 开头的姓氏多为华裔，结果他们这组学生就不期然地以华裔为主了。辅导员协助学生选择课程，也帮助他们解决在学校遇到的各种问题。但他们属于行政人员，与日常的课堂教学没有关系。所以说，高中生平日并没有人专门盯着照顾他们，凡事要靠自己主动采取行动。这对未成年的孩子来说无疑是种锻炼。

新的挑战

本书将继续以前两本书所采用的方式，以我的两个孩子栓柱和非非在各自高中的学习经历为线索和背景，介绍加拿大高中教育的种种细节。栓柱和非非先后一年之隔，告别了就读三年的梅树初中，并都离开了沉浸式法语教学项目，分别升入我们社区两所不同高中的英语教学项目。

进入高中时，他们都将满 15 岁，正是精神敏感时期。如同水土变化会给人们的身体带来不适，环境的改变也会给小小的心灵带来阵阵波澜，这就足以构成对他们生活的挑战了。根据许多家长和老师的经验，不少初入高中的孩子心心理上都非常紧张，而栓柱就是如此。

栓柱没有和梅树初中的同学们一起进入所衔接的高中，而是选择来到离家最近的 LP 高中就读。他希望自己每天走路上下学而不再要家长接送。我们也很满意他的选择，因为 LP 高中是一所规模较小的学校，只有 600 名学生，绝大多数是邻里的孩子，另外还有近 1/5 的国际学生。学生数量少，意味着他们受到的关注多。栓柱性格内向，不善交友，也正需要受到学校多一点的关注。

适应高中生活的准备工作从八年级末就开始了。6 月中旬，各个高中都为 9 月份即将入学的新生安排一次"过渡日"。那一天，八年级的学生来到他们将要就读的高中参观访问，熟悉环境。然而那个过渡日对栓柱并没有起到过渡的作用，反而为他的心理增添了相当大的负担。当他进入陌生的校园后，看到一张张不熟悉的面孔，他感到的是孤独。回到家，他的情绪甚为低落。当我了解了他的心理状态后，迅速向 LP 高中求救。我给在参观学校和选课时打过两次交道的学生顾问泰特老师写了一封电邮，向她讲述了栓柱的情况，并请求她的帮助。她马上把我的信转给了学生资源部的负责人海丝乐女士。海丝乐女士立即与我联系，约请我和栓柱某日下午到学校与她见面。

我们如约来到学校，她见到栓柱，就热情地和他聊了起来。我在一旁感受到栓柱从这位老师那里一下子就找到了亲近感，讲话和表情都显得自如了许多。聊了十来分钟之后，她打气般地告诉栓柱："开学后，如果你有任何问题，就来这间办公室找我们！"栓柱用力地点点头，似乎是找到了靠山。然后，她又叫来一位学生，请他带着栓柱到学校各处走走，再次熟悉一下学校的环境。我为此感到欣慰。不过，尽管如此，但学校里绝大多数的学生都是从小学就在一起一路走入高中的，已经形成了各自相对稳固的小团体。孤零零的栓柱还是经过了相当长的一段时间才度过了他的焦虑期，在 LP 学校渐渐扎下根来。当他高中毕业离开这里时，他把 LP 高中视为自己中小学阶段最喜爱的学校。

非非的过渡则不费吹灰之力。他选择了和一群朋友们就读 MD 高中的"挑战项目"。加之梅树初中的同班同学大多都去了 MD 高中，还有他在七年级时所上的七八年级混合班中也有高年级朋友在这里就读。和熟悉的伙伴们一起进入新环境，对非非来说，高中只是增加了对老师和校园的新鲜感。上高中后，他每天和几位邻居同学一起单程步行 40 分钟上学、下学，几个小朋友更是成了挚友。

高中的开学日，同小学和初中大相径庭。门口看不到家长护送，学生们或单独一人，或成群结伙来到学校。加拿大劳动节后的第一天，是大中小学开学的日子。LP 高中在十年级以上的学生到校后一个小时，敞开大门专门迎接新生。MD 高中因为学生人数较多，迎接新生的工作要复杂一些。在开学前一周，他们就安排新生来校再次参观，由高年级学生带领，熟悉每一间教室。开学第一天，学校邀请新生第一批到校。他们先去聆听校长讲话，然后在辅导员老师的带领下去领取一些资料和文件。

四年的高中生活就这样拉开了序幕。

精神与心理篇：
迎接融入成人社会

知识篇：
培养知识素养

———

    中小学基础教育首先是要培养现代社会文明人所必须具备的知识素养。这些素养可以概括为：用于阅读理解和精准表达的语言能力；日常生活和职业生活所使用的数学常识；关于人类生存于其中的大自然所产生的现象和其逻辑关系的科学道理；作为有能力参与决策的社会公民所应有的历史、政治和社会信息。高中教育要让青少年在进入成人社会时储备好这些知识。为此，高中阶段在教学内容上注重思维训练，在课程分类上细分专业科目，同时也为那些将继续接受高等教育的学生提供知识上的衔接。

1. 阅读与写作，训练思维——阅读篇

语言交流是人的最基本，也最重要的技能。在加拿大的基础教育中，从小学到高中，英语课也因此最受重视。

语言作为人类交流的体系性的工具，既是富有活力、处于不断演进中的，也是非常具有规律的。它是一门系统化的科学。高中的语言训练是全方位的，涉及语言作为载体所具有的多种形式，既有阅读、写作、文学、戏剧，也有公共演讲、电影表现及各种媒体表达。就英语教学课而言，则以阅读和写作为主线来展开。九到十一年级，课堂训练的具体做法包括练习口头表达，进行小组和课堂讨论，尝试各类写作，阅读、分析和解读文学作品，了解文学种类和文学要素，研习语法，学做笔记。到了十二年级，英语课程又进一步被划分为文学课、写作课和语言交流等不同的课程。

与小学和初中相比，高中阶段更加着重于通过语言训练来提高批判性思维的能力。BC省的教学大纲要求，高中学生不仅应掌握口头和笔头表达的能力，而且，要在对文学作品表达看法和做出反应性的思考中，在交流思想、信息和感受中，具有批判力、开创力和雄辩力。对各种文学作品，学生们要能够表达自己的看法，得出自己的判断，并能理性地为自己的结论提供辩护和支持。而且，这种表达不仅要准确、清楚，还要带有艺术性，要懂得合理地使用某种语言交流的形式和风格。

BC省对英语的重视不仅表现在课程要求和设置上，还表现在对学生严格的考察制度上。在十二年级学生毕业时，全省会举行高中课程的统一考试（本地简称"省考"），而英语是唯一的考试项目，其分数占学生包括日常课程在内的英语全年总成绩的40%。BC省的大学对新生也有一项专门要求，即：如果英语省考成绩没有达到 A，入大学后还必须继续修读英语课。有的大学科系，甚至不论学生省考成绩如何，在大学第一年都把英语课规定为所有学生的必修课。

形式多样读经典

一个周日的下午，我开车送非非到附近的郊野公园，他和几个伙伴约好，要在这里拍摄他们根据莎士比亚戏剧《麦克白》自改、自编、自演的小电影。故事原本发生在苏格兰，他们把剧情编排为发生在当今时代的中东地区。小团队里没有女生，于是麦克白的妻子就改编成了他的兄弟，非非正是扮演这个角色。印度同学把家里裹头的白布拿来让大家裹在身上做服装。我离开公园时，远远见到他们闪烁在青山绿树间，身着白衣，装扮成阿拉伯人，在那里挥舞大棒。那场景让我十分好奇，真想多偷看几眼。

过了两天，他们晚上又跑到海滩去拍夜景。凭借天空的星月，海面的雾气，再加上手电筒做聚光灯，把剧情中阴森森的气氛拍得真真切切。那天晚上他们为了专心工作，连手机都没开，音讯杳无，直到晚上 10 点多钟才收工回家，害得我和先生甚为担心。

这就是非非他们读莎剧《麦克白》的一项作业。老师给学生列出了下面好几个作业题目让他们选择：

第一个题目：小组演出

不超过五个人一个小组，选择剧中的一个或多个场景进行表演。表演不得短于 5 分钟，不长于 20 分钟。可以是真人的现场表演，也可以拍成视频到课堂上播放。你的小组要使用剧本中的一些原话，但这些话要适合你们所表演的内容。你们也可以变换剧情的背景，表演成一个现代剧。鼓励大家使用服装、道具和背诵台词。整个小组的成绩大部分取决于大家共同为制作和表演所付出的时间和努力。

第二个题目：配乐

想象一下，你怎么用现代电影的表现手法来给《麦克白》配乐？你的任务就是给故事内容配上合适的音乐（符合场景、气氛、人物关系、人物个性、情节、主题）。制作一张 CD 交上来，其中包括：

·至少 10 首乐曲。

·一个 CD 的艺术封面，包括一幅图画（最好是你自己画的）或多幅图画，电影题目，以及配乐作者的名字（即你自己）。封面大小与一本小书差不多。

·工作记录：包括你进行此项目的大部分工作内容。对每一首乐曲，都要解释为什么配上这首曲子（要讲述的理由是歌曲与故事情节之间的关系）。每一首曲子的解释不少于50字。

·封底写上乐曲的目录。

第三个题目：画图

制作一本动画或是儿童画册来讲述麦克白的故事。图画不少于15张，每一张都要配有叙述故事的文字。文字既要有在图片上画出来的对话泡泡，同时在图画下方也要有叙述的文字。

第四个题目：歌曲创作

写一首有关麦克白的歌曲，然后在课堂上表演出来。歌曲表演可以当场的表演，也可以在家中录制成视频拿到课堂上播放。歌曲的创作可以独自进行，也可以与他人合作共同制作，但作者最多不可超过3人。你可以选择一个他人创作的曲子然后自己填词，但需要把曲子的音乐部分写出来，并配上歌词提交上来。歌词不能少于40行，然后在表演时提交，表演不能短于3分钟。

学生们最喜欢第一个选择。那些天，非非他们为了改写剧本和摄制可是花了不少的工夫。平日放学后他们先到同学家商议剧本，然后就去拍外景。

其实，改编莎剧并排演出来，是非非他们在高中时期年年都做的事。让学生重新创作、表演，把同样的故事情节放入不同的背景中，既能充分发挥学生的想象力和创造力，又能加深他们对作品的理解。十年级时学习《罗密欧与朱丽叶》，非非他们把两个互相仇视的家族改编为两股匪帮，罗密欧与朱丽叶的爱情故事则发生在这两股匪帮之间。十二年级排演《哈姆雷特》，他们把古代发生的故事搬到第二次世界大战期间：不同的时期，同样的英雄，同样复杂的内心争斗，对人生充满相对主义、存在主义、怀疑主义式的思考。由此，学生们对历史过程中的人、人性、人类，从不同历史阶段的对比中获得了更深的体验。在学生们撰写改编剧本前，老师会给他们提出很多建议。有一位老师的建议是这样的：

·预写：回头看一下剧本，挑选一段情节生动的剧情片段；

·预写：想一想，你要撰写的这段剧情的场景是怎样的？经过大量思考后，写下各种可能，不管这些场景有多么可笑；

·起草：用不同的语言反映新的场景，包括语法、对话、用词，甚至是名字；

·撰写：不要忘记舞台方向（stage directions），加入舞台方向可以帮助作者更清楚地表现场景；

·重审：分析人物动机，保证你的人物动机与行为是一致的，特别要注意对话内容；

·重审：确保你的语言能反映出你所选择的场景；

·重审：看一看舞台方向，是不是使情节更戏剧化；

·再重审：确保人物还能辨认出是莎士比亚原剧里的形象。

每次，合作者都一起商议，由一人主笔，经过反复润色，剧本才得以产生。

非非十一年级时读《麦克白》，是一次全面且有趣的经验。开始时，老师还组织大家去观看《麦克白》的戏剧演出。维多利亚虽然是座仅有30多万人口的城市，但文艺活动颇为丰富，这样的戏剧在这座城市常有剧团表演。这为学生们学习文学作品提供了戏剧观赏的便利。栓柱学习《坎特伯雷故事集》的时候，他们也是先去观看了戏剧表演。

在加拿大BC省这样的英语地区，阅读莎士比亚的重要性，如同中国学生学习古典文学那样，因此这是高中英语的重头项目。每年，老师都要用几乎一个月的时间在课堂上让学生们阅读、分析莎翁的某一部巨作。《无事生非》《仲夏夜之梦》《罗密欧与朱丽叶》《麦克白》《李尔王》《哈姆雷特》，是老师们最常选用的作品。有喜剧，有悲剧，有历史剧，颇为全面地代表了莎翁。

课堂上阅读的方式都很相似，开始必然要通读全剧。读的方式是：全班学生人人参与，每人选择一个角色，把整个剧本分角色朗读一遍。老师如同舞台监督，指挥全台，协调气氛，监督角色。朗读的过程中，老师还不断加入评论、提问、解说，并补发给学生一些分析材料。莎剧的一个剧本通常都有几十页，光是朗读一遍，有时就用时长达一个星期。学生们在每次课上都轮流更换所朗读的角色，在转换充当不同人物的过程中，他们对剧中这些人物也增加了解。

阅读之外，老师首先要考察的是学生对内容的理解。栓柱十二年级时学习《李尔王》，全戏共26个场景，老师要求他们对每一个场景都写出一页纸的分析和总结，包括出场的主要人物、剧情概要和剧情分析。

在看懂作品的基础上，还要挖掘并培养他们的思考力。非非十年级时读《罗密欧与朱丽叶》，老师给他们提过这样一些问题：

1. 第三幕，在这一场和前一场中，当两个情人得知了罗密欧命运的消息时，你觉得他们两个人的反应谁更显得成熟？请解释。

2. 朱丽叶不愿意和帕里斯结婚，卡帕莱特是怎样恐吓朱丽叶的？这样的恐吓，与今日相比，在400年前是否更有效果？为什么是？或为什么不是？

3. 第五幕：想象你是劳伦修士，为约翰神父写一封给罗密欧的信，然后再为劳伦修士写一封给罗密欧的信。

4. 在所有次要人物中，谁对罗密欧和朱丽叶之死负有最大责任？是奶妈？劳伦修士？卡帕莱特伯爵？铁豹？莫枯修？还是卖药的人？

学生根据自己的理解进行回答，老师并没有什么标准答案，而是把学生们的各种观点拿到课堂上再做讨论。比如，老师问大家："在婚姻上进行恐吓，现在是否行得通？"学生们思考的角度很多。有人认为是男权造成的婚姻悲剧，而现在男权仍然存在；有人则从女权主义发展的角度认定如今的女性完全可以掌握自己的命运，在情感问题上不可能受到这样的制约；也有人觉得父母对婚姻的态度是值得参考的，因为他们是有经验的旁观者；还有人强调感情的决定因素，认为这是任何力量都无法阻挡的。这些看法见仁见智，重在激发思考，目的并不在于答案本身。从文学作品中认识历史和社会发展，理解人性的坚韧与脆弱，这也正是文学的意义所在。

这番过程之后，最终还要通过一次考试，再次验证学生对作品的理解。考试的内容也是多样的：或是让学生写出剧本的情节、人物、警句、戏剧术语；或是出一系列选择题，让学生去选择正确答案；或是分析剧本中的警句，又或是分析剧中的主题和人物。

经过这样一轮的学习，学生对整个剧本掌握和理解的深入程度便可想而知了。

阅读——积极的认知体验

学习语言必须大量阅读。高中阶段，阅读在教学中所占分量很重。英文课的阅读以文学作品为主，包括虚构或非虚构的散文、莎士比亚戏剧、诗歌、长篇和短篇小说。阅读不仅仅指阅读印刷品，还包括阅读和观看各种媒体，包括一切视觉媒介和电子媒介的内容。

这里教学的特点，是让学生把阅读作为主动的体验，而非被动的承受。BC省的教学大纲引用教育专家们的研究成果指出：阅读是对文字意义的一种参与和建设，是一种积极的、认知的过程。读者的背景知识和先前的经验对于阅读过程起到至关重要的作用。社会交往在每一个阅读阶段也都会产生影响。读书还是复杂的思考过程。他人的阅读经验、丰富的阅读资源和良好的阅读环境，对提高阅读能力都有很大帮助。坚持不懈地阅读，是提高阅读水平与能力的唯一途径。而读书与写作，更是相辅相成，二者相互促进。

栓柱十二年级的英语老师是一位经验丰富的老教师。他在文学课上这样向学生介绍阅读文学作品的意义："这些作品不仅能带动我们的智力，也激起我们的想象和情感，使我们成为完整的人。阅读文学作品使得我们在生活中变得更加警觉，更加富有同情心，我们的情感从而得到滋养。"

BC省教学大纲指出，青少年对文字的理解还达不到成年人的程度，所以他们需要在阅读中学习读书策略。大纲要求教师采用各种方式向学生展示阅读的知识、方法和技能，同时要求学生花大量的时间去阅读、阅读、再阅读。在阅读过程中，老师的监测则有助于学生达到良好的阅读效果。

老师不是简单地给学生发送阅读材料，而是想方设法让学生们感受读书是一种积极的认知体验。栓柱的老师是怎么做的呢？他首先向学生阐述阅读文学作品所具有的三个特点，帮助、引导学生阅读。

第一个特点：接受。即努力理解书中的意思，养成认真、细致的阅读习惯，注意角色的行为为他们的动机提供了哪些要素，用眼睛观察具有象征意义的弦外之音，用耳朵揭示那些评论和暗含的意思，这样才能理解整个故事的意义。

第二个特点：个人反应。每一个故事对每一个个人都可能具有特殊的意义，它会在某些方面触动个人的生活，因而使读者感动，尽管这种联系并不一定都是显而易见的。

第三个特点：再创造。文学作品刺激想象力，读者因此可能被激发重新创造的冲动。比如，人们可能会因某个故事而联想到一幅图画，这幅画其实就是读者在作品理解过程中所激发出的想象力的一种再创造。

非非十一年级的英文老师曾经给学生推荐过一篇十分有趣的文章，题目是《你阅读小说时的大脑》。文章说："很多实验证明，人们在阅读小说时，读到对细节的描述、对事情的比喻或故事中人物的互动时，大脑便会受到刺激，甚至会影响人们在生活中的行为。比如，当人们读到带气味的词，如肉桂、薰衣草、肥皂等，大脑不仅在语言区域运作，而且也会调动气味区域的反应。一些带有物质质地的比喻，比如，歌唱家具有丝绒般的声音，他有一双皮革似的手（即坚韧的手），这些都可以牵动读者大脑对质地的感觉。总之，阅读经验和生活中的真实经历在大脑中的反应和刺激都发生在同一神经区域，所以阅读可以使人们完全进入他人的思想和感受。因此，文学作品是探索人类社会和情感生活的最卓越的媒介。"

教给学生关于怎样阅读的具体方法和步骤，是老师们的教学重点。老师们采用得最多的是美国著名教育学家理查德·阿灵顿的建议，其建议包括以下内容：

时间：每天应当有一半的时间用于阅读与写作。阅读一方面需要老师的指引，另一方面也需要独立的阅读。阅读的内容不仅仅是文学的，也应有社会科学和科学方面的。

文字：有意义的阅读取决于学生所选择的阅读内容。学生们不可能都喜欢阅读同样的东西，但他们所读的东西应当是可以让他们获得高水平的准确理解能力的。通过这样的大量而有意义的阅读，方可能使他们成为独立的阅读者。这种达到成功效果的阅读才是激发学生阅读的主要动力。

教学：教学不只是让学生做作业和考试，而是让学生参与教学。教学的形式是多样的，有面对面的讲课，有全体的课堂活动，也有分组的活动。

讨论：课堂讨论应当是对话式的，而非提问式的。对话应当是研究探索式的和个性化的，而不是脚本式的和形式化的。思考性的对话是为了让学生的思维更加清晰，从而加深对文字的理解。

作业：少做过于简单的作业。有效的教学应当为学生设计较为复杂、用时较长的作业，对同一个内容要涉及多个领域，运用不同的形式。

测试：有效的方法是进行无须做准备的测试。

在高中的课堂时间安排上，始终保持着给予学生一定的阅读时间。高中英文课与小学和初中一样，多以安静无声的个人阅读开头，但有时也有大声地朗读，或者是集体的，或者是个人单独的，也有是由老师或学生领读的方式进行的。课堂阅读是一种极好的示范，对学生在课外的阅读和培养阅读习惯都可起到促进作用。

高中也仍然会举办各种读书活动。栓柱在 LP 高中那几年，学校年年举办一个叫作"放下一切来读书"（Drop Everything And Read，简称 D.E.A.R.）的读书周活动。在这一周，午饭前 15 分钟是所有学生都必须用于读书的时间，无论他们在上什么课或做什么事，都要停下来，捧起一本书，专心读 15 分钟。这个小小的形式化的举动，给每个学生发出了一个明确的信号：阅读十分重要，阅读重于一切。

栓柱也许就是在这样的环境中对学校图书馆产生了钟爱之情。午饭后的休息时间，他大多在那里度过，徜徉在一排排放满图书的书架之间，寻找到了许多自己喜爱的图书。回到家，晚餐的饭桌上，他当天的阅读便是全家的谈资之一。他曾经给我们讲起过一本书，写的是一个人在柬埔寨的经历和对当地文化的感受，里面还特别提到缅甸军政府和当时他们对外开放的过程。作者曾经周游世界，还在亚洲的不少地方居住过，包括中国的深圳，甚至还有朝鲜。栓柱顺藤摸瓜，连续看了这位作家的一系列作品。随着作者的畅游经历，他也饱览了这些国家的政治、文化生态，使他对人文科学愈加兴趣浓厚。

思考——从阅读中获得意义

BC 省教育大纲列出了一个好的阅读者的一系列特征：

· 在已有知识的基础上，会提问、预测；

· 自我监控和辨认没有意义的文字部分；

· 在阅读前和阅读后自我修正，从而理解文字的意思；

· 在阅读前、阅读中和阅读后对所阅内容建立整体的联系；

· 运用想象来深化和扩展对文字的理解；

· 能够抓住主要思想并关注到支持这些思想的细节；

· 懂得推断，确定字面意义和判断推理的意义；

· 能够综合和拓展意义；

· 评估文字并思考更广的意义；

· 对文字能够做出反应；

· 组织信息以帮助记忆；

· 能够概述并解释作品的意义；

· 善于自我评估，确定进一步提高自己的目标。

　　教学的目的就是要帮助学生成为这样的阅读者，其核心是通过阅读文字进行思考，让学生在阅读剧本、诗歌、写实作品及从各种媒体上获得思想和信息的同时，对这些思想和信息进行假设、分析、综合和判断。思考的程序应当是：理解、解读、评估、做出反应，最后形成答案。认知的过程既是思考的过程，又是学习怎样思考的过程。学生的思考能力通过自我监控、自我更正、自我提高、进一步思考和确立目标这样的过程而反复练习，得到锻炼。教师的任务则在于一步步地训练学生，帮助他们掌握思考方法。

　　具体说来，老师们致力于帮助学生建立这样的阅读策略：

　　在阅读前，联系以前学到的知识和概念，围绕即将阅读的内容提出问题，树立阅读的目标，提出假设，对关键词给予提示；

　　在阅读的过程中，给予模式，把长文分成多个部分，抓住作者的意图和观点，联系阅读的目的加深理解；

　　在阅读后，总结、综述、评估内容，从中找到新的信息，表达自己的看法，并把阅读前和阅读后的不同看法进行比较。

　　课堂上，老师们又各有各的高招。非非九年级时，也就是刚刚进入高中，老师就为他们的短篇小说阅读提供了关于阅读程序的一种规范：

阅读之前：

·看一看小说的题目，想想这部小说可能讲的是什么故事？

·思考一下这个主题。与某些课程相关，问一问自己从这些课程中学到了什么？

·确定一个阅读这篇小说的目标。因为是我的老师让我读的——这个目标并没有意义。试着预设一个你自己的问题，这个问题也许就是老师最近在课堂上和你们讨论的某个题目或想法。比如：为什么我们总要用费力的方式去学习呢？如果这个目标是完成老师的作业，你还必须确定老师希望你们做什么，期盼你们从这个故事中应该学到什么。这样可以帮助你搞清小说中什么是重要的东西。

·自己指引自己。翻阅一下，看这篇小说有多长，看看前几段的开头语。这可以给你一个印象，故事大概讲的是什么，语言是不是很难，你大概需要多长时间来阅读。

阅读的过程中：

·辨识主要人物。所谓主要人物，指的是那些使故事得以发生的人，或者是使重要的事情得以发生的人。提出这样的问题：这些人物最想要的是什么？为什么？由此了解他们是怎样的人物。

·辨识故事情节。情节就是指故事中发生了什么。作者往往喜欢把人物放到一个场景中，比如，一个猎人被放逐到一个岛上，他自己反而变成了猎物。

·注意场景。场景不只是故事发生的地点，也指什么时候发生的，其中包括气氛、情绪这类细节。这个故事听着感觉像什么？一个自弹自唱的悲伤的提琴？还是一支热闹出场的乐队？这个故事给人一种孤独的感觉吗？或者，可能是随时随刻都有发生什么事的可怕感觉？

·思考作者叙事的角度。想一想作者为什么选择用这个角度而非另外的角度来叙事？为什么说的是过去而非现在？为什么使用第一人称而非第三人称？

·注意作者对时间的表述。有时作者可能会用一个段落来将10年的时间一笔带过，一转就是10年以后了。要注意时间副词的使用。有时作者只是在段落之间留出空间来表明略去的时间。

·寻找最关键的时刻。每一个短篇小说，都有一些争斗、一些紧张的场面或一些悬念，这往往使人物和故事突然地转向，比如说，一个人物突然变得与从前判若两人。

·记住为什么你要读这个故事。回到你在阅读这个短篇小说开始之前你自己设立的问题上来，再看一看老师对这篇作业的要求。这样可以帮助你更贴近阅读目的，并更好地评估在阅读过程中确定哪些细节最重要。你可能发现你最初预设的问题其实并不好，现在你想要回答的关于你已经阅读的这个故事的问题是什么呢？

阅读之后：

·阅读和理解，然后再分析。当你阅读完毕之后，再确认一下你懂得了这是个什么故事了吗？问一问：谁？做了什么？为谁做的？如果你能正确地回答这些问题，就可以回答下一个阶段的问题：为什么？比如说，为什么这个人物在故事当中说谎了？

·回头再看小说题目。想一想标题与你读过的这个故事有什么关联？这个标题的意思是什么？它有没有多层的含义？

栓柱十年级时读长篇小说，老师要学生对每一章都做这三样工作：

1. 简述本章内容；
2. 写出关于本章的三个问题并回答；
3. 写出本章的几句引言。

这样，一部小说读下来就不是囫囵吞枣了，学生自己可以把故事的脉络清晰地整理出来。

此外，老师还对作品设立一些相关问题，帮助学生结合自己的生活经验来寻找作品中暗含的意义和观点。栓柱他们阅读了一篇有关家庭的故事，老师便给他们出了题目，让他们结合自己的经验，讨论这样一些问题："家庭应该是什么样的？故事中的家庭是不是你心目中的家庭？你认为理想的家庭是什么样的？夫妻、父母、子女之间的各种关系怎样才是美好的？"

他们还阅读过一个故事，讲述在南美的某个国家，由于政府看中了一个人家房子的那块地，就让警察把那家人逐出家园。根据这个故事，老师让每个学生都设想一个与故事所述的不同的结局。老师还进一步发挥，和同学们一起讨论，遇到与强权发生纠纷时应该如何处理。这是一位印度裔老师，对东方各国文化很感兴趣，他甚至搬出中国古代《孙子兵法》中的三十六计让大家参考和运用。学生们从故事中看到了社会的不公，于是老师又拓宽题目，让每人在媒体上找出一个类似的有关社会不公的实例，拿到课堂上来讨论。

阅读每部作品，老师都提供大量的辅助材料，结合文学理论、文学史、文学批评，借助他人的眼光来开阔学生的视野和思考范围。比如，学习乔叟的诗体短篇小说集《坎特伯雷故事集》，除了介绍作家、故事写作背景之外，老师还详细介绍了短篇小说的要素，包括场景、情节、人物、含义、象征、观点、写作方式等。阅读加缪的长篇小说《局外人》时，老师也让学生读了大量对加缪的文学批评，给予学生以不同的观点和视角，分析和评论语言在现代社会中的意义，加强对文字的多种理解。

阅读过程中的思考可以是多层次、多角度的，更重要的是这些思考并没有一个规范的标准答案，一切都是个人经验所得，有时可能与他人产生共鸣，有时又是独一无二的，是极具个性化的感受。

动笔——精确地表达对作品的思考

阅读和理解作品光靠用脑子想是不够的，只有通过动笔写作把思考表达出来，才会更加精准，更加深入。这种表达不是简单地重复别人已有的想法，而是用自己的知识、经验、思想和词语进行再创作。高中课堂上，每一篇阅读也是一个写作过程，学生在阅读后必须动笔把对作品的理解与思考尽量精准细致地表达出来。在十二年级毕业时的英语省考中，占有相当大分值的考试内容也是通过阅读作品来考查学生对作品的理解和思考。

特别是到了十二年级，更是这样要求。栓柱的英语老师要求学生每阅读完一部文学作品后，都要完成这样一些写作任务：

第一，写出对作品内容的理解。

他们当时读了加拿大当代著名作家玛格丽特·爱特伍德的短篇小说《面包》，老师就故事内容逐段地列出了 13 个问题让学生写出书面答案。老师要求学生在回答每一个问题时，不可以只用简单的词组，而必须使用完整的句子。

比如，第一个问题：爱特伍德给我们展示了北美的面包，请列举出作者表现一个富足的人所拥有的三种物品。学生不可以只写出物品的名称，比如刀、花生酱、蜂蜜。

栓柱按照老师的要求用完整的句式这样回答：

在第一段中，面包在北美是每日必备的食物，也是快乐的一种象征。刀是表现家中富足的物品，因为其中提到这把刀在拍卖中是非常值钱之物。花生酱和蜂蜜则代表一种奢华，因为只有在西部的北美人才可以得到这些食品。

第二，写出对故事的印象。

读美国作家威廉·福克纳的短篇小说《献给艾米丽的一朵玫瑰花》时，老师要栓柱他们用大约150个字写出对故事的"第一印象"。老师给了以下的提示：

·你对这个故事最初的印象和反应是什么？

·你对故事的初步理解是什么？

·你觉得故事中最有意义和最重要的内容是什么？

·第一次阅读后，你对故事有哪些疑问？

·你有没有不理解的内容？具体说一下。

·标题有没有为故事提供线索？

·想一想有关短篇小说的要素。你认为哪一个要素写得最好？（如场景、人物、情节等。）

第三，写出对作品的分析。

老师告诉大家：当你思考文字的意义并着手分析作品时，你应想到这部作品对人们有什么意义，作者试图告诉我们有关生活的哪些内容。

老师提示大家按照以下几个步骤来思考和写作：

第一步：根据问题，提出一个观点来支持你的论据；

第二步：从故事或文字中找到支持你的观点的细节。可以是引语，也可以用自己的话讲解；

第三步：写出所引细节的出处；

第四步：讨论或解释所引的细节，哪怕其意思已经很清楚了。

在这一过程中，老师给他们讲解了如何分析一部作品，诸如怎样分析作品情节，怎样分析作品人物，人物特点的表现手法有哪些，使用不同叙事人称的意义，等等。

第四，论证主题。

老师告诉学生们：论证一个作品的主题是为主题提供你的解释。它为你的讨论和证据提供范围、目的和方向。这不是一个话题的公告，也不是对主题事实的陈述，而是说出主题要表达的思想是什么。论证要从主题思想出发，证实你的想法，由你论证出作者的思想。

它应是你最想表达的想法，但也必须要展开论证，通过不同的段落一层层地去论证主题。当你写主题论证时，不妨给自己提出下列问题：

1. 我的命题是一个完整的句子吗？

2. 这个命题是不是一个收窄了的话题和一个中心思想？

3. 我的主要观点清楚且有意思吗？

4. 这个命题能否用几个段落来支撑？所展开的论证是否在每一个段落中都支持了主题？

5. 我能否想出一些细节、例子和其他的观点来支撑主题？（注意命题太窄会使你受到限制；命题也不能太宽，你的论述需要有清晰的焦点。）

6. 我的论点是不是很有力、很直接？会不会过于空泛？是不是显而易见？

7. 我的命题是不是有价值的观点？

8. 我有没有好的想法来支持命题？

9. 每一个论点是否都有中心思想和对主题论证的支持？

平时，他们还常常写文学作品阅读笔记。栓柱的老师告诉他们，写阅读笔记十分有意义。他说："写作不仅仅是交流，也是一种学习和思考你所学过的内容的途径。学习写作文学作品，可以帮助你成为一个更加专注和更会思考的读者；而写读书笔记，可以记录你对阅读内容的印象和思考，可以记录你的问题，记录你预想的结论，也可以把你原始的思考加以条理化。当你回过头去看你的笔记时，可以把自相矛盾的和未预见到的内容加以整理。这些笔记会为你将来的写作提供很好的积累。"

老师给学生们出了许多具体的笔记题目，比如：

· 对你过去阅读过的书进行追记；

· 对你正在阅读的书记录下第一印象；

· 对你阅读过的书进行评论；

· 你自己对书的内容的体会，比如对其中的一件事或一个人物的感受；

· 分析书的内容，包括人物、主题等。

撰写书评也是阅读作品后的写作内容。栓柱的老师向他们强调说："撰写书评是建立在'未写出来的想法等于未完成的想法'这一前提下的。它让你把对你正在阅读的书所产生的流动的想法记录下来，这是一个和自己持续的对话。你首先必须把故事整个读完一遍才可以动笔写作。"老师让大家从以下方面思考和撰写：

· 在阅读时，记下你对故事的观察、疑问和评论；

· 记下引人注目的细节以及你认为很重要的话语；

· 写下你遇见的难题，以便之后审阅；

· 在阅读时注意故事中的规律、对比的内容；

· 注意短篇小说的要素（如人物、情节、场景等等），有没有你没有注意到的地方？

当他们阅读长篇小说时，更是通过大量的写作来完成对作品的阅读与思考。非非十一年级时读过加拿大作家约瑟夫·博伊登的长篇小说《三日路》（*Three Day Road*）。这本书以探讨加拿大的欧洲移民和本地土著人之间的文化差异为主题。老师让他们进行了一系列的写作活动：

首先，分组讨论小说的思想、观点和个人的独立观察，然后写下有关讨论的内容。老师列出以下三项写作内容：

---

1. 对小说的评论：
2. 理解和讨论题目：
（1）＿＿＿＿＿＿＿＿＿＿＿＿＿＿＿＿
（2）＿＿＿＿＿＿＿＿＿＿＿＿＿＿＿＿
（3）＿＿＿＿＿＿＿＿＿＿＿＿＿＿＿＿
3. 书中重要的引语（引语不需要解释，但要列出页码）
（1）＿＿＿＿＿＿＿＿＿＿＿＿＿＿＿＿
（2）＿＿＿＿＿＿＿＿＿＿＿＿＿＿＿＿
（3）＿＿＿＿＿＿＿＿＿＿＿＿＿＿＿＿

然后，老师让学生回答关于前六章的一些问题：

·评论小说前几章的结构和组织，同时考虑一下叙述的语气、故事与非渐进的叙事方式的关系（比如，怎样在现在与过去之间转换）。

·在第三章中，读者开始知道战士们的名字，列出这些人物的名字，并以自己的写作风格来介绍他们的特点。对每一个人物的介绍，可以空出两三行，在以后的阅读中回头加以填写。

·为什么 Niska 与其他孩子不同？

·描述一下 Niska 的父亲在社区的作用。

·为什么 Niska 的父亲杀害了 Micah 的妻子？

·在你看来，警察把 Niska 的父亲带走是否有道理？

最后，写一篇论文。论文的格式要求如下：

1. 引言段

·引出论点；

·勾勒将要论述的内容。

2. 正文第一段

·论述的话题 1。

3. 正文第二段

·论述的话题 2。

4. 正文第三段

·论述的话题 3。

5. 结束语

学生们完成第一稿后，老师要他们先互相评判，然后自己修改，最后才交给老师批阅。

所有这些分析和思考，都是学生通过笔头完成的，而且每天都有英文课，每堂英文课都有这样的练习。日复一日，足足 4 年。当我翻阅孩子们的课堂作业时，这些练习给了我震撼性的印象。

2. 阅读与写作，训练思维——写作篇

基础教育12年，写作训练主要集中于高中阶段，其分量占了整个高中英文课的一半。写作之所以重要，不仅是因为通过写作能够探索和发现自我，也有助于理解自己与他人之间的关系并进行有意义的交流。学校鼓励学生进行各种形式的写作，不仅写诗歌、散文、戏剧，也写评论和说明文字、描述和叙事文字、对文学作品的理解，还有问答录、推特、博客，以及撰写日记、记录对事物的观察和思索、任何一时一事的思考。

写作——不断修改、提高的过程

在教学中，老师们把眼光放在教授写作的过程和程序上，并敦促学生通过不断修改来提高写作能力。这些程序把写作的过程区分为五个步骤，即：预备、打草稿、复审、修改和润色、最终发表。

当然，老师不光满足于区分这五个步骤，还就学生在每一步应该具体怎样做给予指导：

预备：

·写作前要阅读、讨论、交流，经过头脑风暴来获取和分享信息；

·选择写作主题、写作目的和写作所面对的对象；

·搞清楚写作要求；

·收集资料和信息，可以通过网络、以往的经验、调查等来做；

·整理所获得的信息，如列出提纲、归类、画图等。

打草稿：

·写出最初的想法、观点和信息，不断地重新检查，并注意写作风格与规范；

·对照检查课堂要求；

·再次思考写作模式；

·综合各种信息，进一步查询和使用信息内容；

·听取同伴对自己所写的文字的意见；

·准备定稿。

复审：

·学生之间互相检查文字和要求；

·对照同伴所给予的评判加以思考；

·对作品做自我评估并加以修改。

修改和润色：

·根据同伴和老师的意见修改、定稿；

·正确使用拼写、句读、语法和用词。

最终发表：

·把写作的文字向听众演讲；

·把自己作为一个写作者对待；

·创作的文字内容包括档案材料、新闻通讯、诗歌、回忆录、网页、日记、论说文、信息报道、故事等。

另外一位老师则这样辅导学生运用写作的这五个步骤：

写作前：

·选择合适的文本和样式，探讨思想、特点和风格；

·让学生从过去的经验出发探讨文章，建立写作所需要的知识背景；

·通过介绍和练习，开阔思路，包括头脑风暴、讨论、速写、预写、给予视觉化信息、制图、制表等；

·选择作文题目；

·介绍写作程序；

·介绍、解释规范和具体形式；

·引导学生达到标准；

·示范和帮助学生选择、开创和使用合适的方法来组织想法和信息。

打草稿：

· 示范写草稿的过程，包括制定第一稿的标准；

· 提供时间和机会写作多个草稿版本；

· 给学生机会制作文章的各个部分，比如引言、结论和过渡；

· 帮助学生制定标准评估自己的创作；

· 复查写作过程的每个步骤，再决定下一步怎样进行；

· 分成多节课来讲授主题的各个方面所需要的信息。

重新察看：

· 协助学生根据课堂要求检查写作；

· 检查文字各部分是否符合标准，重点看内容、风格和形式；

· 提供学生相互检查的标准和机会；

· 示范和练习复查讨论的方式与内容；

· 建立和制定目标，计划步骤。

编辑：

· 示范编辑技术标准；

· 帮助学生建立编辑检查清单；

· 举行小型课程讲解规范。

在翻阅孩子们的一篇篇写作作业时，我看到，他们的写作都进行了大量的准备和修改工作，老师提出的指引和修改要求也都非常具体，每次交给老师的最终文本都是几经修改的多个版本之后的最终定稿。

下面这个样本，是非非十一年级的英语老师发给学生们的关于怎样修改文章的一份指引：

第一段：

· 由总体到具体的陈述；

· 动词使用现在时；

· 使用第三人称；

· 要很清楚地表达展开的过程；

·不要有个人化的表达（要使用"这篇论文将……"的口气）；

·不少于 150 字（达到字数要求）；

·指出一个应该展开的有力的观点，并给予理由。

第二、三、四段正文：

·找出从来源中引用的证据；

·使用现在时；

·使用第三人称；

·使用的引语和段落内容相契合；

·引语的背景清楚；

·叙述能够反映主题；

·结语贴切；

·每段不少于 175 字；

·指出一个应该展开的有力的观点，并给予理由。

第五段（结束语）：

·每一个观点都陈述得很清楚；

·使用现在时；

·使用第三人称；

·没有加入新的题外话；

·没有重复的信息；

·不少于 150 字；

·指出一个应该展开的有力的观点，并给予理由。

整体察看：

·论述主题贴切；

·用词合适；

·语气合适；

·段落转换合适；

·用两个论点来证明你对这篇论文质量的整体评价。

在完成第一稿后，学生们就按照老师的这些要求，自己先进行复查、修改，然后再让其他同学审阅并提出意见，自己再做修改。这样的修改过程，如同加工一块玉石中的不断抛光、打磨，可谓切磋琢磨，学生们从中就能学习到技巧并不断提高和完善自己的写作能力。

在修改文字的过程中，复查他人的写作与复查自己的写作，意义同等重要，因为替别人查找问题的过程也是能够帮助自己提高的过程。他人的写作如同一面镜子，从中可以反观自己的写作。当然，这样有目的地、有建设性地审阅他人的写作，还可以培养鉴赏力，培养作为写作者的观察和评判的能力。而且这样互相配合完成一项任务的过程，也为同学之间积极的互动提供了机会，有助于培养互助的行为和友善的情感。

老师的角色和作用，在技术上是手把手地教学生，而在原则上则充分给予学生以学习的自主性。这二者是这样相互融合的：老师教学生怎样一步步把原材料打造成一个作品，又怎样让作品进一步得到完善，但老师看重的首先不是学生所呈献的最终结果，而是他们耕耘的过程，考察的是他们怎样努力、是否得法。好的老师能帮助学生认识自己在写作上的长处和短处，并知道树立目标加以改善。

思考能力是写作过程的灵魂。高中学生的思想并不一定具有深度，但如果能够把前人的思想用自己的话语表达出来，也是对思考力的一种甚好的训练。学生们从小就懂得写作不可以抄袭、剽窃，高中学生还要学习有关禁止剽窃的法律。根据法律定义，剽窃就是使用他人的思想和语言时对出处不加标明。老师们在课堂上会向学生详细解释引用、转述和概括他人文字的概念及区别，教给他们避免剽窃的方法，并一再强调在引用他人的文字时应当标明出处。一旦有人剽窃，最好的结果是得零分。学生们在这样的学习过程中也就建立起了诚信品德和法律意识。

自我——无穷的创作源泉

有关"自我"这个主题，到了高中，在写作中仍然多次出现。自我作为个体的存在，有人格特征，有社会意义，还具有哲学、美学、文学、社会学、心理学等多种内涵。青少年身心在飞速成长，生活也日新月异，自我是一个永恒的主题，是取之不尽的写作源泉。通过从自我中发掘写作材料，学生们也就在不断地思考"我是谁"，由此了解自己，认识生活，分析社会。

栓柱在十二年级的英语课上就两次写过有关自我的文章。第一次的题目是"我的自画像"。老师解释说，这就像是写自传一样，把它作为自传的第一部分，但不以长度取胜。在内容上，老师建议分为五个部分：

第一部分：引言
· 个人信息：姓名、年龄、年级；
· 家庭状况：家庭成员及简介；
· 朋友：你最好的朋友以及你和他最愿意一起做的事。

第二部分：学校生活
· 学校历史：特点、需要改进的方面、最喜欢的课程、课外活动等等；
· 学校经历：讲你在学校最有意思的一次经历。

第三部分：兴趣与活动
· 兴趣：写一段你感兴趣的事和你喜欢做的事；
· 社区服务：校外的活动、工作或义工。

第四部分：我的目标
· 学习这个课程的目标，特别是你感兴趣做的（阅读、写作、戏曲、诗歌等）；
· 职业目标：英文学习对你的未来职业会有什么影响？你有没有特别感兴趣的职业或目标？

第五部分：结束语
· 对你自己做一个总结。尝试概括你自己：你是谁？你要走向哪里？

当然，老师没有忘记留下一个让学生能自由发挥的活口：你还可以添加上其他任何关于你自己的内容。如果你愿意和别人分享有关你自己的一些故事使我们能对你是谁更加了解，你就写出来。

这篇作业把写自己、认识自己、思考自己的未来结合到一起。这是高中阶段很重要的教育内容。它的目的是敦促学生思考，让他们自己去想想清楚：为什么要学习这门课程？这方面的知识有什么用处？它和即将从事的职业有什么关系？聆听他人的教导是一方面，而让学生通过自己的思考去形成认识并表达出来，则是一个更为积极、自发的确认和加深认知自我及未来的过程。不仅英文课如此，其他课程也是这样。

栓柱另一次写有关自我的主题，形式上采取的是一封致写作课老师的信。信的内容，是把自己当作一个写作者向老师做个介绍，让老师了解自己的写作经验和对写作的认识。开始，老师也是给了一个引导，希望学生们把这样一些内容写在信里：

·你与写作的关系是什么？你对这个课程的希望（或惧怕）是什么？在学校里总体上说你的写作经验是怎样的？你对自己早期的写作经验有哪些记忆？你有没有比别人更喜欢的某种特殊写作形式？你有没有什么长期的写作计划？你自己有没有在课外进行过独立写作？

·你喜欢阅读什么？你的阅读对你渴望写作有什么影响？

·你有没有其他关于自己的或写作的事想告诉我的？比如，英语是你的第二语言吗？

选择这门写作课的学生通常都对写作有相当大的兴趣，将来要选择的职业方向可能也多多少少和写作有关系。老师提出的这些问题，不仅促使他们去思考自己为什么要写作，也引导他们学会直面自己的写作，审视自己写作的成功与失败，从而更自觉地树立更高的写作目标。

从栓柱的这次作业中，我发现他对自己的写作经历有切实的认识和反省。比如说，栓柱写道："我的写作在我看来虽费了很大的力气，但却收获甚小。我常梦想创作出一些我能引以为自豪的内容，但当我真正获得某种动力开始写作时，却往往不能持续一个月便放弃了。我的作品多是半途而废的，只能变成扔进废纸回收箱的垃圾。结果是我的创作成了一串串的目录，而这些目录就是我对写作活动的最初探索。"听听，这里不仅一句虚话也没有，而且很准确地描绘出了一些初学写作者的普遍经历。我先生说，他在中国读新闻学硕士的时候，就有同学不断写下自己要写的一本书又一本书的目录，最后当然也都以"目录"

告终了。

有的题目不是直接关乎自我，但也与此很有联系。栓柱就写过一篇题目是"告诉我的和没告诉我的事"的命题作文。老师的要求是：选择一个对你生活影响巨大的人（如家长、亲戚或朋友），列出一个单子，写上他教过你的事情；再列出一个单子，写出这个人没有教过你的事情。然后就这两个单子进行表述和探讨。

现代社会，生活节奏飞快，每个人都忙忙碌碌，很难安静下来反省自己。然而，自我反省正是一个人精神成长的最为关键的方式。曾子说"吾日三省吾身"，可见中国传统的圣人之道亦与自我反省密切相关。高中期间这些关于"自我"的写作，多多少少能够引领青春期少年们学习自我反省，并有助于他们形成自我反省的习惯，通过观照自己，特别是观照自己的精神世界，在观察、分析、思考和反省自己中成长。

叙事——享受写作过程

栓柱的老师这样告诉他们："所谓叙事，就是讲故事，可以是描述一件真实发生的事情，也可以是作者运用自己的想象所虚构的故事。"每年的英文课必有叙事写作练习，而不同的老师对此则各有自己的一套教法。

十年级时，栓柱的老师强调，叙事写作要掌握三个要点：一是选题，要选择有意思的事情来写；二是内容，可以列出所发生的一系列事情的一个单子，包括其中的行为、感人的细节，特别是读者需要看到的场景和人物细节；三是制造一种语境和氛围，然后按照时间顺序梳理你的笔记，写出一段段的故事。这位老师很细致，甚至还告诉他们，段落之间可以运用"一次""突然""然后""之后""不久""一会儿"等这样一些连接词，来帮助表达故事发生的顺序。

为了让学生清楚掌握写作要领，老师还是用他们喜欢的方法，那就是给学生具体地列出一个表格，让他们按照步骤去做。

选择下列某个主题：
- 你的经历中的一个英雄事迹；
- 某个人和某个动物的经历，可以是真实的或想象的；
- 一个有关你的朋友或亲戚的严重事件；
- 给了你很大教训的一件事。

故事主题：_____
场景：_____
语气：_____
人物：_____

事情的细节：
1. _____
2. _____
3. _____
4. _____
5. _____
6. _____
7. _____
8. _____

用一张纸打一个草稿，仔细修改，再抄写一个最后的文本。

栓柱按照老师的方法一步一步地去写，虚构了一个外星人在地球上遗留下了两个宠物的有趣故事，读来就是一篇有模有样的科幻小说。

栓柱十二年级的英文老师，也教给他们一些叙事写作的窍门。年级高了，老师的要求也高了，这些窍门也更为复杂、精致：

- 故事写作的意图：主题是你自己的观点，而不是你所讲的故事本身。
- 一个好的故事往往是虚构的，它不需要是真实的事，但应当保证听起来是可信的。
- 给你的想法打草稿——写出大纲，然后填写描述性细节。
- 在有限的时间或字数要求下，聚焦于简单和重要的故事内容。
- 用第一人称或第三人称写作，避免使用第二人称。
- 开场的一段——交代背景并引出主要人物。
- 对话——这是常用的手法，但不要过多使用。每一句新的对话都要另起一段。

·主题——通常不用全部讲出来，可以是暗含在故事中的。这是你的故事的观点。

·使用生动的描述语言——生动的形容词和副词以及形象的动词。避免使用连接动词。

·悬念是讲故事的重要手法，要很有技巧地使用。

·讲故事是有时间表的。故事可以按照时间顺序来写，也可以使用倒叙以加强故事的悬念。

·让人印象深刻的人物都是有缺点的。在写作故事时揭示人的弱点是非常有感染力的。

·让你的故事令人振奋；让故事具有积极的效应而不要过于消沉。

·让你的故事吸引人或有趣，可以为故事加上比喻。

这些指引看上去很程式化，但初学者就是需要这样实用的技巧，再经过长期的写作练习以熟练地掌握技巧，然后自然就能跳出程式而进行手法灵活、技巧上也有创意的写作了。

非非的英语老师们也都对叙事写作提出过一系列具体的要求。其中，十一年级的老师告诉学生，优秀作品应当具有以下特点：

语言：语言和词汇用得好；描述生动具体；句式结构精巧复杂，显示出对语言很好的驾驭能力；很少有语法错误。

时间和努力：作品能明显看出花费了大量的时间，思考深刻，远远超出预期要求。

独创性：情节和构想表现出很高的独创力；文中有许多显现出创造力的细节、画面和描述，非常有助于读者享受阅读的乐趣。

场景：时间和地点清楚但不死板；作者使用的场景对讲述故事起到很好的效果；对场景的描述恰到好处——有生动的描述，有令人回味的意象，还有引人入胜的语言。

人物：对角色有深度挖掘；角色是现实的、可信的、有意思的；设置的配角是功用明显并有意义的。

对话：很好地运用了对话；对话生动、一致、对人物性格和情节发展贡献很大；谁在讲话总是一目了然；对话自始至终是准确的。

结构和情节要素的运用：故事开头能抓眼球；故事的发展扣人心弦；争斗的情节非常好，角色的对立可信、吸引人；结论合情合理，与情节的发展和人物特点都相符合。

总体印象：非常好的故事；叙事写作语言讲究；始终能够吸引读者。

从这些要求中可以看到，老师考查学生写作，不仅着眼写作语言、故事的场景、人物、对话和情节要素的运用，还注重写作所花的时间、学生的努力程度，甚至写作中的独创性等多个方面。

叙事要靠细节，细节需要观察。会观察，才能使得叙述更加生动，更富有活力。因此，老师常给学生们专门进行着重于观察细节的写作练习。

比如说，在栓柱的老师给他们的一系列这类练习题目中，有个题为"我是一个照相机"，写作要求是：

打开你的"照相机"，你的大脑会记录一些内容。去一个你能感受很深的地方，最好是还有他人同在的地方。把所有的东西都准确地记录下来，尽量使用你的感觉。不要试图去解释它或告诉我们它的意义，这些都要在以后慢慢展开或确定。现在只是记录你所见到的东西。

于是，栓柱走入学校的图书馆，一条条地记录了他在图书馆所见到的一系列场景：

· 敲打键盘的声音；

· 两位职员在台前为一位借书的女生服务；

· 两个女孩子在谈话；

· 一个男生在座位上拿着手机发短信；

· 一个穿灰色外套的女生坐在那里愣神；

· 一个戴红帽子的男生在注视着前方；

· 图书馆的书都排列得很整齐；

· 有很多的空位；

· 两位老师在看时间表；

· 一个男生在和一个戴眼镜的女士谈论有关表格的问题；

··············

一个高质量的照相机，所记录下的细节就更多、更细、更清晰；而能够观察并记录下更多、更细、更清晰细节的大脑，也是高质量的。做这种训练，则可以帮助提高这种质量。看来好似枯燥的素描式记录，能够教学生练习客观地、具体地、细致入微地去观察事物。

更进一步的练习，则要求在观察到事物细节的基础上展开想象力，并进而洞察事物之间的关联。

栓柱做过的一个题为"书与词汇"的练习，即具有这种性质。老师要求：

到你的书架上把某层右边第三本书拿下来，打开第三章，写下第一、第三、第七、第九和第二十个词。再用这几个词写出至少两段叙事文字，大约一页纸的篇幅。

还有一个练习是这样的：

去本地艺术博物馆或上网查找任何一个美术馆，找到一幅让你感到不太舒服的画。注视这幅画，不要做任何其他事，注目观看足足 10 分钟。然后，拿起笔来写作 15 分钟。文中要写入画家的姓名、创作的时间和创作手法。讨论关于这幅画的场景、色彩、材料、形状、构图，甚至猜测画家，让你自己的联想任意扩展。停下来休息一下，然后从你的自由写作中抽出一句有关图画的内容，比如，一个三角，一片绿荫，或一个裸体像，就从这里开始，写一篇叙述文，把它与一个房子，或一个人，或一棵树，或一个城市，或动物，或思想等联系起来，用图画中的内容以及你自己探索到的关系来描述。看看你能否把这些截然不同的东西放在一起来创作。

这些可以说都是颇为令人兴味盎然的练习。而更为高级的训练，则关乎风格，即在学习浪漫主义、现实主义、自然主义等各种文学流派的同时尝试练习这些不同的叙事风格。栓柱十一年级时学习荒诞主义流派的作品，老师就出题目让他们模仿荒诞派的写作手法。这也是有训练步骤的，老师要求他们这样做：

第一步：选择三件超出你的常规的事。分三段如实记录下来。为了获得最好的效果，你要隔两三天记录一次。比如，第一件事你是在周三记下的，第二件事在周五记录，第三件事在周日记录。把这几件事做简短的叙述，并说明它们为什么出乎你的预料。这些事可大可小，可长可短，可以是严肃的、悲哀的，也可以是好玩的，或让人迷惑的，或激动人心的，或令人失望的，还可以加入你写作时的心情。如果这周你找不到三件不寻常的事，而只有两件，那么你可以从记忆的存储中寻找一件来填补空白。

第二步：看看是否能找出这三件看上去毫不相干的偶然发生的事之间的联系。首先，回头看看你自己记录的事，用超前的目光寻找和发现其中的关联，无论多么牵强也要把三件事联系起来。这里有很多的可能性。也许这是某类并行的主题，也许是一种你曾经有过的感觉，或者这三件事提示你还有未能解决的问题。

无论如何，只要你仔细寻找，一定能找到它们之间的联系。然后，写一段思考或分析，说说你是怎样试图把这三件事联系在一起的。最后，再写一段，讲述它们是怎样或为什么具有这种联系的。

在写作这一内容的过程中，你会发现，有些事其实你早已知道。如果你掌握许多细节，则可以成为更加深入和细致写作的素材。

这些练习都是在培养写作的基本功。老师注重的是让学生能够享受写作过程，把写作变成一件有趣和有意义的工作，运用这些手法创作出有意思的作品。老师总会不失时机地让学生们自己创作各类故事。

比如，有一年的圣诞前夕，栓柱的老师让他们每人写一篇故事，故事中一定要有"雪"和"给予"这两个词语。栓柱写的故事，描绘了一个家庭在下着雪的圣诞节互相给予礼物的场面，以此表达亲人之间的关爱之情。

栓柱十一年级的期末英文考试，是自由创作一篇文学作品，可以是一首诗歌，也可以是一部短篇乃至长篇小说。栓柱雄心勃勃，创作了一部长篇小说，取名《尼士史诗》。他受史诗奇幻小说《魔戒》的启发，撰写了他自己的长篇巨作的第一集，题为《从瑙戈罗德出逃》，长达40多页，14000多英文单词。在故事的末尾，他还预告了小说后五集的题目：第二集《猎手们》，第三集《巫师的阴影》，第四集《牺牲》，第五集《邪恶的宝石》，第六集《最后的战争》。遗憾的是那一年期末正赶上教师罢工工潮，各门课程草草收场，他这份花费了许多心血的作业，老师也许根本没有机会过目。但是，这次的创作过程，对他来说无疑是一次很好的练笔机会。

评论——掌握结构

写评论，类似于写一篇迷你论文。论文结构如同雨伞的伞架，支撑整体。先把结构搭好，再添加有逻辑、有道理、有事实的内容，就是一篇头头是道的论文了。

非非高中英语课的头一个大的写作项目，就是一篇题为《我的英雄》的论文，不是记述而是论述自己心目中的英雄。

写作过程从头脑风暴开始。老师在课堂上和学生们共同讨论了这个主题："英雄"意味着什么？英雄有哪些特点？英雄有哪些类型？有哪些有关英雄主义的名言？有哪些著名的英雄？本地有哪些英雄人物？此外，他们还看了以英雄为主题的视频，也阅读了许多以英雄主义为主题的文章。

接下来，每个学生随意挑选一位自己敬佩的英雄人物。老师提醒大家，他们讨论的"英雄"，是英雄主义意义上的人物，与名人是有区别的。这个英雄人物需要学生花些时间通过网络或图书来寻找。学生还要把找到的资料来源记录下来，并要记下英雄的格言警句以便写作中采用。老师特别嘱咐，在写作使用资料时，要把引用他人的话语注明出处，以免抄袭之嫌。对一些不大知名的英雄，也许很难找到资料，老师建议，最好的办法就是去拜访，直接做一个访谈。

动笔之前，老师照例给学生列出了写作框架：

英雄论文的论点
导语 吸引读者
· 背景信息：＿＿＿＿＿＿
· 论文论点：＿＿＿＿＿＿
主体第一段点明主题
· 论点 1：＿＿＿＿＿＿
· 论点 2：＿＿＿＿＿＿
· 论点 3：＿＿＿＿＿＿
· 过渡句：＿＿＿＿＿＿
主体第二段点明主题
· 论点 1：＿＿＿＿＿＿
· 论点 2：＿＿＿＿＿＿
· 论点 3：＿＿＿＿＿＿
· 过渡句：＿＿＿＿＿＿
主体第三段点明主题

- 论点 1：_____
- 论点 2：_____
- 论点 3：_____
- 过渡句：_____

结束语，给你的论文一个有力的结束语。

老师要求在论文中回答以下五个问题：

1. 谁是你的英雄？

2. 你的英雄都做了什么？

3. 你的英雄生活在哪里？

4. 你的英雄生活在哪个年代？

5. 为什么这个人物对你非常重要？（这个人物怎样改变了你的生活？）

此外，老师还要求每个作者附上一个视觉图像，或者是一幅画像，或者是一张照片，展现这位英雄的形象。老师一再强调：如果是从网上或书上转载的照片，一定要注明出处。

论文第一稿完成后，先交给同伴审读；根据同伴的意见修改后，再交老师审阅；老师再一次提出意见，学生则根据老师的意见再修改一稿，才能最终定稿。

非非选择的英雄是达·芬奇。这位文艺复兴时代的巨人，是身兼音乐家、美术家、数学家、生物学家、植物学家、动物学家、天文学家、气象学家、地理学家、物理学家等十几种学家为一身的奇才。非非为什么把他当作自己心目中的英雄呢？当然不是因为他有名。在非非看来，达·芬奇具有超人的学识和伟大的灵魂，对人类的贡献无与伦比。

非非他们的这个练习是一个典型的论文范例，引言、主体、结论这三部曲是论文最基本的结构，必须掌握。这样的练习在高中四年中反复出现，这就给学生打下了不错的论文写作基础。后来，栓柱进入大学学习人文科学，每个学期都要写很多的大大小小的论文，开始我担心他能否应付得过来。一看，他却很有章法，每次都先列出大纲，再写出论点，然后填入支持论点的观点和材料，最后撰写、修改，并做注脚，很有驾轻就熟的感觉。就这样，高中论文写作的套路为大学教育打下了坚实的基础。大学阶段，老师就不会再在论文形式上这样细致地教授学生了，更关注的是他们在逻辑和内容上的批判性思维能力。

诗歌——巧用节奏和韵律

学习语言文学不能不学习诗歌。BC省的教学大纲对诗歌的意义是这样解释的："诗人使用节奏、韵律和短句来表达思想、情感和感觉。诗歌可以表现一切，从情欲充沛的爱情到美丽的春天，到扑朔迷离的社会。诗歌用简短的韵律表达事物的个性、节奏和精神，让人们从简明的短语中获得深刻的意义。学习诗歌，可以让年轻的学生们，不仅对文学和语言，而且对他们自己和所生活的世界，有更多的理解。"诗歌创作也因此成为英文课的必有内容。

老师教授学生诗歌创作，也是从方法入手，堪称循循善诱。十一年级时，栓柱他们进行诗歌创作，专门练习过诗的创作手法。老师给他们指示一步一步地做，每一个步骤写出至少一行诗，随意、开心地写，不见得非要有什么意义，最后他们就能完成一篇风格迥然不同的诗歌。老师的指引是这样的：

1. 用一个比喻开始诗的第一句；

2. 说出一个特别的东西，但完全是荒谬的；

3. 写五句话，每一句都使用至少一个意象；

4. 再把这些话合成一句；

5. 使用一个人的名字和一个地点的名字；

6. 把前面你说过的一句话反过来说；

7. 把上面那句话换一个角度表达；

8. 用一个你在诗里还没有使用过的俚语；

9. 使用一个虚假的原因；

10. 使用一句你听说过的话（最好是一种方言或你不懂的语言）；

11. 按照下列结构使用比喻："The 副词 + 实词 of 虚词……"；

12. 使用一个与其常用的性质不符的意象；

13. 让诗里的人物做一件他 / 她在现实生活中不可能做的事；

14. 用一个爱称或第三人称指向自己；

15. 用一个将来时使得全诗有一半好像都在预测；

16. 用一个否定式形容词改变一个词的词义；

17. 做一个声明式的断言，像是在说服，但其实毫无意义；

18. 使用一句非英语的句子；

19. 使用一个拟人化的表达方式；

20. 用生动的形象结束全诗，不是在证实什么，而是与早先诗里的某个图像产生共鸣。

这样的创作看上去感觉有些奇怪，但其中的方法却是诗歌创作时常常用到的。学生们在写作时用起来觉得很有趣。最奇妙的是，写完之后，回头读着还很有味道。就这样，学生们最后各自完成一首风格迥然不同的诗篇。

非非他们进行过几次长诗的创作练习。十一年级时写了两首40行诗。老师让他们自己选定第一首诗的类型，比如叙事、抒情、十四行诗、挽歌或颂词；第二首诗必须是自由诗，并且其中要有三个比喻。老师的提示言简意赅：

· 每首诗都要有标题；

· 用有趣的、意想不到的或独具特色的词和句子，避免陈词滥调；

· 创造清楚的、准确的和令人回味的意象；

· 对人物使用具有创造性的比喻；

· 使用能够突出诗的语言特点的声调和韵律。

这些要求概括了诗歌创作最基本的要素：语言、用词、原创性、独特性、风格、诗的声音和想象力。学生们有很大的创作自由度，写作不是挤牙膏，而是轻松愉快的。

非非十二年级时学习了中世纪长诗《贝奥武夫》(Beowulf)。这是一首公元 8 世纪时的英雄叙事史诗，长达 3182 行，其手法与现代诗相差甚远，诗句中有很多独特的复合词、押韵的音节和强壮的重音。为了让学生们对这种手法有真切的体会，老师让他们完全仿照这种写法，各自创作五段小诗，每一段都要有一个单独的标题。写作完毕后，再让学生对自己所写的诗进行分析，还要解释他们自己创作诗句的诗韵。这可以让学生在照葫芦画瓢的创作中了解古诗的节奏和韵律。

栓柱十二年级时还进行过挽歌创作。老师希望他们的创作脚踏实地，有感而发。为此，老师带领学生来到本地最著名的玫瑰湾公墓，这里埋葬着许多当年殖民创业时期的先驱人物和本省早期颇有名望的家族成员。老师让学生们从这里寻找一位自己觉得很特殊的人士的坟墓，详细了解他的生平，并为他创作一首挽歌。

学生们要在自己创作的挽歌中回答这样一些问题："他们是怎样的人？他们的希望和梦想是什么？他们如何看世界？世界对他们是不是很好？他们惧怕什么？"老师鼓励他们自由创作，写一首中长诗或者长诗。

栓柱在参观了墓地之后，选择了一位叫赫尔姆肯（Helmcken）的人。他是本地一位重要的政治人物，也是在本地第一幢私人住宅中长大的人物。他的住宅自 19 世纪以来经过多次翻修，成为本地住宅建筑演变的一个范本。栓柱在为他所写的挽歌中不仅表达了对这位历史先驱者的怀念，而且突出了与他的影响共存的那栋建筑物，并希望本地独有的文化能像这栋建筑那样世代传承不坠。

文件夹——汇总和建立资料档案

栓柱十二年级的英文课以一个大项目收尾。学校要求毕业生把这一年英文课上的所有材料，包括老师发的讲义和学生自己的作业，汇总在一个文件夹内，建立一个完整的英文课学习档案。完成这项任务是高中结业的一个必要条件。

文件夹中要存放的档案有哪些？该怎样存放？学校的要求如下：

· 所有的作业文字用 Word 程序打印；

· 整个文档的第一页要有封面；

· 文档顺序按照学习的时间排列；

· 文档不能是单纯的文字，要配有插图；

· 日记（journal）文体的文字都要加框；

· 要有一个内容目录；

· 所有读过的短篇小说都要纳入档案；

· 编入所有学过的文学要素；

·所有的作业都要归入档案。

　　这个文件夹不是简单地收入从前的作业，而是让学生把所有的文字都重新审阅、过目、润色、订正，所有课堂上撰写的答题都要按照老师的批改在内容上加以纠正乃至重写，并重新排列格式。这样做的目的，是希望通过高中时代的最后一次编辑，让学生再次有机会提高和完善文字水平。

　　这里面的操作相当费时，但却是一个难得的温故知新的过程。光是收集齐全他们学习的有关文学理论的笔记和资料，就是一个很琐碎的活儿。这些都是在他们阅读文学作品时老师不断讲解的文学概念，如场景、情节、情节发展的程式、人物、手法、目的、主题、神话、寓言、讽刺、比喻、象征等，以及各种文学流派，诸如浪漫主义派、现实主义派、自然主义派、存在主义派；还有文学术语和写作技巧，如预审、人物特征、写作步骤、现在时态、小说原型、文学批评、引语使用、综述方法、系列评述、读书笔记、第一印象、避免剽窃、论文结构等等，不一而足。栓柱必须一个不落地逐条编写出来。

这个项目让学生们得到了多方面的锻炼：整理资料，总结学习成果，复习巩固知识，提高文字能力，完善写作，等等。学习就是这样，点点滴滴，无穷无尽，还要不断温习，不断总结。孔夫子说"学而时习之，不亦说乎"，大概也是深深体会到了这样做的好处的。

栓柱为完成这项任务花费了好几个星期的时间。首先，他要找齐这一年里的所有课堂笔记、十二年级全年阅读过的短篇小说、老师发的每一篇文学评论和文学理论阅读材料，以及对每部文学作品的分析思考答题和全部的笔头作业。然后，他把所有的作业重新阅读，订正错误，修改不足之处，再按照规定的格式一一打印出来。最后，把资料分类，编辑目录，按顺序排列，加入插图，再装入一个大文件夹。等做好封面，这才算大功告成。

栓柱所做的封面大标题是"书籍给宇宙以灵魂，给心灵以翅膀，让想象力飞翔，给万物以生命"。哇，少年就这样在阅读和写作中得到了快乐，也得到了力量！放飞了生命，也放飞了理想！

文件夹制作考核标准

6分（86%~100%）	5分（73%~85%）
·内容非常好；	·内容不错；
·对语言的掌握很有技巧；	·对作品做了有条理的综述；
·令人印象深刻的写作风格；	·表达得清楚；
·表达清晰、准确；	·讨论表现出了对作品有一定创造力和思考力
·讨论反映了对此项工作有创意的和有思考的	的掌握；
理解；	·运用规范的语言做出有力的评论；
·对课文的理解富有洞察力；	·写作组织得很好；
·复杂的综述手法；	·错误不明显。
·准确的文献；	
·错误极少。	

4 分（61%~72%）	3 分（50%~60%）
· 内容还可以；	· 内容勉强可以接受；
· 写作是有组织的和直截了当的；	· 对作品的理解有些错误；
· 基本遵守了语言的规范；	· 写作的目的是明确的；
· 对作品的理解偏于表面化；	· 讨论表现出对作品有所阅读；
· 讨论表现出对此项学习的掌握；	· 论点展开得不够；
· 有些综述比较表面；	· 有综述；
· 有过多的复述；	· 错误明显。
· 错误比较明显。	
2 分（25%~49%）	1 分（0~24%）
· 内容不太能接受；	· 内容完全不能接受；
· 对作品或对此项工作的理解是错误的；	· 对作品或人物完全理解错误；
· 讨论很少，或明显没有阅读所有的作品；	· 只有以前的少量作业；
· 论点根本没有展开；	· 对文字非常缺乏把握能力。
· 错误很多、很明显和歪曲了意思；	
· 有意完成任务。	

3. 各取所需的数学课程

"数学是科学的皇后。"——这是德国大数学家高斯的名言。英国大哲学家培根也说："没有数学知识，这个世界上所有的事物都无法获知。"他们都一语道破了数学的意义。因此，数学在基础教育中成为和语言有同等的特重分量的内容。

不过，加减乘除在日常生活中固然人人都会用到，但这个世界上每日与微积分打交道的人却屈指可数。就此，不禁让人提出一连串的问题：一个现代社会的普通人，到底应该掌握多少数学知识？基础教育需要把每个学生都培养成未来的数学家吗？如果从事与社会人文科学有关的工作，是不是学会加减乘除就可以了？而一位自然科学家又到底应当具备什么程度的数学知识呢？

中国学生向来以擅长数学著称，中国的数学教育所营造的是一种人人争当奥数健将的氛围。那么加拿大是怎样看待这些问题的呢？这里在高中教学中又是如何安排数学课程的呢？高中生们学习数学的心态和方法又有什么特点呢？要简明扼要地回答上述问题，恐怕就是四个字：各取所需。

这四个字在这里是什么意思呢？下面试做解释和介绍。

多层次的教学，多样选择的课程

我的两个儿子对数学的兴趣很不同，但却都是加拿大高中数学教育体系的受益者。

栓柱在高中十一年级时曾对我说："如果没有数学课的话，我的高中生活会快乐很多。"因为他偏重文科，但数学较差。在 BC 省，直到十一年级，数学课都是每个高中生的必修课，也是获得高中毕业文凭的必要条件。如果某个学生在高中毕业后希望进入大学，而申请大学修读的科目中不需要十二年级的数学成绩，那么十二年级的数学课对这个学生来说就不再是必修课了。十一年级栓柱完成了数学课程后，十二年级时便不再选修数学，而是专攻文科课程，最后一年因此过得轻松愉快。

和哥哥相反，非非希望大学修读理工科。而理工科和商科在大学入学时要求学生掌握高中十二年级的数学知识，所以申请入读这些科目的学生就要修读十二年级的数学课程。这是大学阶段必备的前期知识。如果中学没有学到，与大学的授课内容就衔接不上，学生到了大学必然会感到吃力，甚至很有可能被大学淘汰。所以十二年级时，非非不仅修读了微积分，而且还完成了微积分的大学先修课程。这使得他后来在大学里学数学时感到很轻松。

他俩的例子表明，加拿大高中的数学教育课程层次丰富、内容多样、因人而异。这里根据高中毕业后学生们不同的去向、不同的职业选择、不同的生活理想，在教学上设置不同程度和不同类型的数学课，而学生可以根据自己的需要考量和安排。这显然与中国那种标准整齐划一、训练分量沉重的数学教学风格甚为不同。

BC 省从高中十年级开始，把之前全体学生必上的单一的数学课划分成了多个系列，一类为实用数学课程，另一类叫基础数学课程，还有一类是程度较高的微积分预备课程。近些年的教育改革把电脑科学的一些内容也纳入数学课程范围，另外还添加了数学历史的内容。

省教学大纲对数学教育的设计，是基于这样一种理念：因为学生拥有不同的背景，有不同的生活经验，具备不同的知识基础，对未来也抱有不同的目标，所以数学教学要考虑到他们的不同背景、经验、目标和愿望。在 BC 省的新的教学大纲中，高中的数学课程是这样设置的：

九年级	十年级	十一年级	十二年级
· 数学	· 基础数学 · 微积分预备课程 · 实用数学	· 微积分预备课程 · 基础数学 · 实用数学 · 电脑科学 · 数学历史	· 微积分预备课程 · 基础数学 · 实用数学 · 电脑科学 · 几何 · 微积分 · 统计

来源：BC 省高中 2016 年数学教学新大纲

选择上哪一类数学课，是与一个学生在高中毕业之后的去向紧密相连的。学生如果打算毕业后直接进入各类劳工市场，去当诸如建筑工人、木匠、厨师等，则一般选择修习实用数学。这类课程为他们提供必备的数学知识，内容包括代数、几何测量、数字、统计和概率等。

基础数学全面地教授基本的数学知识，内容包括金融数学、几何、数字、测量、逻辑推理、函数、统计、概率等等。课程针对一般高中学生。

微积分课程分为预备课程和微积分课程两个阶段，让将来毕业后专门学习数学或自然科学、需要进行数字理论演算的学生接受基本的数学能力的训练。微积分预备课程的内容有：代数和数字、测量、关系与函数、三角学、排列组合与二项式定理，是为学习微积分做准备的基础课程。微积分课程则不仅有高中课程，还包括了大学先修课程，也就是大学程度的数学课程。

可能有些人认为，加拿大的数学学得很浅，没有在中国学得多。事实上这是一种误解。从内容上看，加拿大高中数学课程并不比中国国内少了什么。如前所述，这里的高中不仅有完整的微积分课程，还有大学程度的微积分课程。应当说，在加拿大，学生们所学到的数学知识主要是在高中阶段完成的，而在小学和初中阶段，数学教学进度则比较缓慢。当然，其数学教程的整体安排和内容设计，也与中国的不尽相同。

认识数学的意义

表面看，数学似乎就是算数和解题。有人还会加一句说，这是对于抽象思维的一种训练。

BC省教学大纲对此的理解似乎又深一层，其中写道："数学的本质是了解、表达和描述我们生存的世界的一种方法，所以学习数学不应该是我们表面所看到的那样只是数字和计算、识数和解题。学生对数学的理解，是建立在有意义的、不同的学习经验的基础上的，只有懂得它的意义，才能够从具体走向抽象，从简单走向复杂。"

在这种理念基础上，省教学大纲提出，数学教育是为学生达到这样一些目的做准备：解决问题；用数学交流和推理；建立数学与应用之间的联系；培养数学素养；欣赏数学；为社会做出有依据的决定。这之中，最重要的是培养学生自信地运用数学解决问题。教学大纲希望学生做到：懂得理解和欣赏数学在社会中的作用；展现出对数学的积极的态度；积极参与用数学的方法解决问题；使用数学来参与讨论问题；敢于承担应用数学解决问题的冒险精神；表现出对数学和使用数学方法解决问题的好奇。

数学在本质上具有很多特点，比如：变化、恒定不变、数字感、模式、关系、空间感、不确定性。由此，大纲进一步指出：只有触摸到了数学的这些特点，理解了它的概念，才会品尝到数学的趣味，明白数学在教学中的意义。教授数学是让学生懂得：变化是数学学习的有机组成部分；恒定不变，是把数学中的一些问题重点放在保持不变的属性上；通过建立数学与事物之间的联系，开发数字感；数学的模式是关于认识、描述和处理数值和非数值的；数学是用来描述和解释关系的；空间感提供解释和反映物质环境的思考途径；由于事物有不确定性，所以才要做出预测。在这样的认识基础上把数字、逻辑、推理、公式运用起来，才能让学生感到数学是有意义、有趣味的。

为了达到这些目标，教学大纲建议教师通过一些具体手段来帮助学生理解数学概念。比如，在课堂上让学生发挥冒险精神，敢于挑战，独立思考；分享和交流对数学的理解；或是个人或是集体一起做一些数学解题练习；通过了解数学史来欣赏数学的价值。我们从中可以看到，做练习题只是为了让学生达到理解概念的办法之一，而不是唯一途径和全部内容。

大纲还具体地提出了帮助学生理解数学过程的七大方法，即：交流、连接、心算和预估、解题、推理、技术手段、视觉化。这些被认为是学习、实践和理解数学最关键的方法。大纲对每一项都有详尽的解释，其要点如下：

　　交流：学生应当通过交流来学习和表达数学，学生必须懂得使用各种方法来交流数学。这些方法就是读、看、写、介绍、聆听和讨论数学问题。

　　连接：把数学与平日生活经验中的数学概念和其他学科相连接。通过连接，让学生看到数学是有用的，与现实事物是有关联的。

　　心算和预估：这对数字感至关重要。心算是运用不同的非正式的方式寻找快速答案的基石。预估是计算大概的数据和价值，为价值推理提供参考。评估可以为日常生活中遇到的问题做出有效率的判断。

　　解题：通过解题学习和应用新的数学知识，这是数学学习最关键的一环。解题并不是简单的计算和列公式，而是丰富和开放的任务，可能有许多不同的途径解决问题，也可能有不同的答案。解题有两种形式，一种是有情节的题目（应用题），另一种是纯数字的题目（数字计算）。

　　推理：数学帮助学生进行逻辑推理和建立对数学的概念。老师要问学生："为什么你相信这是对的？如果发生另一种情况，将会是怎样的？"要让学生在探索和记录结果、分析观察和总结中应用归纳法，在他们已经获得的知识的基础上对新的结论使用演绎法。

　　技术手段：选择和运用技术手段作为工具来学习和解题，比如使用计算器，但并不应该使之代替对数学的理解。技术手段可以帮助学生探索和开创程式，分析关系，测试猜想和解决问题。

　　视觉化：发展视觉化技能以帮助处理信息、建立联系和解决问题，将数学具体化、形象化。视觉推理对培养数字、空间和度量的概念至关重要。

　　根据这些方法，老师在教学当中重视教授概念，注重学生对问题的理解，让他们知道怎样解决问题。所以他们做数学练习并不求多，也不求重复多次，通过练习能够理解就算达到了目的。学生们也不用死记硬背计算公式，考试时，他们可以自备一张计算公式的提示卡片。我曾经就此问题好奇地问过非非："不熟背公式会不会影响你解题呢？"他听了似乎有些不解，反问道："为什么要背呢？这些公式上网一查就可以查到，懂得怎样运用不就可以了吗？"

这也更加证明了教学大纲上讲到的运用技术手段解决数学问题的意义。如今人类已经进入了一个新技术时代，这个时代成长的人从小就在使用电子技术，学习知识的方法也随之改变。计算器的应用已经十分普遍，一些稍微复杂点的计算器中已经带有公式计算的功能，使用技术手段可以省去很多计算的时间，避免计算的错误，同时也给予人们更多的时间去关注和搞懂解决问题的原理和意义。这是新时代给教学带来的新变化。在信息爆炸的时代，人类也必须寻找更迅捷的途径获取和掌握知识。

理解概念与大量做题

运用技术手段学习并不意味着学生可以完全依赖于此，而无须再动手动脑解题。BC省教学大纲也指出，数学解题仍然是教学中最重要的环节。加拿大的学生学习数学也是要做练习题的。每学期，老师都要求学生购买一本厚度达三四百页的数学练习题集。我翻阅孩子们的这些练习册时，看到里面的练习题他们大部分都做过。

不过也许与中国国内的学生相比，加拿大学生的做题量仍嫌不足。在加拿大，老师往往把练习的强度交给学生自己掌握。学生根据个人的熟练程度选择做练习题，题目做多做少都可以，达到理解概念、掌握规律、知晓解决问题的目的是关键。老师也并不一一批改学生的作业，因为答案或者就在书里，或者在课堂上直接给予他们，自己对照答案就知对错了。如果有搞不懂的地方，上课时老师讲解，帮助他们解决难点。

这是一个敦促和指导学生自学的过程，也是他们主动学习的过程。掌握知识是每个学生的责任，特别是到了高中，他们已经具有了管理和控制自己的能力。

知识到底掌握得怎样，从各种考核中可见分晓。不过，老师考查学生，也主要是看解题的过程和他们对数学概念的理解。形式当然也不拘泥于解题。非非九年级学习圆几何时，老师通过让学生们做项目来考核学生们对概念的理解。老师曾经给他们出过这样一个题目：

四人一组，做一个项目，来表达对圆几何这一章内容的理解：

1. 做一个有关圆几何的词汇表、圆特性的样本和练习题目。

2. 做一个能在一个小时内完成的试卷，总分为30分，并附上答案。试卷要能够准确、全面地考查学生对圆几何知识的掌握情况。

3. 在一个小时内完成考试。

4. 能够运用下列关于圆的性质，解题并给出数学证明：

·圆心到弦的垂直线平分该弦；

·圆心角的度数是同弧圆周角的2倍；

·同弧圆周角相等；

·圆周上的切线与通过该切点的半径垂直。

老师还给学生发了一个具体操作程序的建议，引导项目的进行：

1. 选择小组成员：

·确定你所选择的小组成员是能够符合小组气氛并为完成项目做贡献的；

·记住项目必须是所有成员共同完成的；

·在项目结束时要完成一个自我鉴定和同伴给予的鉴定，包括知识、介绍和贡献。

2. 项目准备：

·自己学习第10章；

·小组讨论第10章；

·把项目平均分配；

·定期见面讨论学习、进程和可能的问题或数学难点。

3. 完成项目：

·将最终的词汇表和考试题放在一起；

·每个人单独阅读和完成词汇表和考试题；

·全组一起过一遍词汇表和考试题，讨论错误或含混不清之处，以及题量和分值比例等；

·做最后的修改；

·一小时内个人单独完成考试部分，全组共同计算分数。

项目的整个准备和完成的过程，正是学生自己动手动脑学习、理解、创造的过程，也是老师观察和监督学生学习的过程。

　　当然，老师采用的最多的考核方法，还是大大小小的测验和考试。高中阶段的数学课，大考小考不断，考试不仅是老师考核学生掌握知识情况的方式，也是督促学生复习和巩固的手段。数学课每一小节一次测验，每一大章一次小考。期末拿到孩子们的数学成绩单，密密麻麻整整一页的记分，加上课上练习在内，足有 50 次成绩记录。平日的各种综合成绩与期末考试成绩平分秋色。高中期间，还有一次全省数学统考，占那年数学总成绩的 40%。

　　对于考试，老师也教给学生一些窍门，比如：认真阅读所有的题目要求；如果有不会解的题目，先跳过去，之后再回过头来看；做完所有题目后，如果还有时间，重新检查一遍；先用大脑计算，然后再用计算机辅助计算；等等。这些方法能够帮助学生建立良好的习惯和考试对策。

　　既然测验和考试的目的是监测学生掌握的情况，督促复习，巩固知识，当然也就允许学生犯错误。特别是大脑还在发育成长的青春期阶段，有时孩子们会粗心大意，或因其他各种原因，没有在考试中反映出良好的结果。老师会给学生改正的机会，那就是重新考试。在重考的过程中，学生得以再温习、再消化、再提高，最终达到掌握知识的目的。至于学生有几次重考的机会，什么时间补考，每个老师都有自己的成规，在刚开学时就向学生交代清楚了。

　　学生对数学的热爱发自内心，因而对数学学习有主动的追求。栓柱有一位高中同学是我们的邻居，他妈妈向我谈起这孩子对数学的兴趣，令我惊叹。他每天最大的乐趣就是做各类数学题，几乎是沉浸于数学之中。对他来说，数学奇妙又富有哲理。他在数字与公式之间享受幸福，体味快感。他读大学后，决定同时修读数学和哲学两门主科。

竞赛助长兴趣

　　加拿大中学生也参加数学竞赛，但最受青睐的不是奥林匹克数学竞赛，而是加拿大滑铁卢大学每年举办的具有权威性的一系列数学竞赛。

　　滑铁卢大学距离加拿大的最大城市多伦多不远，虽然创办的历史才几十年，但却以数学、计算机科学和工程学而享誉全球。据说滑大有着世界上拥有最多教授的数学学院，由此可以想见其数学实力之雄厚。这所大学每年为加拿大的中学生举办数学竞赛，每年吸引大约 20 万名中学生参加。竞赛的目的并不在于选拔数学尖子，也不是为了培养特长生作为进入大学的条件。正如竞赛的介绍说明中所言，他们希望通过竞赛达到这样的目的："如果你对数学感兴趣，并想在这个领域改换一下思考方式，你就应该参加这个比赛。你不需要一定是最好的学生或班里的第一名，竞赛只是为了让你学得更好，或从竞赛中得到快乐。"

滑大的数学竞赛为七到十二年级的中学生而设计，针对不同的年龄段分为多个项目，每一个项目的名称都由历史上著名数学家的名字命名。高中生可以参加的比赛就有好几个：一个叫"弗莱尔、伽罗华和海巴夏数学竞赛"；另一个叫"帕斯卡、凯莱、费马数学竞赛"；还有一个叫"欧几里得数学竞赛"。

"弗莱尔、伽罗华和海巴夏数学竞赛"，这长长的名字有它特定的内涵，三位数学家的名字赋予三个不同级别的竞赛。弗莱尔竞赛针对九年级，伽罗华针对十年级，海巴夏针对十一年级。所有的题目旨在考查学生解题和表达的能力。竞赛题目并不多，仅有 4 个，75 分钟内完成，总成绩 40 分为满分。

以海巴夏竞赛的一个题目为例，其形式是这样的（来源：2015 年海巴夏竞赛题）：

一列火车有一节车头，后面跟着一些车厢。车厢之间的间距为 2 米，车头和第一节车厢间的距离也是 2 米。车头长度为 26 米，每个车厢的长度为 15 米。火车整个的长度是指从车头的最前端到最后一节车厢的尾端。

1. 如果是 10 节车厢，总长度为多少？

2. 如果车厢的总长度为 2015 米，这个火车有多少节车厢？

3. 在一个坐标图中，有一列向南开的火车共有 14 节车厢，以 1.6 米／秒的速度穿越美加边界，确定一下火车行进时在加拿大和在美国边界线对等的时间为几秒？

这道竞赛题看上去并不难，内容也没有超出教学大纲。考官要评判的不只是结论的对错，更是要看学生解题过程中所运用的逻辑与方法，从而评出高低优劣。因此，竞赛者要把计算的每一步骤和逻辑推理用数学语言表达出来。

"帕斯卡、凯莱、费马数学竞赛"，其中每一个数学家的名字也是针对一个年龄段：帕斯卡针对九年级，凯莱针对十年级，费马针对十一年级。不过，与

"弗莱尔、伽罗华和海巴夏"那个竞赛不同的是，这个竞赛通过直接看结果来考察解题能力，而不是看过程。所以这个竞赛的题目全部是选择题。一个题目给出五个答案，让学生从中选择一个正确的答案。整个考卷有 25 个题目，分 A、B、C 三个部分。A 部分 10 题，每题 5 分；B 部分 10 题，每题 6 分；C 部分 5 题，每题 8 分。满分为 150 分。60 分钟内完成。前两部分的内容全部来自各省教学大纲，最后一部分的题目则是考查学生的独创性和洞察力，具有一定的难度和挑战。

以费马竞赛为例，出题的形式如下（来源：2017 年费马竞赛题）：

（1+1/2）（1+1/3）（1+1/4）（1+1/5）（1+1/6）（1+1/7）（1+1/8）（1+1/9）

所表达的数字应当等于：

a. 5

b. 10/9

c. 9

d. $9^{1/8}$

e. 1/2

从这五个答案中选择正确答案。

十二年级毕业班学生的竞赛，叫作"欧几里得数学竞赛"，难度就相当高了。形式上它与"弗莱尔、伽罗华和海巴夏数学竞赛"类似，要求解题时写出每一步骤。内容上，则有很大一部分超出了高中的教学大纲。考题共 10 道，满分为 100 分，解题时间为 2.5 个小时。

这些比赛的成绩在赛后不久就予以公布。成绩在前 1/4 的参赛学生都可得到竞赛奖励证书。每个学校的冠军都可获得评审委员会颁发的奖章。名列前茅的学生获得区一级、省一级或国家级荣誉。参赛的学校也有排名，名次依据每个学校参赛者中得分最高的五位学生的总成绩计算。参加十二年级欧几里得竞赛的学生更是受到特殊的鼓励，所有参赛者均获资格申请滑铁卢大学奖学金。

MD 高中的数学竞赛总体成绩多年来总是十分可喜。记得非非十年级那年，他们学校九年级和十年级的竞赛成绩在维多利亚所在的温哥华岛地区排名第一，在全加拿大排名第二十八；十一年级在本岛排名第三，在全加排名第四十五。这是一种荣誉,也显示一定的教学质量。校长每每为此喜形于色,总要特意向全校家长和学生专门发出新闻信以表彰各位参赛者,家长和学生们都为之欢欣鼓舞。参赛的学生以天才少年班的成员为主,也有普通班的数学爱好者。

4. 学科学—培养科学精神

从小学到高中十年级,科学课一直是一门综合性课程,内容涵盖生命科学、物理、化学,以及地球科学。生命科学以生物学为主,内容从显微的细胞到人体组织、器官、繁殖,再到宏观的复杂、多样的生态平衡,涵盖广泛。物理和化学则要学习光波、流体、电和动力,还有原子、元素和化学反应,为学生们奠定这两种学科的基础知识。地球和宇宙科学既有其特定的内容,又是物理学的补充,让学生在地球和外星方面了解科学和技术的宏观运作。至此,科学课虽是蜻蜓点水,却也洋洋大观,像是展开了百科全书般的知识画卷。

不过,到了高中的后两年,科学课在内容安排上就与此前截然不同了。从十一年级起,科学课就从一门课分成了很多门课,有科学与技术、生物、化学、物理、地球科学,以及地质学、可持续资源等等。也可以说,他们是把之前科学课里每一章的内容都扩展为一项专门课程。十一年级修读科学课不仅是高中毕业的要求,更是因为从这一年开始,学生们要选择和准备中学毕业后的专业和方向。特别是,如果继续读大学,那要具备更加深入的专业知识。到十二年级时,与数学课程一样,成绩好的学生还可以修读化学和物理方面的大学先修课程。科学课也为符合学生的兴趣和需要而提供了多种选择。

教授科学知识固然重要,但科学课的精髓是培养科学精神。BC省教学大纲为科学课确定的教育目标是:教会学生用多种方式探索科学和解决问题;培养他们对周围世界的好奇心,承担对这个世界的责任,接受挑战,敢于冒险,从错误中学习。大纲强调:科学教育要帮助学生懂得,科学不是一成不变的,他们现在所获得的技能和知识将会在科技进步中不断成熟和发展。加拿大的科学课就是本着培养这样的科学精神而展开的。

老师们在教授科学知识的同时，尤其注重教育学生怎样认知科学，包括怎样观察、分类、预测、推断、假设，还有怎么进行科学推理、批判性思维等。甚至实验室的安全、科学交流的方式、使用技术的手段等，也都是科学课的教育内容。简而言之，就是要培养学生像科学家一样地思考和对待科学。老师也给学生许多动手练习的机会。这些练习不光是做作业和熟悉概念，而且还要让学生做实验、写报告，或是让他们做项目。每一项任务和每一次的功课也都是对学生掌握知识情况的考查，而不是单靠考试和测验。

分辨真假科学

九年级的第一堂科学课，栓柱的老师首先列出了一连串问题让大家讨论：

· 哪些科学是被列入需要学习的真正的科学？

· 对科学和自然界的四个假设是什么？

· 观察和推论的区别是什么？

· 什么是经验知识？

· 本地土著人的知识是不是真正的科学？土著人的知识对科学有无用处？

· 给"定律、学说、假说"这几个词下定义，清楚地阐释这些词之间的区别。

· 解释一下一个学说是怎样发展的？比如，一个学说是否证实了一种理论？科学家是否试图证实或否认一种理论？假如一个理论有缺陷，下一步该怎么办？

· 阐述一下对于科学的一些误解，并对每一种误解做简短的解释。

· 举出五个"非科学"的例子，你可以从课本中寻找，也可以自己设想。

· 什么是技术？

· 比较科学与技术的异同。

· 科学家一般使用第三人称写科学报告（如"研究结果建议……"，而不是说："我认为……"），为什么？

· 定义并区别科学工作所要求的这些方法：核对实验、相关研究、观察性研究。

·相关研究是否必然有因果关系？举出一个例子，证明两个相关却没有任何因果关系的东西？

·自变量、因变量、控制量这些概念有何不同？

·量的观察和质的观察有何区别？哪一种更可靠？

·发布科学信息的程序是什么？在发布科学信息时常犯的错误是什么？

这显然都是基本但重大的问题，很多没有接受过这种教育的成人恐怕也很难对其中一个问题说上个子丑寅卯来。但是，经过一番思考和讨论后，学生们明白了许多道理。比如，对第5个问题，学生们认识到：土著人的知识不是科学，但对科学是有用的，可以帮助他们找到经验知识。因此，讨论使大家进一步懂得，既要尊重土著人的传统，但又不能迷信，不能把科学和非科学的东西混为一谈。再如第17个问题，学生们认识到，发布科学信息是需要以实验报告为依据的。而在传统社会，有些所谓的科学知识只是口口相传，并没有坚实的实验结果来支持，因而并不具有足够的科学依据。

科学探索的动力来自人们对自然现象的好奇心。而进行科学活动需要有科学的态度，这首先就要求人们对科学有正确的理解。

老师还和同学们一起讨论了一些对科学的错误理解，比如：所有的科学家都会使用科学的方法吗？科学都是要做实验的吗？科学探索都需要证据吗？科学都是见不到实际成果的吗？科学能回答一切问题吗？这些讨论能够引导学生们正确对待事物，树立科学态度，不迷信，不走极端。

尝试科学发现的方法

教学中，老师一再强调，科学发现是一个持续的过程，其中包括五个步骤：提出问题、观察现象、做出推理、验证假设、得出结论。下面的图总结了这一过程：

第一，提出一个问题，或做个观察：你对什么感到好奇？或你观察到了什么而让你产生疑问？

第二，写一个假设：你对你提出的问题是怎样想的？或者你观察的理由是什么？

第三，做一个预测：能够对这种假设的解释做出肯定的说明。

第四，进行测试或实验：你怎样测试你的预测？你的假设可能并不正确，但这也没有关系。

第五，阐释你的结论：你的实验揭示了什么？实验有没有肯定你的假设？

　　遵循这个过程，学生们在学习中受到了扎实的科学训练。比如，他们懂得了观察事物是科学发现的重要步骤。如何观察呢？他们在初中时就练习过观察方法，到了高中则在更高程度上继续练习。

　　栓柱他们做过一个对蜡烛的观察实验。老师事先发给学生一个表格，这个表格是对蜡烛燃烧过程的每一步的细致描述。学生们一边观察，一边根据观察到的情况对其质和量的变化通过打钩的方式做记录，并在后一栏中对其选择加以评论或解释。

蜡烛燃烧观察表

观察	质	量	评论 / 解释
· 蜡烛是圆柱形的			
· 直径为 2 cm			
· 高度为 15 cm			
· 高度在观察过程中会缩短			
· 每半小时缩短 0.5 cm			
· 蜡烛是透明的			
· 蜡烛是白色的			
· 蜡烛有一点点气味			

· 蜡烛是固体的			
· 蜡烛足够软，用指甲可以刮下来			
· 蜡烛从上到下有一个 1 mm 粗的线绳			
· 线绳可以用火柴在几秒钟内点燃			
· 蜡烛的燃烧没有声音			
· 蜡烛的火光闪烁时，偶尔也会冒出烟来			
· 当没有气流的时候，蜡烛的火苗犹如拉长的泪滴			
· 开始时火苗在蜡烛的头上有 1 cm 之高			
· 火苗下部的颜色发蓝			
· 在蜡烛捻周围 1 cm 和上方 1 cm 的火焰是黑色的			
· 黑色部分大约成圆锥形			
· 火焰的形状是尖形的，但头上却很破碎			
· 最后 2 mm 的捻心发红			
· 火焰发出热量			
· 如果手指放在火焰侧面 0.5 cm 处 10~20 秒或在火焰上方 7 cm ~10 cm 处就很不舒服			
· 燃烧的蜡烛上方会变成无色的液体			
· 液体会慢慢变硬附着在蜡烛的外面			

这个作业看似简单，却为学生们学习观察现象建立了一个模本，他们可以从中学到观察的内容、方法和过程。科学工作需要的正是这种细致和严谨的态度。

收集数据，撰写报告

记得非非十一年级一开学，化学老师即专门给家长写了封信，并附了一张单子，列出了一系列物品的名称，诸如：量杯、小皮球、小弹子球、咖啡过滤纸、吸管、糖块、废旧电线、醋、苏打粉、肥皂、食物色料、盐、电池、豆子、计时器、胶布、剪刀等等。她告诉家长，这些都是学生需要准备的为做实验使用的小物品，希望家长帮助提供。学生们把这些东西放在一个大盒子里带到学校，做实验需要时就可以随时拿出来用。后来非非给我展示了一个大本子，里面记录了用这些物品所做的实验和观察，以及据此所收集和分析的大大小小的数据。

做实验和写实验报告是科学研究的重要程序，学生们一定要尝试。科学家们为了寻找科学成果，在提出问题之后，需要通过实验收集数据、分析数据，才能找到答案。然后，还要对不完善之处再做探索，继续寻找新的答案。

科学课的课堂就是实验室，不同的实验室为不同的科学课程提供教学服务。化学教室里有大大小小的量杯，生物教室里摆着显微镜和标本，物理教室里则到处是各种工具和小仪器，都让学生身处实实在在的科学实验氛围之中。他们像真正的科学家那样，穿上白大褂，亲自动手做实验。

栓柱的生物课上，学生们拿着刀子、夹子，先把蚯蚓、海星、乌贼开膛破肚，然后把五脏六腑全部翻看一遍。为了用显微镜观察原核生物，栓柱从家里花园的小水塘中提取了一小桶水带去学校，仔细检验。我问他都看到了什么？他一本正经地告诉我，他看到了好多种水中微生物，但都没有危险性，其中有一种微生物长得如同极其细小的小虾，通常生活在水池底部。他的讲述使那池塘在我脑海中变成了一座水族馆，那些肉眼见不到的微生物被放大了无数倍，栩栩如生地浮现在我眼前，很神奇。

学习古生物化石时，老师让学生查看和记录化石。学生们四五个人一组，用一张半人高的大开白纸画好一张图表，图表上分三个栏：一个栏列出古生物年代的名称，一个栏标出每个生物年代开始的时间，还有一个空白栏用来填放化石。老师给每一组学生一些化石，每一个化石都标有年代，学生们要按照图表上的时间把化石放入相应的空白栏中。如果同一生物年代有多个化石样本，则按照其具体年代的先后顺序以及外形的大小排列出来。最后，也是最重要的一步，就是对这些生物的变化做描述，观察从什么年代开始它们变为两个分支，通过图表上的化石说明这些生物怎样表现了分段平行和渐变两个方面的特点，详述这些物种的形态和不同。此外，老师又给了他们一个据称是某家博物馆丢失了相关年代信息的化石，让他们根据一些记录资料来判断这个化石大概是什么年代的。学生们饶有兴味地把化石在图表中摆来摆去，多少体会到了当考古生物学家的一点意思。

非非在化学课和物理课上做过不少小实验。比如，物理课上，做实验证实胡克定律；探索弹力与弹簧伸长的定量关系；证明热效应，观察固体怎样变成液体，液体又怎样变成固体，热效应怎样使得物质在这两种形态下转换。这些都是必做的常规实验。

实验报告是总结、介绍和传播科研成果的最终环节。老师通过让学生用自己的手去测量，亲身观察、分析和收集数据，训练他们写作实验报告。非非他们做的这类实验报告并非技术含量很高的化学或物理的重大发现，而只是日常生活中司空见惯的事物。怎样把这些平常的现象用科学语言陈述，用实验报告展现，才是老师训练他们的用心所在。

实验报告大体都是按照这样的格式写作的：

实验报告

姓名　课时　日期
实验名称
目的：实验的目的是什么？也可以从提出一个疑问开始。
材料：列出实验所需材料。
程序：（1）有的实验只需列出教材的名称、页码和程序号码。
（2）有的实验需要列出整个程序，写出做实验时需要遵从的每一步骤。
观察：这与程序的顺序是一样的。试着回答下列问题：每一个程序都完成了什么内容？
在进行每个程序的实验时都看到、听到、感觉到、闻到了什么？例如：
·衡量长度、数量、容量的记录：数量、长度和容量是多少？
·用尺子画好的包括各种数据的表格：图示要正确；表格要用铅笔书写；表格要有标题。
·画出所观察的物品。
·图解所用的设备。
·所观察到的是：
物品看上去像 _____
物品听上去像 _____
物品触摸上去像 _____
物品闻着像（闻的时候要十分小心）_____
（上面提到的大多数内容并不都是必有的程序）
每一个实验往往都是为某一个问题寻找一个答案。这里要回答的问题是：_____
结果：
试着在每个实验后回答这些问题：
·命名或描述你学到的任何新的术语或程序。（你有没有达到你做实验的目的？）
·这个实验中你使用了什么设备？
·你认为你的结论有多准确？请解释。
·你有没有学到新的技能？比如：你所学到的新技能是否可以帮助你预测什么？
·试着扩大一下范围：这个方法是否适用于其他材料？如果是，是什么？
·你怎样把你学习到的东西运用到你的日常生活中？这个实验是否改变了你对什么东西的

看法?

·你所学到的东西对你有何价值? (不能是"为了考试我要记住这个")

·你怎样观察的?

·你所学到的内容之间的联系是什么?

(注:除了第八项,上述内容不是每一个实验都适用。)

老师对试验报告会做多方面的考核。下面是非非十一年级的化学老师对实验报告提出的考核标准,目的并不在于让学生们发表惊人的科学发现,而是让他们在写报告时能采取严谨的科学态度。篇幅所限,这里只附上老师提出的可获得满分的最高标准:

完成状况:

·实验的各个部分全部完成,并按时汇报结果;

·如果有一部分实验未能按时完成,要在报告中说明原因;

·报告由自己撰写;

·全部完成自我评估的表格。

文字介绍:

·报告要整齐地打印出来或书写在单面有格的白色报告纸上;

·图表使用铅笔画在专门的图表用纸上;

·辨认图表的说明写在正确的位置上;

·不使用涂改液修改;

·修改错误时使用尺子画线的方法;

·每一部分的标题都要使用尺子在文字下方画线。

目的:

·实验的每一步骤都有清楚和准确的目标;

·表述不超过三句话;

·不包括你将怎样进行实验。

结果:

·所有的结果都有介绍;

·每个结果都很清楚,使用的测量单位正确;

· 结果中有足够的细节让其他学生能够了解其重要性；

· 不可在结果中讲述分析详情；

· 写出带有数据的信息。

计算：

· 清楚地显示计算；

· 每一个计算都要标明主题和公式，并在等号处把每行排列整齐；

· 结果要清楚地表述所使用的计量单位；

· 计算不得有误；

· 一个计算只清楚地列出一个样本；

· 每个计算的最终结果都要用一个图表综合展示出来。

图表：

· 所有的数据清楚地在图表中显示；

· 所有的图表都有编号和标题；

· 画图使用铅笔；

· 表格和图画的标示要清楚。

结论：

· 清楚地解释实验所证实的内容；

· 目的清楚；

· 结果用数字来显示数量；

· 结果通过描述显示出质量；

· 对于错误的来源给予解释；

· 为减少来源的错误给予建议。

问题：

· 回答了所有的问题；

· 所有的回答都是正确的或修改过的；

· 回答问题句式完整，计算显示清楚；

· 跟进的问题很完整。

修改与添加：

· 修改后全部正确；

· 错误的地方用线画掉；

· 修改的答案用不同颜色的笔书写。

总体情况：

· 不可以用第一人称；

· 没有拼写、语法和化学式的错误；

· 实验和报告内容有条理地汇集在一起。

我读到过非非的几份化学实验报告。比如，有一个是关于物体密度的实验报告，他用了丙烯酸、铝、黄铜、铜、橡树、松木、聚丙烯、PVC、钢这九种材料进行实验。他首先测量这些物体的大小，再分别把它们放入水中，观察它们的状态，之后计算它们的密度。报告一开始说明了实验目的，实验结果用了九个图表做了详细的表述，又用了 10 页纸展示每一个物体的计算结果，最后回答实验所提出的问题，并提出新的需要继续探索的问题，再做出结论。小小的实验承载在一份厚厚的报告里，虽然不是科学新发现，但对学生们来讲，却是扎扎实实地进行了科学表达方法的训练。

非非他们还做过一个有关食物方面的实验报告。老师让学生选择一个自己最喜欢吃的菜，在制作的过程中观察食物的物理变化和化学变化。然后学生要写出菜谱和制作过程的每一个步骤，要像在实验室做实验那样来表述，要用度量单位（几茶勺或几克）标明用料的分量，还要找出食物中所有的化学成分。为了确保每位学生都动手操作，老师用了一个直接、有效、有意思的办法，那就是让学生把自己在家里按照菜谱烹饪的食物带到学校来，开个派对，大家共同品尝，一起分享美味。老师还要求家长在这个项目的通知书上签字证明是学生本人准备的食物，这样谁都不能偷懒了。

烹饪报告的具体要求如下：

· 食谱名称；

· 准备程序，如同实验过程的书写方式；

· 度量单位，用列表的方式列出所有的度量数据（使用公制单位和英制单位两种，列出换算数据）；

   ·食品成分：列出食品中所有的成分；
   ·食物的物理变化：列出在烹饪过程中食物的物理变化；
   ·化学变化：列出在烹饪过程中食物的化学变化。

非非做的是他最爱吃的炒米饭，里面有米饭、鸡蛋、叉烧肉、玉米粒和豌豆粒。他按照老师的要求，先把烹饪的每个步骤列出来，再把不同材料的分量用两种度量单位写出来，然后找出包括葱花、油、盐在内的所有食物和调料的化学成分。这么一道普普通通的菜肴，用实验报告的方式一表达，就别开生面了，光是那些化学成分的列表，他就写了足足六页纸。

科学知识可以是高深莫测的，也可以是显而易见的，但要学会有条理、有步骤、严谨地探索问题，这才是科学研究所需要的精神。学生们所接受的训练，正是要培养他们这种一丝不苟的科学态度。

把本地生态环境植入课堂

在距离 MD 高中一两公里处有一个小山丘叫淘米山，是一座景色宜人的小公园。从山顶上眺望，近处三面环海，远处雪山环抱，山下的居民区犹如迷你模型，坐落在横竖有序的街道之间。山上岩石盘卧，青草丛生，春季紫花遍野，冬日老树苍劲。而这里最值得提及的是一片加俐橡树，这是本地土生的一种植物，属于非常珍贵的保护树种，本地法律禁止砍伐。由于受到外来物种的侵袭，加俐橡树林在不断缩小。政府的公园管理部门一直在试图恢复这里的原始生态，重建橡树林。科学课程中有关环境系统的内容就以这个公园为实验基地展开教学。老师带领学生来到这里，认知橡树，识别本地土生植物，了解外来入侵品种，目的是帮助政府寻找对策，复原这里的原始生态。

通过观察，学生们发现，这里有一种常春藤生长迅猛，疯狂地在各种植物上攀爬，极具侵略性，对橡树林和其他植物的生存都造成严重威胁。于是，学生们制订计划，准备动手清除纠缠在树上的这些藤，大力培育本地植物，开拓地盘种植橡树。每年从 4 月份开始，他们对本地植物进行培土并播撒新的种子。

他们对这些外来的藤则斩草除根，以腾出更多空间给本地植物生长。学校里的环境领袖班也来配合，定期到淘米山公园进行杂草清除工作。学生们从实践中懂得，生态系统是有机的、互为因果的，人类与自然也相互依赖。当本地的植物恢复了生长，本地的动物也就会重返家园，生态因此能够长久地保持其最佳状态，人类也可以从中获得更健康的生存环境。

学生们不仅自己身体力行，也打算请当地居民共同加入行动。他们学习辨认了最具侵略性的四种植物，然后绘制出一张地图，标出学校所在社区这些植物的分布。他们还制作了宣传手册，挨家挨户发送给居民。手册上列有本地区生长的不良野草的名称，并有图文并茂的描述。在详细介绍这些野草的危害性的同时，还教授清除它们的具体方法。学生们的意图，是让本地居民了解了有关知识后，能对自家花园中生长的这些野草采取措施，从而避免其肆意蔓延。

科学的目的在于服务人类，学生们不仅要从书本上学习科学知识，还要学着使用科学来解决实际问题。科学课学习生态时结合本地生态系统，是最具实际意义的教育。

多学科交叉的"现象教学法"

科学课教学也一再地向学生展示，一种学科不可能孤立存在，它与其他任何一种学科都有天然的联系。比如，科学与历史就是一例，科学教学也可以并应该把历史元素融入其中。

十年级时，栓柱他们学习核辐射，老师给他们介绍了切尔诺贝利核事故的前因后果。十一年级时学习达尔文的进化论，老师把达尔文这个人从生平到宗教理念，以及目前对他的理论的争议，都做了详细的讲述。

在非非的化学课上，老师让他们做的有关化学元素的项目研究，也是从科学和历史这样文理两个方面入手的。老师对研究项目的要求是：表述一种化学元素的表征和性质，介绍它是什么；介绍其用途；介绍其历史，包括它是怎样被发现的，在过去是怎样应用的；讲述有关这一元素的一些有趣的事例。

非非挑选了化学元素铋作为研究对象。他在报告中写道："铋是晶体和脆性金属，很常见的颜色是发银色的，而大块纯天然的铋晶体的表面有时会呈现不同的颜色。"铋的发现历史颇为曲折，他介绍说："铋是穆斯林化学家贾比尔在公元8世纪发现的，但之后人们总把铋和锡或者铅相混淆，直到1753年由科学家小克洛德·若弗鲁瓦清楚地把铋分离出来。"更有意义的发现是："铋是各种自然金属中抗磁性最高的，因此可以产生磁悬浮；铋也是各种金属中电导率最低的；固体铋可以漂浮在液体铋上，因为其密度要小于液体。其用途在工业、医学方面更是多种多样。"

他们从没有去专门背诵化学元素表，但却通过这样的小小研究自学到了妙趣横生的科学和背景知识。在报告这一研究成果时，学生们不仅要通过文字介绍内容，还要有图像加以形象化地表达，当然还要注明研究资料的来源。

学习原子理论，学生们也要了解这一理论的发现过程，以及与之有关的发明家都是谁。老师列出这些人的名字，让学生来填写：公元前400年，德谟克利特；1800年，约翰·道尔顿；1897年，约瑟夫·约翰·汤姆逊；1911年，欧内斯特·卢瑟福；1913年，尼尔斯·玻尔；1926年，维尔纳·海森堡；1935年，欧文·薛定谔。学生们自己翻查资料，找出每位科学家生活在什么时代，讲出这些科学家对这项科学理论的贡献。

非非在十年级和十一年级都做过生态方面的课题。十年级时，他们做的一个项目横跨五六个科学领域。这个项目是写一份有关"地球上的生态保护地"的研究报告，一方面对生态保护基地进行了解和观察，另一方面运用这一年所学到的有关知识对生态现象加以解释。世界上有许多生态保护区被联合国教科文组织列为世界自然遗产，他们就是从这里挖掘研究对象的。

研究成果以书面报告的形式交给老师。报告包括下列内容：

·一个描述性的标题；

·一个标明页码的目录；

·所有的插图都要有注解并标明资料来源；

·一个对关键兴趣点、驱动性问题（driving question）和可能的解决方法的总结；

·详细的资料来源，按照作者姓名字母排列，使用MLA（一种资料来源注释的格式名称缩写）的格式，包括所有的插图和引语。

这篇作业开头第一步就是要提出两个引领研究、思考主题的驱动性问题，最终研究的结果就是对这两个问题的回答。这个项目由二人一组合作进行。合作伙伴每个人都要提出 5 个问题，然后从中选择出两个问题作为驱动性问题，其中一个问题必须是有关两个生态区的比较。这两个引领的问题确定后，需得到老师的认可后再进行下一步，这样可以避免整个研究在方向上出现大的问题。然后，学生们要在课堂上向大家陈述其中的一个驱动性问题。

接下来的研究要涉猎许多个科学领域。老师的要求如下：

研究中有关生物的内容：

·对生态保护地的总体描述，包括大小、地点、被列为保护区的日期和其重要地位；

·对生态系统的描述，包括对保护区陆地或海洋生态系统的分析；

·这个生态保护区的详细地图，包括主要的地理内容和不同生态系统的分布；

·生态区每月温度和降雨数字表；

·至少十种在生物群落中常见的食物网，包括其常见名称和科学名称，以及喂养指标；

·对在保护区中的两种濒危物种的详细描述，包括造成威胁或灭绝原因的讨论。

驱动性问题的主题建议：

·保护区内原生的和特有的物种的进化；

·保护区中侵略性物种以及其对原生物种或其他自然过程的影响；

·在保护区中通常发生的连锁反应；

·污染和过多的水土营养对保护区的影响。

研究中有关化学的内容：

·调查离生态区最近的矿场或核电站，详细描述其主要产品或能源的生产、拥有者、雇工的数量；

·讲述这些矿产品的出口或消费地，包括年产价值；或介绍其能源产品何时开始销售，以及年产价值；

·一张与保护区有关的矿厂或核电站地区的地图。

驱动性问题的主题建议：

·开矿或核电站对保护区的冲击；

· 一种矿产品给一个加拿大消费者所留下的印迹, 尽可能详细地讲述生产过程和阶段。

研究中用于实地运作的计算和图示:

· 制订一个从维多利亚到生态保护区的旅行计划, 行程包括陆地、空中、海上, 每一步行程的花费都以 6 月 26 日启程、8 月 26 日回程为依据。

· 用公里计算里程和所需时间, 以及每一段的平均速度和全程的速度;

· 用一张地图展示你的旅程, 创造性地整合你的信息。

驱动性问题的主题建议:

· 用地图展示从煤矿生产到制造、再到送货的路径图, 包括根据矢量分析的成本和速度的计算;

· 用地图展示那里的核电站状况。

研究中有关地球科学的内容:

· 提供生态保护区的板块构造报告;

· 提供最近的大规模地震或火山的详细报告。

驱动性问题的主题建议:

· 在生态保护区地貌所产生的地壳运动对这个地区的影响;

· 根据地壳运动规律, 预见其今后对保护区的影响。

研究中有关气候变化的内容:

· 保护区常见的风或洋流的描述, 以及对当地的影响;

· 指出气候变化对保护区的可能的冲击, 研究现在的气候变化, 并预见对未来的冲击。

研究中有关对人类的影响:

· 综述人类行为和基础建设对这一自然保护区的主要影响;

· 准备一个可能的解决办法的大纲, 用以避免或减轻冲击, 地区性的或全球性的都可以。

驱动性问题主题建议:

· 就可能对保护区造成影响的全球性问题, 诸如海洋酸化、海洋死域、森林被毁、土地流失和沙漠化、海平面上升和人口增加等，进行综合研究。

老师还列出了每一步骤的时间表，让学生按期进行。报告完成后，先由其他同学给予评估，提出意见。根据意见，学生自己再审查，并给自己写出至少三条可以改进的意见，再次修改后，才可以交给老师。

最近一些年，加拿大正在试图打破传统教学中科目内容上的单一性。自然界是相通的，社会与自然也是相通的，掌握基础知识并不应当仅仅从科目的划分出发，单一地、孤立地学习某类知识，也要从整体和宏观上领略，学会在联系中以多学科交叉的态度来探索问题。这种被称为"现象教学法"的做法，在包括加拿大在内的发达国家的教育界越来越受到重视。

此外，博物馆也是科学课堂向外延伸的好去处。非非九年级时，他们同学坐船过海峡到温哥华天文馆参观了宇宙展览厅，在馆内观望星空，然后聆听了关于"供电的未来"的讲座。十年级时，老师又带他们去位于温哥华的不列颠哥伦比亚大学（University of Columbia，简称UBC）参观人类学博物馆，观看大学里的粒子加速器的运行，观赏校内的贝蒂生物多样性博物馆。各种博物馆所收藏、陈列、研究的各种物品，具有极大的教育功能，其内容广泛又深入，知识直观且形象，是取之不尽的知识宝库。那次去UBC，老师还特意安排他们在大学校园里住宿，让他们在高中毕业前就亲身感受一下大学生的生活。这对非非对这所校园产生亲近感并之后来这所学校读大学，铺垫了小小的一块基石。

科学竞赛展天分

科学竞赛是让青少年显露科学才能的最佳场所。加拿大各地每年都有多姿多彩的科学竞赛活动，为的是让那些热爱科学、天资卓越的学生们一展其想象力和创造力。

位于维多利亚彼岸温哥华的昆特兰理工大学（Kwantlen Polytechnic University）举办的中学生科学竞赛，每次都吸引着本省和全国各地的大批科学爱好者。这个竞赛分高年级和低年级两个竞赛组。高年级组为十一和十二年级学生，低年级组是八到十年级学生。每个竞赛小分队最多可由五名正式队员和两名替补队员组成。竞赛组织者按照登记报名的先后顺序，每年接纳30个高年级队和25个低年级队。竞赛的方式是：每个队参加五项时间长度各为一小时的实验室活动，内容涉及生物、化学、环境科学、地质学、工程设计、数学、物理等多项科学课题。

竞赛的内容则年年有所不同。比如有一年，高年级组的化学竞赛题目是让学生根据不同的标准确定有机溶剂和水溶液，并进行滴定实验；生物竞赛让学生对与病毒传播和免疫过程相关的问题进行分析；物理竞赛让学生做有关弹丸速度的实验。低年级组的地质学竞赛，是回答关于火山喷发和大滑坡两大危险的地质问题，并提供预防危险发生的方案；可持续的农业课题竞赛则要学生分析几种土壤样品的物理和化学性质，观察 pH 值。

MD 高中每年都派高年级和低年级两个队参加比赛，成绩也都相当不错。有一年，低年级队进行了水利车的设计，高年级队则建造了一个重型投石机，能够推进培乐多球达 19 米之远。参赛的学生们都很兴奋，竞赛活动把教育、娱乐和科学融于一体，激发了学生们迎接科学挑战的兴趣、信心和勇气。

此外，加拿大各地还举行青少年科技博览会。那些喜欢突发奇想，又执迷于尝试科学发明的青少年，都可以将自己的成果带去让专家评判，与众人分享。

我们所在的温哥华岛也有自己的地区科技博览会，本地各校学生每年都可以把自己的各种科学发明拿去展示。非非毕业前那年，有 150 名从四年级到十二年级的学生前去参展，地点就在维多利亚大学。每一年，新的创想如同雨后春笋勃发而生，从设计用不同的音响效果改变人们对一部电影的观感，到计算多少糖分放入饮料里最为合理，再到分析辣椒酱的属性，课题五花八门，无奇不有，充分显示出小发明家们的奇思妙想。

本地媒体曾经有个报道，介绍维多利亚一位九年级参赛学生的项目。他专门测试电磁辐射对豆类植物的影响。他通过把一个通电的铜线圈放置在与植物远近不同的地方，测试电磁辐射对植物影响的差别。他的测试结论是，离磁场越近，植物受到的磁辐射就越大，因而生长受到的阻碍就越大。相比之下，那些离磁场相对远一些的植物长得就比较高大。这也印证了许多农民抱怨在电缆线下植物生长得不好的说法。它还让人联想到，世界卫生组织也曾指出，磁辐射可能造成对人的神经和消化系统的损伤。

类似的博览会最后都会给发明家们颁发奖励证书。得奖者当然是最有想象力和创新力的佼佼者。在得奖人中，有的是探索怎样提升记忆力的科学方法，有的是研究怎样用鱼的排泄物给植物提供养分。有一位学生的发明创造更是别出心裁，他尝试用白蚁加工制作食品，因为白蚁营养很丰富，也许可以成为新的食材。这个学生成功地将捣碎的白蚁制作成意大利面，在博览会上大放异彩。不过，这位小发明家很诚实地告诉媒体说，他可是从来没有品尝过自己发明的白蚁面条！

维多利亚的高中学生里也不乏尖端科研的获奖者。有一年在本岛的科学博览会上，格里扬诺克中学（Glenlyon Norfolk School）十一年级的学生内森发明的针对苯丙酮尿症（PKU）患者的苯丙氨酸水平自我测试的方法获得了大奖。他的这个发明起源于前一年他在跨加拿大科学博览会上获奖的另一项发明，即通过增强荧光蛋白为早期癌症做分子诊断的方法，它可供病人在家里自行诊断早期恶性肿瘤。这项发明虽获大奖，但他仍然再接再厉，继续探索，以求完善。在反复试验的过程中，他发现对于苯丙酮尿症的测试最为准确。后来他了解到，这种遗传性基因紊乱造成的病症在北美有12000到15000个新生儿患者。苯丙酮尿症在出生时被发现后，一生都需要监视体内苯丙氨酸的水平。这个测试对帮助病人保证每天的适当饮食非常有帮助。

在内森参加并获奖的跨加拿大科学博览会上，他并非本地唯一的获奖者。LP高中的学生奥斯汀也与他同期获得了一项铜奖。奥斯汀的发明是寻找一种更加便宜的材料来取代目前使用的成本很高的处理石油泄漏到海水中的护栏。他制作的护栏不仅可以吸油，还能够在吸油后不会随重量下沉。他与博览会的其他获奖者一样，都获得了数量可观的奖学金。

科学世界，海阔天高，有的学生还走出加拿大，参加国际博览会的展示。温哥华名校圣乔治学校一位叫雷蒙王的十一年级华裔学生，曾经获得过在匹兹堡举办的全球高中生最大规模博览会的头等科学奖。他创造了一种新的空气流通系统，用来隔离和消除飞机机舱的病菌，目的是让旅行者减少患病的可能。他制作的飞机机舱内空气高分辨率模型，能够重新定向把空气传送给每人自己呼吸的空间，其结果是每位乘客对病原体的吸入降低了55倍，而新鲜空气的吸入则增加了190%。科学是无止境的，得到奖励并没有成为雷蒙王研究的终点，反而促发了他更大的研究激情。他打算用得到的7.5万美金的奖金投资做进一步的研究。他希望这个被称为"空气流动定向器"的发明，能把成本降低到包含在一张普通机票内的价格，并能方便地安装在飞机上投入使用。

与此同时，本地圣迈克尔私立中学十一年级的女生安娜发明的体热供电手电筒和一种"e饮料"，在匹兹堡也获得了一项科学比赛大奖和一大笔奖金。之后她还获得了壳牌加拿大石油公司和加拿大地理杂志的探索气候问题奖金。手电筒的发明也使她获得了谷歌科学博览会奖和跨加拿大科学博览会奖。她希望手电筒产品能尽快作为商品生产上市。而她所得到的奖金将用来继续研究她的"e饮料"。

安娜因为是维多利亚的学生，本地媒体对她多有报道。她是一个科学迷，特别热爱发明。每天她都把自己锁在屋子里，很少参加社会活动。记者采访她时发现，进入她的房间，仿佛进入了一个小小的加工车间，里面有电脑、路由器、电焊烙铁、电路板，以及一个小型的3D打印机和一个自制的示波器。桌子上摆的一堆模型都是她想试做的东西，看上去她真是一位名副其实的发明家。她不仅在课外硕果累累，在学校也是个小学霸，门门成绩优异。在加拿大这种灵活的教学体制下，她可以按照自己的意愿和读书速度，加快步伐学习。高中最后一年，她完成了许多大学先修课程。高中毕业后，当她进入全加最好的大学之一 UBC 时，俨然已是一个成熟的大学生，大步地走在同龄人的前面。

这些青少年的发明创造都源自他们对科学的热爱和激情，而教育制度对他们的鼓励，又使得他们更加富有活力。

5. 学外语——表达、交流与欣赏文化

英语虽然几乎已是现今世界的通行语言，但再掌握一两门外语在加拿大仍然是很常见的现象。神圣罗马皇帝查理曼说过一句名言："学会第二种语言，就拥有了第二个灵魂。"在这个多元文化的世界上，懂得多种语言意义非凡。

BC 省为高中生们提供了多种外语课教学。法语自不必说，这是加拿大的两种官方语言之一，另外还有德语、意大利语、西班牙语，乃至日语、韩语、汉语、旁遮普语等等。各学校根据师资条件和学生的要求开设相关课程。比如 MD 高中和 LP 高中都开设了法语和西班牙语课，MD 高中还有汉语课。

语言与文化如同一枚铜钱的两面，无法分割。所以在加拿大高中，学外语

并不限于学习语言本身，而是把内容扩展到更广阔的层面，包括学习用这种语言所创作的音乐、艺术、文学、电影，乃至品尝美食，旅游观光。他们所重视的是用这种语言来交流文化，让学生们体会到学习外语的实用价值和文化意义。

高中期间有很多学生选读外语课。栓柱和非非小学和初中阶段曾经在沉浸式法语项目学习，这是以法语为授课语言的教学。转入高中后，他们脱离了沉浸式法语项目，进入了英语教学项目。但他们仍然对法语感兴趣，愿意继续修读作为外语课程的法语课。由于他们已经有了法语基础，法语课不必作为初学者从头开始，而是直接插入高班课程。

以交流为目的，重在表达

在十一年级的一堂法语课上，非非和他的同伴来到教室的讲台上，非非在黑板上写了一句法文："Quand les poules auront des dents."（当母鸡长牙的时候。）

非非问道："你知道英文的相应说法吗？"

同伴回答："When pigs fly."（当猪飞的时候。）

非非又问："这话的意思是什么？"

同伴回答："就是说，等咱们维多利亚种植了棕榈树，我就可以随意喝椰汁了！"

非非接下来说："那就是'当母鸡长牙的时候'了！"

两人话音未落，课堂里便响起笑声。这是非非他们正在学习法语中约定俗成的地道用语。老师并没有直接教给学生，而是让他们两人一组，自己寻找两个法文的谚语，通过两人一问一答的方式向全班介绍。非非他俩说到的这句俗语意思是"根本不可能发生的事"。

语言是用来交流的。加拿大的外语教学看重的是实际应用。课堂上，老师给学生们尽量多的机会练习听和说，鼓励学生主动表达，以达到交流的目的。至于语法和词汇的使用是否准确，这倒在其次，因为这只有在不断交流中才能逐渐改正和提高。

像这样两个人的合作应当是实实在在的练习过程。为避免学生应付差事，老师提供了一个最成功的合作样本，每次完成合作任务后，让学生据此进行自我评估：

- 准备工作：每次到教室都已经准备好了需要回答的问题；
- 贡献：我在对话中给予了很多的意见，我是带头人，并给予别人很多帮助；
- 共同学习：我总是倾听别人的意见，我支持他人的努力，并总是态度积极；
- 讲法语：我尽量使用正确的法语表达，当我不会时，我请求小组其他同学给予帮助。

这个样本不仅给学生指明了合作方式，也加强了他们在合作中的自我监督和相互促进。

学习法语时态的时候，他们也不限于做枯燥的语法练习，而是把时态、语式等融入有意义的交流，给学生机会去主动运用不同时态。比如，非非的老师让他们以讲故事的方式来练习动词时态。他出了个题目叫"都市传说"，学生可以就此讲一个听来的或自编的故事。讲述时要图文并茂，采用播放幻灯片的形式，边播放照片和图画，边进行叙述。

讲这个故事是为了练习时态，所以老师对时态的应用有特殊的要求：

- 叙事时要使用复合过去时和未完成过去时；
- 叙述中至少用15个动词，其中有8个必须使用过去时的句式，包括自反动词；
- 要使用代词，如直接宾语代词、间接宾语代词、时间和地点代词；
- 使用贴切和丰富的词汇；
- 使用不少于10张幻灯片。

老师对故事的编排和讲述也提出专门的要求：

- 在交流表达方面，故事应组织得很好，很容易吸引人；故事应当有非常有意思的和充分展开的情节。
- 在语言的准确性方面，叙述中可以容忍个别语法和词汇错误，但不能影响整个故事的表达。
- 在视觉图画方面，幻灯片中使用的图片、图表及各种视觉效果，必须与故事情节联系紧密，且能吸引受众。

·在表达程度方面，叙述要流利，语言要清楚，发音要准确。此外，故事不仅要容易让人听懂，还要利用表情和语气来制造气氛以吸引听众。

这种调动自主能力的学习方式是学生们最喜爱的，所以到了讲故事那天，大家都积极踊跃参加。有人讲述了寓言故事《乌鸦与狐狸》，有人挑选了《哈利·波特》小说中的一段故事，还有人叙述的是法国名著《小王子》的片段。有几个学生自己编造的故事最受同学们欢迎，因为想象丰富，故事很奇葩，逗得大家笑声不断。

十一年级那一年，非非的法语课期终考试，内容也是聚焦在时态的运用上。老师采取了开卷考试的方式，以"我的生活"为主题，要学生介绍自己的从前、今天和未来。意图显而易见，就是要让学生把所学到的过去时、现在时和将来时的时态和语式都能融会其中。为了不漏掉任何一种时态的表达，老师提出了详细的要求：

第一部分，关于儿时的回忆，必然要用过去时，包括复合过去时、预过去时和过去进行时。对具体内容，老师也有建议：

·你可以谈一谈你是在哪里出生的，你的值得纪念的物品，如：玩具、好吃的食品、成绩单、看过的文艺节目、节日礼物、衣服等等；

·你所参加的活动，比如：体育俱乐部、上过的课程等等；

·你最喜欢或最讨厌的东西，如：衣服、人物、电影、事件、歌曲、电视节目、连环画、电子游戏等等；

·你经常去的地方，如：你的家、学校、游泳池、溜冰场、操场等等；

·叙述一件逸事或是某次经历，比如说在一个假期里发生的事或者特殊的一天。

老师连使用动词的数量都提出了明确要求：必须用至少15个不同动词的过去语式和时态。

第二部分，运用现在时讲述你现在的生活，用现在语式，还要使用宾语代词、自反代词和现在分词。老师也具体建议了可能讲述的内容：

·你现在上的学校；

· 你的朋友和家庭；

· 你现在参加的活动；

· 你所喜欢的和不喜欢的东西；

· 你经常去的地方。

与过去时相同，老师也提出要使用不少于 15 个不同动词的现在语式，而且其中包括两个现在分词，一个自反动词，外加两个直接宾语代词和间接宾语代词。

第三部分，运用将来时和条件式，讲一讲你今后的计划及你将来二十年内要做的事情。具体内容：

· 今年这个夏天的暑期计划；

· 你明年想做什么：毕业准备、选课、参加体育活动或加入某个俱乐部等；

· 你毕业以后的计划：上大学、工作、旅行等。

老师同样要求他们运用至少 15 个不同的动词表达未来的语态和条件，其中还包括两个虚拟式语态。

这是一次全面的考查，学生不仅要按照老师的要求使用动词和时态，而且还要运用视觉图像配合内容，最后必须通过录音来记录自己的口头表达。这可是个不小的工程，非非花了几个星期的时间，涂涂改改地耗掉了不少草稿纸，如期完成了这个考试项目。

交流的内容也是随着对一种语言的掌握而呈现由浅入深的变化。BC 省教学大纲建议，先从最基本的生活内容出发，逐渐进展到个人感兴趣的一些话题，最后再发展为思想观点的交流和意见的表达。按照教学大纲的要求，十二年级学生的表达内容就比较深入了。期末考试时，非非他们要自己选择一个历史事件来讲述，还要表达对事件的看法。考试的过程也是学习和提高的过程，事先都要进行一系列的准备工作。学生们先要用法文写一个计划让老师过目，然后老师会和学生讨论题目的可行性，之后学生才能动笔。

非非最初想写的是法国总统戴高乐。他在计划中讲道，他一直对历史非常感兴趣，特别是 20 世纪史，而这个项目给他提供了进一步了解 20 世纪法国历史的机会。他并不准备概述戴高乐从生到死的整个人生，而是着重于揭示他在两次世界大战中对法国乃至世界的影响。其中所使用的语言尽量采用十二年级学到的各种语式和词汇。老师认为他的计划很好。但是后来他又改变了主意，转而选择介绍拿破仑一世，老师也很痛快地认可了。根据过去在历史课上学到的知识，加上自己的研究，非非写出了长长一篇有关拿破仑的点评。

最终交卷时，老师并不只想看到学生的文字稿，而是要求他们把内容讲述出来并录下音，把文字和录音一同提交。本来嘛，语言表达不仅是文字，也要有声音。

五花八门的阅读材料

无论是母语还是外语，掌握语言的共通之处在于阅读。只有大量的阅读，才能逐步扩大词汇量，熟悉语法，强化语感，打下坚实的语言基础。而这种阅读应当是越杂越好，五花八门，不拘一格。

桂桂和非非的老师们都给他们阅读过各色各样的文字。他们读过许多故事，也读过文学名著的节选，诸如法国20世纪上半叶著名女作家柯莱特的小说《科洛蒂娜》，大作家巴尔扎克的《欧也妮·葛朗台》，还有拉封丹寓言、现代喜剧剧本等。就是科学方面的文章也包括在内。他们读过一篇题为《从简单的大脑神经到人的聪明才智》的文章，就很有趣味。文章的内容是分析人的各种智力类型，作者将之分为语言型的、数学型的、音乐型的、视觉型的、动觉型的、自然型的、人际型的、自省（内向）型的。读后，老师让学生自行对号入座，看看自己属于哪一种类型。总之，他们阅读的东西很杂。通过阅读，他们学习作者的用词、语气、表达方式，当然更学习了语法和词汇。像英文课上一样，他们也进行作品分析，并从中了解社会。

他们还大量阅读了各个时期、各种题材的诗歌。诗歌的句子短，结构简单，用词容易掌握，还可以模仿创作，又有助于提高对文学的鉴赏力和思考力。比如，非非学习过法国20世纪初超现实主义大诗人保尔·艾吕雅的诗歌，还有罗马尼亚裔的法国女诗人阿娜·德·诺阿伊的诗歌《我多么爱你》等。

学了这些诗歌之后，老师要求学生们自己也来创作。《学校真好玩儿》《一首爱情歌曲》《我刚刚……》《和我一起来》《咱们一起去》——这些都是非非他们曾经创作过的诗歌的标题。学生们几个人一组，用简短的句式表达生活、友谊、情感。非非和另外两位同学合作创作的《咱们一起去》，讲述几个年轻人开着车，随意来到德国的一个城市，看到各种新鲜的景色兴奋不已。他们用的句式简单、幽默、轻松、愉快，表现了年轻人的快乐和疯狂。他们一边阅读，一边应用，也让年轻人尽情地发泄一下情绪，达到作诗的真正效果。

通过歌曲学习语言，既能增长相关知识，也是课堂上常用的方法，他们学唱过许多许多的歌曲。非非从学唱的歌曲《雷诺王》中，知道了法国中世纪著名的传奇人物雷诺；还有《所有的都相同》，让他了解了近些年比利时和法国最红的电影歌手和创作人之一司徒迈的歌曲。法国那些家喻户晓的传统民歌，如《月光》《伯莱因是个仆人》《清澈的喷泉》等等，更让他们熟悉了法语文化的诸多内容。歌词随音乐嵌入脑海，十分有助于记忆。用歌曲学习语言，既快乐又有成效，正是年轻人最易接受的方式。

歌曲不仅扩大了学生们的词汇量，也能帮助他们掌握语法。法文的语法比英文复杂许多，比如，虚拟式在英文里没有特殊的动词变位形式，而法文里却有。老师就让学生通过歌曲来学习种种变位。一首歌曲叫作《我将忘记你》，歌词全部用虚拟式表达恋人的意愿。会唱这首歌，对虚拟时态便能运用自如，对歌词的意义也更能心领神会。

非非他们十一年级的法语课，每周有一天为歌曲日。两个学生一组，共同选择一首喜爱的歌曲，每组轮流准备这天的学习。学生们先要对所选择的歌曲做一番介绍，比如，这首歌为什么知名？歌曲的第一位歌唱者是谁？歌曲属于哪一类型的歌，是民歌，还是音乐剧、歌剧或流行歌曲？然后再介绍一下演唱这首歌的歌唱家：他／她的身世是怎样的？歌手是怎样走上舞台，又怎样成名的？最后要解释一下：这首歌表达的是什么意思？为什么要选择这首歌曲？每次，讲解的学生都要印出法语和英语两种版本的歌词发给大家。课上介绍时，就把歌曲录音放给大家听，让同学们跟着学唱。唱过之后，再让同学们做语言练习，把事先准备好的有关歌词的语言练习材料拿出来，让大家做填空练习。孩子们选择的多是现代流行歌曲，从音乐到歌词都十分时尚。一个学期下来，他们能学到十几首歌，这还都是通过学生之间的交流所学到的。

学语言，也学文化

栓柱和非非学法语，自然也要学习法语文化。法语文化不仅仅指法国文化，还包括所有讲法语地区的文化，诸如北非的马格里布地区和非洲其他一些国家、瑞士、比利时、加拿大的魁北克等。应当怎样学习法语文化呢？栓柱的法文老师本·萨利女士在她的教学大纲中一语道破："在态度上，是要培养学生对讲法语的人民的兴趣和开放的跨文化的接触，了解说法语的人民对于加拿大和世界文化的贡献；在文化上，开发对于法语社会最有特点的文化习俗、生活方式的认识，并且能对比认识自己的文化特点。"

饮食饱含文化精华，学语言如果学不到对饮食的表达，那就太不接地气了。而许多饮食的概念，可不是仅仅通过字面就能明白其意思的。记得 20 世纪 70 年代在中国学到法语"奶酪"一词时，我始终想象不出奶酪究竟是什么样子。直到我到了法国，见到了奶酪，才终于把这个词和食物对上了号。

课堂上，学生们也直接通过学习饮食文化来学习语言表达。非非十一年级时，老师安排每周的星期三为饮食日，每次由一位学生主讲一个菜谱，必须是法语国家的菜谱。为此，也是让学生每人自选一道菜，他／她在讲述时要告诉大家这道菜的名称，介绍制作的食材，讲解烹饪方法。一个学期下来，学生们耳闻了不少法国菜品，包括以前吃过的或不曾吃过的食物，像法国的烤卡芒贝尔奶酪、白葡萄酒烧青口、黑血肠、鞑靼牛排，马格里布的古斯米小米饭，比利时的贻贝薯条、奶白香肠，瑞士的芝士火锅，等等，让他们胃口大开。

老师认为，只会表达法语地区的饮食还不够，还需要能用法语表达自己族裔的食品名称，这样才可以和异族人进行交流。于是，老师又给他们出了一道练习题，叫作"我自己开的餐馆"。学生们要为自己的餐馆写菜单、做广告，并对自己的餐馆做出评价，其中还夹杂了动词时态练习。具体要求如下：

菜单：开一个自己族裔饮食的餐馆，自己命名，自己设计菜单。菜单要包括饮料、头盘、主菜、甜点。还要标明价格和对菜的描述（使用过去分词）。

广告：为自己的餐馆设计一个广告（电子版的或手画版的都可以），如同黄页通讯录里的广告样本（要在动词中使用未完成过去时）。

餐馆评价：如同给一个杂志写评论一样，给自己的餐馆写一篇评论文字，其中必须对你的烹饪（选择什么菜最好，菜的量大小，怎样烹饪的，味道如何）和餐馆的气氛、价格、服务、装饰及其他内容（阳台、音乐、宴会等）进行评论（动词使用复合过去时、未完成过去时和过去完成时）。

　　非非设计的是小小中餐馆，菜单上少不了他最喜欢的扬州炒饭。正巧又赶上当时他们的化学实验课也有烹饪食品营养成分的作业，一举两得。在做这个项目的过程中，他对中西方食品文化的特点有一项很实质、颇有见地的发现：西餐在烹饪时尽量保持食物本身的味道，而中餐则喜欢使用调料增加食物的味道。

　　了解法国人的饮食习惯，也是老师引导学生们学习法语及其文化的一种方式。老师发下的小小一篇阅读材料，翔实地描述了法国人的早餐习惯。文章说，法国的早餐很简单：咖啡、面包加上黄油或果酱。传统上，早晨的咖啡是不用咖啡杯的，而是盛在一个没有把的大碗里。人们喝咖啡不加奶，但放糖。现在法国的早餐受到北美饮食的影响，常吃麦片。一般来说，法国人早餐吃的面包都是前一天剩下的，所以要烤一下。想吃新鲜出炉的面包也可以，面包铺很早就开门了，人们可以下楼到街上去买一个热乎乎的面包。如果是在咖啡店或旅馆里吃早餐，那就不仅有面包，还会有羊角包或奶油蛋卷，而且那儿的咖啡是用咖啡杯来喝的。

　　具有这样简单的知识，其实很有意义。有一天当你做客他乡，对人家的生活习惯有所了解，就不至于犯一些缺乏常识的低级错误。

　　也有的法语老师干脆组织学生去法国餐馆吃正宗的法餐。法国那一整套餐桌文化很有道道，学生们在这一餐饭中可以一一体会。他们要亲自练习看菜单、点菜，还尝试法国大餐的正规吃法，一套大餐下来，从头盘到正餐，再到奶酪、甜点，他们一道一道地品尝。对法国人来说，美食固然重要，而与友人一起边品味佳肴边谈天说地，更是锦上添花。说法国人会享受，就是他们把生活的点点滴滴在不经意中都作为美来体验。那是一种对生活深入骨髓的精神追求，既不是流于形式的附庸风雅，也不是只求实惠的物质主义。此外，还有饭桌上的礼仪也很重要。在饭桌上如何拿刀叉，如何放刀叉，如何相互问候，如何称赞美味，法国人都有自己的一套规矩。不在进餐时实际学习，书本上就算能得到这些知识，那也是很肤浅的。再说，虽然加拿大也是西方国家，也吃西餐，但餐桌规则与法国仍存在着差别，比如酒杯的使用和排放，刀叉和餐巾的摆放，都有不同的讲究。西方文化也不是一个笼统的概念，拉丁文化和盎格鲁－撒克逊文化，欧洲文化和北美文化，都各有千秋，如果混为一谈那只说明你是外行。唯一遗憾的是，学生们还不到法定的饮酒年龄，法国大餐缺少红酒相伴毕竟是美中不足。

电影也是一种文化产品，也是帮助了解艺术与社会的一种直接而生动的手段。看电影是学生们喜爱的活动，非非他们十二年级的法语课上可是看了不少电影。不过，他们为学习法语看电影，并不是只看个热闹，也不是像我们当初在学校那样，老师过后问一问都听懂了什么就完事了。非非他们在法语课上看一部电影，要做很多的功课。比如，有部法国影片名叫《无法碰触》，讲的是一个富有的大亨因为一次跳伞事故造成颈部以下高位截瘫，平日只能坐在轮椅上，生活无法自理。他雇用了一名刚从监狱中放出来的黑人青年做看护。两个人两个世界的碰撞与融合，促生了一段不可思议的奇妙友谊。看这部影片前，老师先让非非他们准备词汇，并对电影内容给予提示。他告诉学生，这部电影用了很多俗语和俚语，情节来自真实的故事，人物有黑人和瘫痪的主人。随后他又给学生准备了一系列的问题，让他们带着这些问题看电影。看过电影，再来回答这些问题，老师由此考查他们对电影故事内容的理解程度。最后，老师还给他们布置了一个对话活动：根据电影里面的情节，做一次招聘面试。

非非他们还看了新浪潮电影的代表作之一《四百击》(Les quatre cents coups，又译作《胡作非为》或《四百下》)。围绕这部电影，他们也展开了一系列的活动。这部电影最著名的一个镜头是片尾，主要人物安东尼在和教导所的少年外出踢球时出逃，他一直跑到海滩，看到他以前不曾看过的海而感到迷茫。这个结尾由三个长镜头组合而成，成为电影史上的一个经典镜头。

老师在看电影前也给学生做了一系列的准备工作。他讲解电影中的多个主题：青春期少年、孩子与父母的关系、20世纪50年代的社会、法国电影和法国电影导演。然后，他又和学生们探索电影有怎样的教育意义和交流意义。他还指导学生们怎样去理解一部电影，怎样对故事内容做假设，怎样比较不同人物的生活；又讨论电影有何文化意义，介绍法国经典电影有哪些，法国著名导演有哪些；还提示他们怎样搞懂电影的内容，并怎样通过学习一个地道的法语作品获得词汇，加强语法训练。

接下来，老师给学生看了这部电影的海报，并就海报提出了以下问题让学生回答：

· 电影标题："四百击"的意思是什么？是做蠢事的意思吗？

· 你认为，这个电影讲的是什么？猜测一下。

· 根据海报，看看这个主角是个什么样的人物？谁做了四百击？这个男孩子安东尼做了什么蠢事？这个孩子和父母关系亲密吗？

做完这些功课，老师才把电影放映给学生观看。看过电影，学生们必有新的认知。老师又给学生们提了一些新问题，这回让他们笔头回答，考查他们对电影的理解是否准确。老师的考核非常细致，他把电影主要情节中使用的句子拿出来，让学生们按电影中的时间顺序排列，就电影中的一些细节提问，测试他们看懂了没有，并让学生辨别他叙述的内容是否符合故事情节，用填空的方式测试学生们有没有搞懂电影中的人物关系。这部电影主角的故事取自电影导演自己的生活。老师又让每两个学生一组，讨论和比较导演特吕弗和主角安东尼两人生活经历的异同。

最有趣的是老师还出了一道别具匠心的作业题作为最后一项考核，那就是让学生们每四人组成一个摄影小组，给这部电影续加一个结尾。安东尼独自来到海滩，电影故事就结束了，给人留下了悬念。那么后来又发生了什么呢？学生们可仁者见仁、智者见智，把他们想象的之后的情景拍摄出来。老师特意叮嘱：记得要拍出新浪潮电影的风格噢！

非非他们那一组足足花了两个周末的下午进行摄制。我们居住在岛上，四周都是海，要拍摄海景真是近水楼台。非非他们很缜密地做了两个场景设计。一个场景是：在教导所的人追到海滩的前一分钟，安东尼的朋友也来找他，俩人一起飞速离开海滩，不知奔向了何处，再也没有回教导所。另一个场景是：安东尼被教导所的人抓了回去，当被问到为什么要跑去海边，他说："我终于完成了四百下"（即不守规则，做蠢事），意思是他将从此改过自新。

一部电影这样看下来，学生们在语言、文化、思想、创造力、团队合作多个方面都有所收获，可谓事半功倍。

当然，体验文化的最直接的办法，还是去那个国家亲眼看一看。MD 高中每年都组织学生去法国旅行。这是一次互访性质的文化旅行，访问对象是与 MD 高中建立了长期交流关系的法国阿维尼翁地区的露易·巴斯德高中。每年 3 月春假时节，MD 学校会组织一些学生去法国南部旅行 15 天，由法国这所高中的家长接待食宿，在当地学生家中与法国学生及家人同吃同住，实地体验法国人的生活，其间每天还去周边四处参观。法国学生每年也来维多利亚回访，由 MD 高中学生的家长接待吃住。这个活动已经开展了 20 年。参加去法国旅行的学生自是学习法文和爱好法国文化的年轻人。每一年的旅行路线都有游览古城马赛、尼姆、奥朗日，参观小说《基督山伯爵》中的伊夫城堡及加德水道桥，在阿维尼翁逛市场，去地中海游泳、乘船。每次他们都要绕道巴黎返回加拿大。在巴黎，他们参观巴黎圣母院、埃菲尔铁塔、荣誉军人院、卢浮宫，乘船游塞纳河。15 天的旅行夹带着体味风情和享受美食，语言、文化、交流、体验全部汇聚在一次与同伴一起的异国旅行之中，因此这常常成为学生们难忘的经历。

语言与文化难解难分，文化是语言的条件，语言是文化的产物。在学习一种语言时，必须了解这种文化，才可以真正懂得其语义。可以说，学习一种外语就是学习一种文化。我们在探索不同文化的同时，不仅可以了解不同文化的意义，也帮助了解自身文化的意义。

6. 网上教学——个性化的学习

网上教学也被称为"分布式学习"（Distributed Learning），或者叫作"远程教学"（Distance Education），最初是为边远地区不方便去学校上课的学生提供的网上课程，后来逐渐发展成为为在校学生提供上课时间以外学习的机会，增加修课选择的灵活性，是个性化学习的重要组成部分。

个性化的学习是 BC 省教育改革的重要理念。也就是说学生们想学什么，怎么学，什么时间学，学习的节奏有多快，应当根据他们的特点和需求自己决定。其形式要打破传统的仅仅限于课堂的教学，在培养学生自学能力的同时，加强学习的灵活性和自主性。在这种理念指导下所采取的教育实践，包括网上教学和暑期课程。本章重点介绍前者，兼及后者。

灵活的学习时间

我第一次接触这里的网络课程，是非非刚上高中时。当时，他和他的一些初中同学没有选择去开设有沉浸式法语项目的 R 高中，而是来到 MD 高中参加用英语教学的挑战项目。但是，他们也很希望继续完成沉浸式法语项目，这样可以获得英法双语中学毕业文凭。听说学校里有几位学生通过网络来修读沉浸式法语课程，在跟随学校英语授课课程的同时，网上自修完成沉浸式法语项目所要求必修的法语课、职业教育课和社会科学课。非非当时犹豫过是否也选读这个网上课程，但考虑到占用的时间和精力相当多，最终还是放弃了。

为此，我曾打电话给他的辅导员老师咨询沉浸式法语网上教学的情况。话头一提起，老师便率直地说："我知道有些家长觉得孩子进入挑战项目课程还不够，还想让他们获得英法双语毕业文凭，并且还要求他们门门都上大学先修课程。他们是要充分利用公立学校所有的有利条件。"我明白她是在暗指华裔家长，因为她举出的几个例子全是华裔学生。由此可见，华裔父母对孩子教育上的期待很高，督促得也很紧。也许这就是华裔移民家庭第二代普遍学习成绩出色的奥秘所在。

网上教学是在老师不与学生面对面的情况下，通过网络或其他电子设备等技术手段让学生修读省教育部规定的高中毕业文凭所要求的必修课程。BC 省的每一个学区都开设有网上教学课程。我们两个孩子所在的维多利亚第 61 学区，就有一个叫作"The Link"（"链接"）的网站，提供从小学六年级到高中十二年级的网上教学课程。

学生们选读网上课程的原因有很多。比如，非非十二年级时通过网络修读了化学课，这是因为他在学校里选择这门课与另一门课的时间有冲突。栓柱在十二年级时也曾修读过地理课的网上课程，原因是他们学校因选修此课的生源不足以开课。有的学生对自己的某门功课成绩不满意，也可以通过网络课程重新修读，以期取得更好的成绩。还有的学生是想多修几门课，就在自己的校内课程已经排满之外再通过网上课程拿学分。总之，通过网络课程与课堂教学之间的配合，使一部分课程在学校里进行，而另一部分课程则通过网上教学在课余时间修读，这样网络课程可以满足学生的多种需要。

网络课程虽然不是老师直接授课，但并不是说学生完全脱离老师而只在线上与机器打交道。网上教学系统中，也有与每个学生一起上课的老师，帮助学生计划课程，获取课程教材和资源，通过电子邮件与学生联系、沟通、解答问题，评估学生的进度并给出成绩报告卡。

网上课程教学是严格按照省教学大纲制作的，学习的内容和效果与在校的课堂学习没有差别。教育部门有严格的监察，对每个学生的网络学习体验进行定期调查，对网上课程做现场观察，每年都评估教学质量，并不断改进。

此外，每个学区还开办夏季课程。这类课程专门安排在暑假期间，让学生在短期内集中完成，目的也是为了灵活调配校内和校外学习的时间。修读夏季课程的学生也有各不相同的原因和目的。有的学生希望加快修课进度，不愿意按照学校的进度按部就班；有的学生因为学校的课程修读科目有时间冲突，只好把一些课放在暑期修读；还有的学生觉得在学校同一个时期修读课程的数量过多，就把某门课放到暑期来读。我曾经遇到一位随着做访问学者的父母来本地读高中的中国大陆学生，她为了赶在自己访加签证到期前完成高中的必修课，就利用暑期修读了许多课程，比一般学制提前半年完成了高中学业。

夏季课程的每门课都是为期四周，一周四天，每天从早上八点到下午一点半都在上课。这是高强度的学习，学生们需要在一个月之内完成这门课一个学期的内容，功课相当繁重。此外，还有一种为期两周的课程，是为了让那些因为种种原因未能完成数学、科学和英语课的学生补课而开设的。一般的惯例是，5月份公布所有夏季课程的课表并开始报名，6月底一放暑假，夏季课程则立即展开，学生们就每天到学区为夏季课程专门开课的地点上课。

可以说，整个高中期间，学生怎样安排时间修读课程，都有很大的灵活性和自主性，从学习内容的多少到学习速度的快慢都可以按照自己的意愿行事。

自主地学习

完成一门网上课程所需要的时间，完全是由学生自己决定的。想快的话，可以在一两个月之内完成；想慢一点的话，也可以花上一个学期甚至一年的时间。但学生在一门网上课程所需要花费的时间总量，则和在学校里上一门课所花费的时间总量，大体是一样的，即大约每天一个半小时，每周五天，这样就能保证在半年内完成这门课程了。这里的区别，只在于学生如何掌握自己的学习进度。学生完全根据自己的状况来决定进度，可以每天拿出一定的时间学习，也可以在某一段时间集中学习。只要完成了作业，通过了必需的测验和考试，最终就可以拿到这门课程的学分。学习上如果遇到问题，可以在网上通过电子邮件与老师联系、沟通，老师会书面解答。当然，学生也可以直接去学区的网络教学办公室请老师给予当面辅导。

那么学生通过网络课程所最终达到的学习效果和成绩，与在学校课堂上听老师授课，是否有所不同呢？我曾经向负责网络教学的老师询问过这个问题，老师很肯定地告诉我："从多年的实践结果看，应当说网上课程考试和在学校课堂考试的成绩极为一致。"学习的方法是通过阅读文字自己理解，然后再通过作业练习加以巩固。有的学生反映，由于文字介绍细致，内容全面，又不受学校课堂上各种人为因素的影响，通过网上课程所学到的内容反而更为全面、仔细、扎实。这种情况，后来我从两个孩子的相关经历中得到了证实。

栓柱十二年级时选修网上课程的地理课，是他第一次接受网上教学。选修课程需要一些简单的手续。他到学区的网上教学办公室领取了一份登记表格，填好后交回。回到家中，他打开电脑，在网络课程的网页 The Link 上找到十二年级的地理课，页面上显示的是第一份作业。这份作业旨在考查学生是否具备了上这门课的基本知识。栓柱需要在进入正式的课程之前完成这份作业，并提交给老师。老师批阅通过后，他就可以正式修课了。

课程的全部教案都在网上。每个学生必须拥有自己的密码才能进入教学网页。网页教材一上来就提醒学生：因为教学不是与老师面对面进行，所以网上的文字指引非常重要，必须逐字逐句地阅读、理解。

地理课的内容分为六大部分：一、主题和技能；二、地质构造过程；三、地质变化过程；四、天气和气候；五、生物群系；六、资源和环境的持续性。每一部分先是详细的概念解说，然后配有大量练习题目。每一章的内容都长达几十页，文字讲解和练习题大体各占一半。每完成一章的作业，就通过网络提交老师，老师批阅后给出分数。每一章学习结束时必有一次测验，完成整个课程时有一次总考。在网络上做作业时，学生可以反复登录，次数不限；而在网络上进行测验和考试时，则只可以登录一次，并且页面会在规定的时间内关闭。栓柱以一个月一章的进度，用六个月的时间不紧不慢地完成了全部课程。

非非十二年级修读化学课网上课程时也遵循了同样的程序，正巧课程内容也是分成六个部分。我问非非，网上的化学课与课堂上的化学课有何不同？他觉得难度上没有什么差别，不同在于网络课程免去了课堂教学中的一些化学试验操作，但却增加了更多的练习题。与之前栓柱上的地理课不同的是，化学课的所有测验和考试都不是在网上进行，而是在网上教学办公室进行，由老师出面监考。至于什么时间去考试，中间间隔多长时间再去考下一次，则全部由学生自己掌握。考试并不需要预约，只要是老师上班时间即可。非非也按照一个月一章的进度，每个月的月底就去把刚刚学完的那一章做一次考试。到考试那天，非非下午三点半一放学就赶去网上教学办公室，保证在老师下班前把试题做完。考场里总是静悄悄的，有一位老师在值班，一两位学生在默默地做题。考试时限一个小时，非非答完题再检查一遍，还剩下 5 分钟，觉得时间将将合适。

栓柱还曾计划过参加网上十二年级的法语课程。不过，由于语言需要听说读写兼顾，因此网上外语课的学习要复杂一些，不仅有笔头练习，也有听力作业，还要做口语录音传给老师批改。测试也分为笔试和口试两部分，学生在网上提交笔头作业之外，还要使用 Skype 视频进行口头测试。由于技术上的种种不便，栓柱最后放弃了选修这门课。

非非还曾经申请过网上体育课程。学校里九年级、十年级的体育课和管乐队的课程是捆绑在一起的，学生们单日上音乐课，双日上体育课。完成其他课程只需一个学期，而这两门课程则需两个学期，即整整一个学年的时间。十年级开学后，非非告诉我，他想选网上体育课，这样可以把在校上体育课的时间变为在校做作业的时间。

我很好奇网上体育课怎样进行。看了非非的申请和老师发给他的书面要求，我了解到了一些情况。课程的内容，就是每周必须完成不少于 150 分钟的体育活动，包括打球、跑步、滑冰、游泳，甚至走路回家都可以算作运动时间。学生每两周向学区负责的老师提交一个报表，诚实地记录体育运动的时间和长度，并由家长监督和认证。半年内完成 40 个小时的体育运动，就算是修完了这门课程。另外，还有一份书面作业，让学生写一写对体育锻炼的认识。原来，这个课程的目的只在于督促学生坚持每天锻炼身体，养成良好的健康习惯。

不过，非非的计划也未能实现，这是因为 MD 高中对九、十年级的学生有一个特殊要求：自习课必须在老师的监督下进行。但学校却没有对网上体育课的师资进行监督，而是给网上体育课程设置了人数限制，只有一两个有特殊情况的学生才被允许选修。

网络课程训练了自主学习的能力，学生在修读课程的过程中不知不觉地提高了学习的积极性和主动性，这无论对日后的大学学习，还是成人后的持续自修都提供了锻炼机会。就完成整个中学学业来讲，也给予了学生极大的灵活度。

做网上的好公民

常有人认为网上是缺少法规监管的空间，尤其是青少年容易在网上流于散漫、无纪律。这里的网上课程没有这个问题，反而是教育学生遵守网上纪律与法规的一种有效方式。对学生在总体上如何使用网络，教育部门订立了严格的规定；而每一个参加网络课程的学生，都要在课程开始之前签署相关合约，这份合约具体地说明了学生在使用校区网络时必须遵守的规则。

合约条款如下：

作为学生，必须懂得学校的行为准则，在对他人进行评论时使用合适的语言，做出负责任的行为。我懂得必须遵守学校有关使用电子技术设备的所有校规：

· 我明白，是否可以使用学校的电子邮件，是由学校决定的；
· 我只在法律规定的教学目的下使用电子交流系统；
· 我将非常小心地使用电子设备，尽量避免对设备整体和内存的损害；
· 我不能以破坏性的方式使用互联网服务；
· 我不应浪费时间和所需的材料；
· 我不能损坏别人也会使用的档案和系统；
· 我要尊重其他使用者的隐私；
· 我不能使用对他人具攻击和威胁性的语言；
· 我将避免接收、保存和发送不恰当的材料，包括下流的、淫秽的、性别歧视的、种族歧视的、挑衅的和伤害他人的内容；
· 如果我在网上看到任何不妥的网页、内容、信息或情况，我应该告诉老师或校长；
· 我不应在没有征求父母或监护人意见的情况下，去见任何在网上有过交流的陌生人；

·我不应通过学校或学区的电子系统散发有关自己或他人的个人信息，包括姓名、学校、兴趣、课外活动、家庭或学校地址和电话，但我可以把自己的作业和项目在老师认可的条件下发到网上；

·我只使用我相信的、被允许使用的、合法的信息和软件；

·我同意对所提供给我的所有网页服务的密码保密，并同意不使用他人的密码进入电子服务系统。

合约对版权的使用也有明确规定：

·我保证绝不抄袭任何信息；

·我将在得到原作者许可的情况下使用图表及有版权的作品，包括艺术作品、文学作品、文字、标志、格言、卡通、摘录；

·我同意写出我所引用的文章来源。

对于违规使用网络，也有惩罚分明的条例：

·失去进入和使用电子系统的权利；

·根据校规受到纪律处分。

我明白，我在使用校区电子交流系统和互联网的过程中，对我的行为、错误和疏忽负有责任。我也明白，不遵守条款的后果，可能会超越学校的纪律惩罚，可能会招致刑事调查或民事诉讼，或二者兼有。

与在校学习相同，网络课程也让学生、家长和校方三方保持密切的联系。对网上教学各方的责任，学区的 The Link 上有这样一些内容：

学生的责任：

1. 尽自己最好的能力完成所有的作业（没有全部完成的作业将被退回，不给成绩）；

2. 按照要求清楚地标明作业内容，并提交给相应的老师；

3. 和老师保持定期联系，并告知学校，如有任何变化也需通知学校；

4. 应当在规定的时间内完成学习内容；

5. 需要时请求帮助和问清楚要求。

学校的责任：

· 为学生提供有意义的教学活动，使学生能够达到教学大纲的要求；

· 为学生提供定期的和有意义的回复，帮助他们了解和理解教学指引；

· 在分散式学习环境中为学生的成功学习提供支持。

家长的责任：

· 支持孩子在家里的学习；

· 为孩子在家中学习提供空间；

· 告知学校任何影响孩子学习的原因（个人的或家庭的）。

这些规定有力地促进了网上教学中三方的互动，让老师便于尽职，让家长感到安心，让学生建立了良好的学习态度，而更重要的，是教育了年轻人要做一个网上的好公民。

7. 天才少年的培养

加拿大社会追求公平教育，但并不意味着对所有受教育者使用统一的标准和统一的方法，而是体现在对待不同资质的学生采用不同的对策。在坚持有质量的教学标准的同时，对有特殊需要的学生采取有针对性的特殊教育方式，既不放弃智力有障碍的学生，也不忽略智力优秀的人才。

对那些在小学期间通过测试被证明为天才儿童，并且后来学习成绩也一直保持领先地位的学生，学校不是总把他们与普通学生混合起来吃大锅饭。高中有一个"挑战项目"，就是专为这些学生设置的，宗旨在于为他们营造机会接受更大的挑战，敦促和帮助他们百尺竿头不断攀升。

天才少年需要不同的教育方式

今天，越来越多的教育家和思想家对传统教育方式提出疑问。其中最具代表性的人物之一，是英国教育家肯·罗宾逊（Ken Robinson）爵士。他认为，传统教育让学生被动地接受知识，培养出来的只是好工人、好职员，而非具有创造力的思想者。充满活力和富有好奇心的学生在这种传统教育中被忽略，甚至被扭曲。在一篇题为《学校是怎样抹杀创造力的？》（*Do schools kill creativity?*）的演讲中，他尖锐地指出：今天的教育，培养的是没有创造力的人，学校的教育抹杀了创造力。他强调：如果你不准备犯错误，那你就不会有任何独创的东西；每一个孩子都有巨大的创造力，而我们却无情地将之浪费了。他主张，"在教育中，创造力与识字同等重要，我们应当对之予以同等重视"。罗宾逊爵士 2009 年出版的《要素：发现自己的激情是怎样改变一切的》（*The Element: How Finding Your Passion Changes Everything*）一书，进一步强调了人们对自己所喜爱的事物的激情与人们的创造力之间的正相关关系，成为《纽约时报》畅销书，并被译成 21 种文字。他的声音正被越来越多的教育界人士听到并接受。

教育研究者们曾经在一些天才学生中做过调查，询问他们，如果想获得最好的教育，希望老师怎么做。这些学生有如下一些回答：

· 让我超前学习或学习难度更高些；

· 让我们和大一点的学生一起学习，我们能够适应；

· 不是年龄不同，而是态度不同的问题，年龄大些的学生更易于相互接受；

· 给我们独立的项目，让我们自己能够超前完成；

· 每个人都有天分，也有自己的需要，对我们有天分的方面增加挑战；

· 理论要付诸实践，如果我们学习选举，就让我们进行模拟选举；

· 使用更多的视频、电影和电子技术；

· 使用更多的幽默语言；

· 提供独立学习的机会，让我们学一些我们感兴趣的东西。

从这些答案中可以看到，天才学生们的普遍要求是：学习要更富有挑战，能同智力水平较高的同伴一起学习，自学精神能受到鼓励，学习内容应更加深入。

当然，天才青少年并不一定是每个人都表现出全方位的超前能力。有的人发展很全面，而有的人却只是在某些方面超前，但在另一些方面却可能落后于其他人。有一些学生有某些特殊的潜力，但却表现出特殊的个性或较差的学习成绩。有些学生的潜力可能在不适当的环境下无法表现和发挥出来，或无法得以发展。所以教育家们建议建立一种制度，考核那些超常的孩子，发现那些天才学生。这样，即便不能发现所有的天才，也可以尽可能多地发现他们。

有教育理论的指引，又有学生和家长的现实要求，BC 省的教育工作者充分意识到，教育不能埋没天才学生的创造力与智慧。教师们也明显感到，教授天才学生既很有成就感，又富有挑战性。智力能力较强的学生学习速度快，所取得的成绩普遍远超于一般的正常标准。因此，为他们开设专门的教学项目极为必要。

BC 省的教学大纲对中小学教学内容和程度有统一的标准，但各个学校对教学项目和形式也有很多的自主权。就本地 61 学区而言，每所高中都为学生开办了某些高班课程（直译为"荣誉课程"）以增加训练强度，除此之外，还设有其他名目不同的优秀生项目，其目的不仅是吸引好学生进入本校学习，更重要的在于针对每个学生的不同需求而采取相应的教学方式。

比如，可发放英法双语高中毕业文凭的 R 高中，开设了一个"灵活项目"。这一项目的教育理念，是让学生把学校学习与现实社会生活相结合，把教学建立在以探究问题为本的基础上，在教学过程中，根据学生自己的要求，探索和解决现实问题，鼓励那些积极进取的学生自主、自发地学习。

LP 高中则开设了一个"加速项目"，从社会科学和科学两门课入手，让那些成绩优秀的学生可以把九年级和十年级两年的内容并作一年完成，以节省出更多的时间，在后三年，即在十至十二年级时，有机会修读更多其他的课程。

在 61 学区，还有一个著名的教学项目，称为"挑战项目"。早自 1979 年开始，学区就为智力方面有天赋、有创造力和有才能的学生开设了这个专门的课程项目。第一个承担此项目课程的学校，是本地历史最悠久的 E 高中。若干年后，这个项目又扩展到了与维多利亚大学为邻的 MD 高中，也就是非非所上的学校。

"挑战项目"的目标简称为 4C，即英文中用 C 开头的四个词语：

· 对任务的承诺（commitment to tasks）；

· 创造性地解决问题（creative problem solving）；

· 具有挑战性的课程和作业（challenging curriculum and assignments）；

· 参与社区生活（community involvement）。

在完成这四项学习目标的过程中，教学以智力、社会交往和情绪这三项基本要素作为切入点，对学生进行综合训练。教师的任务是帮助学生达到以下要求：

· 满足每个人各方面的个人发展计划；

· 达到大学本科生的初级程度和事业发展的要求；

· 加强电脑技术的应用；

· 创造提早就读相当于大学本科水平课程的机会；

· 训练独立学习的能力。

在 MD 高中的全校 1200 名学生中，参加这个课程的人数大约占 1/5。每年招收 60 个学生，开办两个班。非非在高中四年里就是修读了这个项目。

开放的视野，深入的主题

负责"挑战项目"的老师向我们家长介绍说："这一教学项目的重心，是提高孩子的个人能力，而不是教授教学大纲的内容。"家长们不禁问道："那'挑战'究竟表现在哪里呢？"老师解释说："教学的目的，不是让他们比其他学生学得更多，而是让他们主动参与学习；不是为了加快学习进度，而是让所学的内容丰富、复杂、严格、深入；也不是为了提高他们的学习成绩，而是让课堂富有活力，让学生在具体的内容中找到抽象的概念。"总之，"挑战项目"学习的角度宽广，思维深入，方法灵活。老师一再强调：要培养真正的受教育者，就不是仅仅学习知识本身，而是要理解知识之间的关系，掌握研究、综合和表达的技能。

这样的理念在教学当中是怎样实施的呢？我从非非他们的课堂实践中逐渐了解到了一些情况。一般的教学是按照科目分门别类地学习，而"挑战项目"的教学则不局限于一个科目，往往是就一个主题从多个学科角度来探究。教师在授课时，解释问题的面很宽，对一个领域的问题，总是通过综合多个学科的知识加以分析和论证，通过全面的、相互的和相关联的经验来强化教学内容。比如，社会科学课的老师让学生展开这样的讨论：什么使得事物联系在一起？什么使得事物分开？老师让学生结合自己熟悉的生活，思考友情、家庭、社区、国家和经济，把许多问题串到一起来思考。再如，学习自然科学，他们把植物、动物和生态系统融汇在一个大系统中，全盘认识其中的有机联系，并综合运用数学、文学和科学等多个学科来探索，而不是孤立地、单一地学习某科知识。

非非刚上九年级时，我特别关注了"挑战项目"的英文课的学习。在与老师的见面会上，我们结识了任课老师杰森先生。他是一位以学生为主体的教学典范人物，曾获得加拿大总理颁发的教师授课奖。他的授课方式被形容为"是坐在教室中间的一个行车总站"，"是利用网络让学生们从各路穿他而过，通过网络让学生们发现、创造和发展无限的可能性"。

为了让学生加强对自我的认识，分辨自己与他人的相似和不同，课程伊始，杰森老师并没有急于讲授课程，而是首先让学生了解自己属于哪一种学习风格。他发给学生一个表格，上面列有三种学习的方法，一种是靠视觉，一种是靠听觉，还有一种是靠动觉和触觉。有的人习惯用视觉获取知识，比如阅读文字；有的人则靠听觉，比如听人讲授；还有的人是靠动觉或触觉，比如动手或亲历。学生们通过回答表格中的问题，可以发现自己偏重于哪种类型，从而在学习时更注意运用这种功能。

在杰森老师看来，通过英文课的学习，学生将可以成为好的作家或演说家，但最重要的是可以成为好的思想家。所以他的课程设计不是按部就班地让学生读作品，而是利用短篇小说、长篇小说、诗歌和戏剧作品，围绕一个个的主题深入理解和思考。那个学期的英文课，他以"人性"这个主题作为起点。杰森老师认为，文学作品最多和最深刻的就是反映人性。在学生阅读作品时，他提出了很多有关人性的问题，诸如善与恶、成功与失败、人与上帝、人与自然等等，让大家探讨，并在作品中寻找答案和启示。有一次，杰森老师出的题目是"人的想象力和与之相应的发明"。学生们分成小组进行讨论，并概括总结讨论的内容，然后写成文字发到课堂网络空间。全班学生再通过这个网络空间查看各组的讨论，又在全班进一步探讨。整个学习过程充满着与他人合作的团队气氛。

"挑战项目"以专题性研究和探究式学习为主。这是一种以学生为本的学习模式，目的是要激发学生自觉、主动学习。在老师的辅导下，学生自己策划和执行学习任务。他们自己选择题目，由此进行深入的探索，提高独立学习和自我指导的学习技能，发展丰富、复杂和高水平的思考力，提出开放式的问题，挑战现有的思想，进行具有新思维的创作，并使用各种技术、材料和形式进行不拘一格的表达。

有一年，本地报纸《萨尼赤新闻》专门对 MD 高中"挑战项目"的英文课进行了采访报道。当时，十一年级的学生正在阅读小说《三日路》，这是加拿大作家约瑟夫·博伊登的第一部小说。约瑟夫的祖父兄弟两人都参加过第一次世界大战，约瑟夫借用了自己家族的大量材料，记述了两名年轻的克里人，泽维尔和以利亚，自愿参加这场战争并成为狙击手的故事。这本小说的教学把文学与历史两个科目结合起来，让学生在学习文学的同时，还深入探究第一次世界大战的历史。他们采用历史研究的方法，寻找第一手资料，在可能的条件下，找到亲历者的第一手材料。具体的研究题目，则完全由学生个人拟定。

有一个叫维克多的学生，选择了研究"在战争期间政府在民政和军人邮政服务中对士兵信件进行审查"这个主题。为此他访问了许多经历过战争的老兵和现役军人，从这些访问和交谈中获得了很多有价值的第一手资料，了解到了当时在历史上到底发生了什么，并比较了和现有资料的陈述有哪些不同。在调查访问的过程中，他发现，并不是所有的现有资料都能反映出历史的真实面目。

另一位学生勒布朗，决定研究的题目是：战争的压力给士兵造成的心理障碍怎样减损了前线的战斗力，以及宣传报道是怎样影响公众对战争的看法的。他觉得，在战争对人的影响这个题目上，有太多的东西可做了。他想搞清楚，战争给人们留下了怎样的记忆，以及宣传对人所造成的影响；如果没有那样的宣传，人们对战争又会怎样看待。

埃卡尔德和另外两位女生计划一起撰写有关加拿大女性作为辅助人员参加"一战"的报告。经过查资料和访谈，她们发现，这一参与为女性后来赢得选举权起到了关键作用，由此推动了男女平等的进程。她在回答记者采访提问时说："作为一个女生，研究这个课题尤其有意义，因为许多问题我也身处其中，我也在此过程中了解了妇女到达今日的地位所走过的漫长道路，并看到了女性在争取和男性同等或近似权利过程中所遇到的种种困难，非常有意义。"她的同伴埃米莉补充道："妇女在加拿大的历史上起到了重大作用，但我们通过研究不仅仅看到妇女们都做了哪些，更看到了所有人的共同努力。"

学习解决实际问题是"挑战项目"的另一大特点。通常他们从了解学校和社区问题、环境问题、政治问题，以至全球问题的实际情况入手，讨论未来解决问题的方法。对于加拿大移民史的研究，科学课上有关本地植物和生态系统的学习项目，都是这方面有代表性的例子。

"挑战项目"的教学中，老师授课仅是一部分，更多的则是由学生自己学习，学生的自主性非常强。特别是，学生可以按照自己的节奏来学习，在学习内容上也可以具有伸缩性，从而可以跳跃性地学习，选择性地学习，容易的一带而过，有难度的则多下功夫。比如，社会科学课上学习历史，教材上已经有了的内容，老师就不在课堂上讲述了，由学生按照"学习指引"边阅读边通过笔头回答问题，按照自己的速度自修。课堂上的大量时间则用来讨论问题，进行头脑风暴，或是做项目，写研究报告。又比如，数学课上，人人拥有一本厚厚的习题练习册，老师并不要求学生一题不少地解答全部题目，而是给予学生选择题目的权力，根据自己掌握的程度跳跃性地做题，会了就可以不再重复练习，不熟悉的部分则鼓励多做习题。

"挑战项目"的学生在九年级和十年级时都有独立的教学班，单独上英语、社科、数学和科学课。十一年级开始，除英语课还保持独立的教学班外，其他科目则逐渐融入学校正常的班级课程中，而对大学先修课程、荣誉课程，以及提前进入大学学习的特定课程，他们具有优先选择权。学校对他们在学术方面也提出了更加严格的要求。比如数学，"挑战项目"的学生每年必须参加滑铁卢大学举办的中学生数学竞赛。还有像职业教育课程和毕业后继续高等教育的准备课程，也规定为他们的必修课程。

在这样的教育理念、方法和氛围下，这群智力出色的学生在同一个课堂里互为表率，相互促进，一同进步。我总想起非非的一位老师曾经对我说的话："我最喜欢'挑战项目'的孩子了，他们个个聪明好学，每个孩子还都有点小小的疯狂。"这位老师那时已经教了六年"挑战项目"九年级的数学课程了，还兼任学校的舞蹈课教师，她的评价很生动地描绘了这群学生的形象。

用哲学开发思辨

哲学被誉为"爱智慧"。什么是智慧? 很多哲学家把智慧看作关于人类生存最重要的知识。哲学是对事物本质的探讨, 对宇宙作为整体及对人类、社会、科学、伦理和艺术的探讨。哲学探讨的并非某一学科的具体问题, 哲学通过对正确与错误、时间和宇宙、感悟以及人的心灵的思考和批判挑战人的思维, 学习哲学当然也是对天才少年智力和思辨力的挑战。

"挑战项目"穿插探索了东西方哲学思想, 从亚里士多德到尼采, 从儒学到伊斯兰教, 伦理、道德、形而上学和政治, 这些内容都会涉及, 目的就是打开学生思维的视野, 让他们的逻辑、思辨更加清晰、透彻, 更加有力量, 从而进一步提升他们的智力。

维多利亚学区 E 高中的"挑战项目"对哲学课程给予了极大的重视。从九年级刚上高中开始, 就设有综合研究和哲学课程, 广泛介绍东西方哲学思想, 印度、中国、日本, 欧洲、美洲, 跨度 2500 年, 让学生接触到最重要的哲学经典著作。学生同老师一起阅读柏拉图的《苏格拉底的申辩》, 也选择个人感兴趣的作品独自阅读。

十一年级的哲学课程更深入一层。学生们继续探索哲学思想的发展, 主要内容涉及现代和后现代哲学。课程围绕各种主题, 结合政治、环境和伦理哲学进行探讨, 学生自己选择主题, 进行研究, 写作论文, 做公众演讲。教学试图把各个科目与哲学结合, 通过做项目提高他们的研究能力和表达技能, 通过接触普通课程没有提供的内容来提高他们对知识的热情和质疑能力。这个课程与其他课程一样, 引导学生独立地学习, 鼓励寻找自己的兴趣点进行深入的探索, 并在课堂上与同学们分享。

遗憾的是, 非非在 MD 高中十一年级时, 由于选课的学生人数不足, 哲学课程未能开课。不过, 每年他们都会参加为"挑战项目"班举办的哲学讲座, 题目都是这个年龄段的学生最为关注的内容, 演讲者还和学生进行对话和讨论。

比如, 有一年的主题是关于天启文化, 讨论幻想中的未来世界。由于核战争、瘟疫、外星人入侵、星球撞击、种族退化、气候变化、资源枯竭等原因造成文明结束后, 世界将是怎样的? 在讨论中, 大家特别关注的是幸存者的痛苦与心理。接着, 他们又讨论了在灾难发生后会出现一个什么样的社会? 是从头开始刀耕火种的农业社会？是倒退数百年的无技术社会？还是仍然可见现代社会的一点点遗留？这样的社会与反乌托邦之间有什么异同？二者可不可以区分？他们甚至还讨论了僵尸现象：那些被巫术激活的死鬼对人类的攻击可能对人类文明造成怎样的影响？就这样，半天下来，从现实的地球问题到幻想的僵尸，再到天启文学和音乐，他们随知识穿越千载，让头脑风雷激荡，任思想天光纵横。

还有一年，讲座题目是"宇宙空间科学"。话题既有星球又有宇宙，既是地理又是天文。他们在天地间飞奔驰骋，一会儿是宇宙旅行、天体生物学和系列外星，一会儿是数位教育游戏（即"科学、科技、工程及数学教育"，或 STEM Education)，还有科学、技术与人，宇宙空间的火山爆发，寻找宇宙生命⋯⋯

这样的讲座并不仅是要他们了解相关的前沿知识，更重要的是让他们去领略宇宙之广阔，天地之神奇，事物关系之无穷无尽。学生在与宇宙与与人类的对话中提升了科学和人文精神，开阔了想象视野和思索空间。这对他们的智力发展无疑是一种强力的刺激。

社会交往与团队合作，不可或缺的本领

培养天才儿童，目标不仅仅在于智力与知识的提升，训练情商也同样重要，特别是培养社会交往能力和团队合作精神。近些年的研究越来越强调，一位成功者的智商（IQ）和情商（EQ）之间必须是平衡的；IQ 再高，如果在 EQ 方面有明显的缺陷，失败的概率也会加大。因此，社会交往和团队合作也是天才少年应当具备的基本能力。

在课堂上培养合作能力自然是重要的教学任务，学生们有许多项目都是合作完成的。老师让学生们与伙伴分享兴趣，分享如何学习、学习什么、怎样表述知识和观察知识领域的事物，并通过在安全、持续和鼓励性氛围下的共同讨论来提高他们的合作能力。课堂之外，"挑战项目"还举办很多活动，诸如烧烤派对、舞会、外出旅行、电影、才能秀等等，在有组织的安全环境下培养学生的社交能力。

"挑战项目"每年为学生举办两次舞会，通常安排在圣诞节前和 6 月份（即

暑期前）。MD 高中和 E 高中的学生共同参加，两个学校轮流当东道主。舞会的目的在于扩大社交范围，创造社交机会。非非和伙伴们每次都兴冲冲地参加。对非非来说，跳舞根本不是兴奋点，有趣的是伙伴们能在一起玩耍。BBQ（野外烧烤）派对，学校每年都要组织几次，其中还有他们"挑战项目"专门的午餐会。学校里组织的这一切，往往还不能让学生们尽兴。一放假，他们班上也会有同学挑头，邀请同学到家里开派对。

"挑战项目"的同学，由于有几门课程四年间一直在一起上，有固定的班级，所以同学相互之间的群体归属感很强，关系十分密切。这种情感一直持续到大学。每每大学放假，同学们从四面八方返回维多利亚，仍然乐见这类的聚会。我很好奇他们是怎样组织聚会的。非非告诉我，他们中学同学有个脸书聊天群，有同学提出聚会建议，就会有人附议；如果有多个人提出不同的聚会地点，大家就投票表决。我暗自赞赏他们的民主决策机制。在这里的环境下成长，孩子们处理问题讲究规则，从没听说他们有争吵或闹矛盾，从非非那里也完全没有听到过同学之间有什么是是非非、你长我短的矛盾。

E 高中开办"挑战项目"的历史很长，社交活动也更加规范化。九年级新生一进校，就组织一次"隐退思考活动"。他们把"挑战项目"的学生拉到一个远离都市的偏僻地区露营，在那里待上几天，举办各种交谊活动和研讨会。学生们讨论：天才意味着什么？天才生在学习上的幸福感和难点在哪里？天才教育应当是怎样的？他们还做一些爬山、跳舞、武术等活动。短短几天，这些活动就让新生们互相熟悉和亲密了起来，在思想和精神上也都受到洗礼。

每年他们还组织论坛和教师进行交流、互动，一起讨论如何提高"挑战项目"的教学。这个论坛帮助老师不断调整教学，以满足学生的需要。学生们也借此对会议、新课程和社会活动提出建议。为此，每个年级都选举出一位学生担任学生与老师之间的协调人，协作和领导学生们举办各项会议和活动，在师生之间搭建沟通的桥梁。

"挑战项目"每年都组织学生去旅行。旅行对于人际交往、文化熏陶和人文教育是再好不过的综合教育。MD 高中组织"挑战项目"学生去过的国家遍布世界，既有法国、俄罗斯、西班牙、希腊等欧洲各国，也包括秘鲁、哥斯达黎加、墨西哥、越南、泰国、柬埔寨等人们不大常去的国度，当然一定还有邻近的美国。

学业申请的一次大操练

由于"挑战项目"招生数量有限，学生进入"挑战项目"必须经过申请和审核。申请程序分为好几个部分：填写申请表格，并附加一封学生自己写的申请信；提交表现自己特质的材料；父母或有关人员的推荐信（如教练、辅导员等）；最后还有笔试和面试。整个申请手续的过程颇为繁杂。非非有位同学的妈妈开玩笑说，这个高中项目的申请手续比她曾经在加拿大大学里申请读硕士研究生还要复杂呢！

自己写申请信，对学生们来说还是第一次，好在申请手续对此有明确、具体的指引。他们要写清楚自己为什么想参加"挑战项目"，为什么觉得自己适合参加这个项目。家长也必须附加一封推荐信，补充陈述孩子参加这一项目所具备的优良条件。

非非的申请信是这样陈述他想参加这个项目的理由的：因为班上学习的进度太慢，我希望能按照自己的速度学得快一些；我喜欢和熟悉的朋友们一起学习，也愿意结识新朋友，有许多中学伙伴都报考了这个项目，但与此同时也一定有机会认识新的伙伴；我对新知识有极大的兴趣，尤其喜欢科学和哲学，并希望学到少年领袖的技能为社区服务。"挑战项目"正能够给他提供这些机会。

我们作为父母的推荐信对非非的智力特点做了介绍，肯定了他是个记忆力强、理解力强、兴趣广泛、知识丰富的孩子，希望能够通过挑战课程找到适合于他的学习环境，在心理上克服不愿与他人竞争的心理，给予他身心发展更好的机会。

收录天才学生不光是看他们的学习成绩，也要看他们的特殊才能、广泛兴趣和积极的社会贡献。申请表格中专门有一栏是介绍自己的，比如你参与了哪些课外活动，获得过哪些奖励，有哪些个人爱好，包括体育、家庭活动、收集、游戏和旅行等等。表格里还有这样几个问题让申请人回答：你在学校里最喜欢什么？为什么？在学校里最不喜欢什么？为什么？在哪些知识领域你最有专长？并加以解释。

申请材料中还要纳入一些代表学生水平的作品，比如，一篇有创意的文字，一篇研究报告，一份漂亮的数学作业或考试试卷，以及任何具有创意的作品，无论是艺术创作、摄影作品，还是戏剧剧照、卡通连环画，都可以。每种材料都要注明创作的年份，让人了解申请者创作时的年龄。对申请材料的装放也有统一要求，一律使用活页文件夹，文字材料打印成十六开纸直接放入文件夹；照片、CD或图画、手工作品则需放入活页塑料保护袋内，如果作品大到无法存放在文件夹里，则可以通过照片形式收入。

记得非非就是这样，把这些材料和申请表格及申请信全部放入了一个文件夹里，第一页制作了一张标有"申请挑战项目"字样的封面，第二页是目录，列出后面所有材料的内容，随后材料按照目录的顺序依次排列。

下面是非非申请资料的目录：

· 登记表格；

· 表格附录（参加的课外活动一览表／个人爱好一览表）；

· 八年级第一学期成绩单；

· 七年级成绩单；

· 梅树初中个人教育计划（天才少年）；

· 学生申请信；

· 家长推荐信；

· 私人家教提琴老师的推荐信；

· 照片：本人在咖啡馆提琴演奏；

· 体育业绩：滑冰学习结业证书；

· 体育业绩：游泳学习结业证书；

· 作文样本：《尼古拉·特斯拉：被遗忘的天才》；

· 图画作品样本：本人手绘卡通人物故事；

· 学校项目作品样本：卡里布淘金研究项目；

· 数学考试样本："勾股定理"考试答卷；

·科学考试样本："消化、呼吸及心血管系统"考试答卷；

·英语考试样本："短篇小说及文学人物埃德加·爱伦·坡"考试答卷；

·法语考试样本："小说《尚博街》"考试答卷；

·艺术作品样本：石灰雕塑"猫头鹰"（照片）；

·艺术作品样本：静物油画"葡萄"（照片）。

　　最后一个程序是笔试。笔试无须事先准备，内容有两项：一项是类似智力测验的题目，测试学生的抽象思维和推理能力；另一项是写作。作文的题目有好几个，学生任选一题。题目都不高深，目的是考查他们的思维、想象、推理和表达能力。非非告诉我，他那天选择的作文题目是《颜色》。

　　笔试每年都在 E 高中进行，全学区申请这个项目的学生那一天都来到 E 高中集中考试。考场设在学校体育室，一间极大的教学空间，里面整齐地摆放了两百张单人课桌，并间隔开来，学生们只需手持铅笔和圆珠笔进入考场。入考场前考生先报到，几百名学生在教学楼的走廊上排起长龙，让站在一旁观看的家长们感觉到一点儿竞争的气氛，这在加拿大实属罕见。考场一开门，学生们便熙熙攘攘地步入教室，他们看上去个个轻松自如。之后考场大门关闭，楼道里一片寂静。

　　几周后，学区寄来信件，通知学生是否被录取。实际上录取率是相当高的，申请的学生绝大多数都被录取了。因为申请的学生都是真正有动力进入这个项目，准备接受更加高强度的训练的，学习能力相对弱一些的学生自觉没有必要申请。大家量力而行，寻找的是适合自己的学习环境。

　　在加拿大，这样的项目并不能为进入大学抬高身价。大学录取看学习成绩时，根本不看学生是在普通班、荣誉班或是挑战班哪种项目上取得的成绩。普通班的教学是教学大纲的基本要求，这个课程达到了要求就有资格上大学；而"荣誉课程"或"挑战项目"则是在训练方式上加大了强度和力度，并不是要提高学生的分数或给予他们特殊的入学资格。如果学生不适合"挑战项目"，但却硬要进入，得不到应有的成绩，反而会影响将来报读大学。这种合理的制度设计，可以在某种程度上避免恶性竞争。在加拿大，教育服务于所有学生，每个学生都可以在这一教育体系下找到自己所需要的课程。

技能篇：
掌握实用技术

————

　　高中教育为学生的未来提供了广阔的选择。科学、人文方面的基础知识只是其中的一部分课程，另一部分课程则涉及文体、工商方面的实用技能，这些课程涉及商业、经济、技术、艺术、体育等多个方面。BC省高中毕业，不仅要完成规定的科学、人文课程，也必须修读至少一门艺术或实用技术类课程。

　　BC省不设职业高中。15岁决定人生的方向未免过早。高中四年间，青少年无论在兴趣上还是心智上，都会产生巨大的变化。教育的任务是为青少年提供尽可能多的机会去尝试和选择，帮助他们拓宽人生道路。经过高中实用技能课程的训练，加之政府配合采取一系列的辅助政策，让课堂与劳工市场紧密结合，为高中毕业后学生直接进入职场开辟了道路。

　　即使有的学生不选择高中毕业后直接工作，也仍然可以从这些实用技能课程中寻找到自己的某种爱好，学习到作为一个对社会和对家庭有用的人所应具有的生活本领。

8. 商业课程：培养创业者

商业课是加拿大高中技能和实用课程的一部分。商业发达的加拿大社会，需要源源不断的人才来保持经济活力和市场繁荣，而商业无疑是年轻人就业的重要市场。一个年轻的从业者，懂得经济学的基本原理和市场的运作规则，就像一个年轻的大学生懂得英文写作技巧和数学基本原理一样，那是最基本的要求。高中的商业教育和经济学课程，正是为此目的而开设的。

课程从市场的实际运营出发，教导学生们了解商业运作过程是怎样的，个人、组织和社会如何通过互动来改善其经济活动，又怎样通过产品、服务和信息交流保障经济活动健康发展。教学要培养学生的重要能力之一，就是在商业活动中，面对错综复杂的选择，个人如何做出正确的决定。这个课程涵盖财务会计、商业交流、经济理论、企业管理、市场营销五个方面的内容。

一堂"冰激凌"市场营销课

在 LP 高中十一年级的一堂商业课上，老师出了这样一道课业题——"我们为所有的冰激凌高声呼叫"。这个题目看上去似乎不知所云，不过商业课堂上的题目，内容自然离不开商业。原来这是老师让学生们对冰激凌的多种品牌进行市场营销的一个研究课题。学生们需要选择三个品牌的冰激凌，从商家对于消费者的角度，分析营销的目标、定义、概念、益处，以及策略，并撰写一个研究报告。

研究分两个部分：

第一部分，了解并解释市场营销组合的要素，确定目标市场。老师向他们推荐了教科书《营销要义》和有关理论的网页。然后，以"我们为所有的冰激凌高声呼叫"作为标题，制作一份工作表，确定自己的营销组合，为不同品牌树立不同的营销策略和目标市场。

第二部分，建立一个实用性的网站。利用这个网站，先制作三家公司的在线虚拟浏览活动，然后在网站上做问卷调查，并为公司评分。

另外，学生们还要在网站上举行课堂讨论，就他们发现的各种情况发表意见，分析在营销组合中的相关信息，比较各个网站的优势和劣势。最后，根据网站上的分析、活动状况及其他各种信息，对目标市场进行记录，最终写成研究报告。

这项营销作业，有以下两点要求：首先是了解业务目标，练习运营业务的技能，为自己的零售业务制订和实施计划；其次是分析促销的作用，了解财务记录保存的作用，讨论产品定价，描述自己在经营业务方面的经验，通过分析这些经验得出关于规划和运营业务的结论。

就是这样，商业课程通过让学生们解决一个又一个虚拟的商业问题，来学习商业概念和具体的操作。BC 省的商业课教学大纲为此设立了一个基本模式，学生根据这个基本模式来解决问题：

这个基本模式还有以下的一种表达方式，其作用在于让学生们据此探索如何创建商业运作系统或创造商业环境。

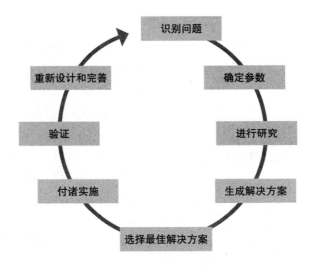

　　学生按照这个模式一步一步地完成老师交给的作业，并且通常都是以小组形式合作进行。

　　市场营销旨在把产品、服务，甚至人们脑子里的主意或想法用来进行有价值的交换，这是商业运作的核心要素。商业课程的目标，就是让学生了解市场的属性和作用，了解在商业领域中怎样获得和满足顾客的需求、怎样展示各类商品和服务、怎样帮助个人和公司保持好的业绩、在认清自己作为消费者和生产者的作用和责任的情况下怎样有效地运作商业，以及消费者的决定会怎样影响市场。此外，学生还要学习如何建立商家与消费者之间的良好关系。课程从十年级开始，内容涵盖市场营销的概念、市场营销的研究、市场营销的实践、市场营销的策略，同时也关注全球市场。教学由浅入深，由表及里，由小到大，从概念到实践，涉猎面广泛。

课堂内外的结合

　　为了鼓励学生的商业兴趣，激发他们的创造力，学校还带领学生参加各种相关内容的比赛。省里有一个叫作"JABC 商业挑战"的比赛，LP 高中每年都派学生参加，并总能获得不错的成绩。

"JABC 商业挑战"是一个在网上进行的竞赛，每年举办两次。有一年LP高中市场营销和会计学生团队在比赛中双双得奖，分别获得第二名和第三名，成为学校的一件大喜事。比赛的目的是通过模拟市场测试学生们的业务知识，全省有超过50所高中参加。他们以学校为团队，在模拟市场中，充当市场管理者的角色管理一个虚拟的公司，策划如何获得市场份额和财务收入，同时还要应对不断变化的经济条件。参赛团队必须在市场份额和财务管理方面表现得超越其他公司才能取得竞赛的胜利。

　　那年参赛的杰顿同学和他的小组成员获得了第三名。他回到学校后向同学们汇报时说，模拟赛相当真实，他们必须做出一个真正的公司应做出的所有决定，为此他们必须准确预估要投入多少营销资源和投资多少资本，还必须计算出他们所销售产品的价格和生产产品的数量。

　　夺得第二名的那组学生阿米尔和佐伊，也向同学们传授经验说："在我们的游戏中，赚取最多利润的最简单方法，是尽可能多地利用市场上的库存。我们会大批量生产，以最便宜的价格出售，这样就战胜了其他的团队。"

　　他们的这些知识都来源于商业课上的学习。通过"JABC 商业挑战"，他们实际地操作了如何最大限度地利用利润和减少成本，对涉及太多或太少库存的问题也研究了对策，还解决了未完成的订单如何追加弥补的问题。这一成绩当然在学校里备受嘉奖。校长对他们评价甚高，表扬他们能把学到的知识灵活运用，策略上发挥得淋漓尽致。

　　在若干年前的另一次商业挑战竞赛中，LP高中还曾获取过更加出色的成绩，得到了企业家市场类别的最高奖项。那年是由九年级和十年级的学生组成了一个五人小组，当时有21个以高中为单位组建的公司，他们是其中之一。这场比赛在温哥华市中心的一家酒店举行，赛程持续了一整天。学生卡梅隆、凯兰、易安、布雷克和乔希在"全球商业模拟"中扮演高科技高管的角色，为几家高科技小公司做金融分析报告，策划在未来市场中的行动，制定管理策略。他们的成绩独占鳌头。

　　提到JABC，还有很多的话题。这个组织隶属于一个名叫"青年成就"（Junior Achievement，简称JA）的机构，这个机构最早成立于美国，后来发展成一个规模相当大的国际机构。在加拿大，它是最大的青少年商业教育机构，帮助了无数少年取得商业上的成功。BC省自1955年加入这个组织开始，全省每年有超过35,000名学生受益于本地商业社区的志愿者免费提供的JABC课程。这些志愿者将自己的现实商业生活体验带入教室，从工作准备、金融知识和创业精神三个方面，为学生成为下一代商业和社区领袖所需的信心和技能知识提供经验。

经他们培育而取得成功的事例很多，米格尔就是其中一位学生。他参加了由 JA 商业志愿者领导的一个"世界商业"项目，其中志愿者老师向他们讲述的有关制作、装配、发送圆珠笔的一项活动，引发了他对如何通过综合运作来开展商业的极大兴趣，并懂得了商业运作需要一个能够集结在一起相互配合的团队。在高中十年级修读商业课程时，米格尔组建了自己的第一个团队，尝到了领导创业的滋味。他在学校课程中使用了 JA 课程中所学到的概念和营销理论，但他认为自己最大的收获是明白了如何发挥领导力。他对来访的记者说："领导团队很难，它完全不同于做一个团队成员。领导团队必须把团队分成不同的支队并承担更多的风险，这种风险比计算更加直观。"他蛮有体会地说："这也关系到目标设定。如果你的目标与你的团队成员的目标保持一致，他们就会与你一起努力来实现这个目标。"

米格尔对创业充满热情。他的家庭来自印度尼西亚，看到自己的故国还非常贫困，他就非常想通过自己的商业成功来为贫穷国家的人民做出某些贡献。十一年级时，他第二次参加了 JA 的课程项目。这一次，他创办了一家公司，销售一种创新的变色铅笔。他每出售一支铅笔，就会相应地把一支铅笔送往危地马拉的学校。在不长的时间里，他的公司不仅获得了利润，同时还向危地马拉的贫穷学生发送了超过 2000 支铅笔。

来自 BC 省一所高中的某个六人团队，是参加了 JA 项目而取得商业成功的另一个例子。他们参加的这个项目是让学生进行规划并学习管理自己的商业企业。这个六人团队由此创建了一个销售某一特定品牌饼干的公司，最初是以出售公司股票的办法来筹集起始资金，在运作中则采用了包括社区合作伙伴关系在内的市场策略，甚至还购买了一家矿业公司。他们的独特经营方式在商业杂志和当地媒体上得到广泛报道，起到了很好的广告作用，这又帮助他们进一步增加了销售额。他们的饼干销售不断增长，还赢得了一家机构颁发的年度销售奖。

掌握商业百科知识

加拿大社会的经济支柱之一是个体经营的小微工商企业。在 BC 省，有多达 60% 的人口是从事这类小规模工商活动，特别是商业活动的。我们的左邻右舍中就有一大批这样的居民。这些个体经营的企业不仅能够帮助解决就业问题，也为全社会的居民生活提供了巨大便利，更是公民社会和民主政治的根本社会基础。在加拿大，这类企业的开业注册费用和每年的重新登记费用都很低廉，手续也极其简便，有了相当的盈利之后才缴纳税金。任何一名青少年在走入成人社会、争取自食其力的成长过程中，都可以从事这类创业活动。当然，这就需要他们具备经济和商业方面的各类知识。

在本省教学大纲中，十年级商业课程的教育目标是让学生理解商业活动中的最基本的概念。老师会把投入创业过程中必须了解的和可能遇到的问题逐一讲解。比如，什么是小生意；公司业务包括哪些；工人、工会和企业家的含义是什么；雇工、雇主和顾客之间的关系是怎样的；工作环境和商业环境的伦理道德包括哪些；消费者的消费行为是怎样的；商业活动中的重要因素有哪些；等等。此外，还有许多的商业术语和概念，诸如发行渠道、经济体制、经济指标、创业活动、营销组合、机会成本、产品开发、产品价值、促销组合等等，也都需要搞明白。

老师的授课和学生的讨论都立足本省，着眼现实，围绕 BC 省企业和公司制度的问题展开。他们从本地资源出发，就所拥有的资源来讨论可以生产什么，如何生产产品和创造服务，如何发放产品和提供服务，如何有效地交流和管理产品、提高和增加服务。老师强调：商业是个人、机构和社会通过商品、服务和智力的交换为发展经济所进行的互动行为，所以个人决定基础上的选择在这个过程中是起决定性作用的。

到了十一和十二年级，商业课程的程度更加深入，分类也更加细致。十一年级有会计、商业电脑应用和市场营销课程；十二年级不仅在更高的层次上继续学习会计和市场营销，还增加了金融会计、商业信息管理、数据管理、经济理论、创业、管理创新等多种课程。

这些课程的最大特点就是从实际入手。比如，十二年级的创业课程，聚焦于教授学生如何启动商业活动，学生们要用做项目的形式进行创业尝试。他们组成团队制订计划，脚踏实地地去了解如何寻找机会、构建想法，确定地点和组织资源，讨论如何创建小生意，如何有效地运作生意。大家挖空心思，想出各种点子。在同学们所设计的项目中，有的是开办一个本地还没有的阿拉伯餐馆，有的是在学校设立交换生或新移民的旅游服务，还有的是开设环保新产品的代售商店。

确定了生意目标后，学生们就开始具体研究怎样从技术和管理层面入手启动商业，以及如何管理才能使得商业运作进行下去，并思考当小商业规模逐渐扩大时，怎样使企业内部的员工也投入创业，让企业能够满足客户的需要，并能与客户、供应商和商业团体建立正面的、持续的联系。

学生们还在一起分析传统企业模式的长处和短处，讨论怎样改进并减少传统的等级制模式。他们利用所学的理论，以一个实际存在的企业作为实例，提出怎样增加活力的建议，设定新的长久目标，由此探索企业精神。

财会课程也非常实用。学生们要学会从财务文本上收集财务数据，记录交易，并能使用专门的记录文本；还要会写财务报告，分析财务信息，预估财政状况。这些知识也能帮助学生懂得如何管理自己的个人财务，对他们成人后的生活及作为公民向国家缴税都是有益的。

还有一些课程则理论性质较强。比如十二年级的经济课，是让学生在理论上分析经济活动对社会、国家和全球的影响，了解政府的社会经济政策，通过分析当前经济的发展、趋势和问题，提高他们对教育和职业选择的能力。在教育改革时，这一课程的一些内容被放入了社会科学课程当中。

从 MD 高中麦肯老师的课程大纲中，我们可以略窥商业教学的内容之一斑。

MD 高中十年级商业课教学大纲：

第 1 单元 介绍商业与创业

在本单元中，我们可能涵盖：

1. 基本业务分类和结构。

2. 业务所有权模式。

3. 企业家的创业精神和特点。

4. 开始业务所涉及的步骤。

第2单元 营销

在本单元中，我们可能涵盖：

1. 客户需求和愿望。

2. 品牌。

3. 目标市场和市场分类。

4. 营销策略。

5. 营销／广告类型：

· 打印；

· 数码／在线；

· 商业；

· 社交媒体。

第3单元 财务

在本单元中，我们可能涵盖：

1. 电子表格基础以及如何将其用于个人和商业目的。

2. 如何建立和维持预算（个人和商业）。

3. 会计是什么，它如何与业务相关联。

4. 基本会计技能，包括：

· 理解和使用基本会计等式；

· 如何创建和更新资产负债表；

· 如何分析企业财务状况的变化。

第4单元 信息交流

在本单元中，我们可能涵盖：

1. 如何使用文字处理软件建立常见的业务文档。

2. 编写正式的商业计划书。

3. 如何创建各种动态视觉演讲内容。

4. 演讲技巧。

创业与市场营销课程项目练习：

企业家创业可以描述为实际地启动和运行新业务和产品。为了能够了解商业创业全过程，本课程采用以做项目为基础的教学方法。

这种方法要求学生参与现实世界解决问题，开发针对这些问题的富有创造性的解决方案，并将其过程展示给人们。课程项目的研究包括从发明／创新到市场的业务／产品的整个过程。

我们以设计这个项目的思路为框架，在研究中对该项目进行补充和改进。最终的产品成果将以网上设置的产品组合及演示文稿呈现。（这段是找到原来的网络资料来源后，麦肯老师新改写的一段内容。）

评定：

为了更好地支持你在商业课中取得成功，你可经由"Business 10 文档"获得对于你在课程中学习情况的反馈。本文档将与你共享，你也可提出对于本课程的意见。它还将通知你下一步可能需要关注的领域。你须保证完成整个学期的学习任务，直到学期结束时才会获得整个课程的总成绩。

训练用商业语言进行交流

商业活动依赖于交流。商业交流有专门的语言要求，使用清楚的、精确的、非模棱两可的语言，对公司内部的交流是极为必要的，而对待客户也是如此。商业课在这方面的训练，从阅读、写作、讲话乃至聆听开始，到语言文字之外的视觉图像交流，以及电子工具的使用，是全盘展开的。在商业沟通中，研究、计划、制作演讲和书写报告必不可少。如何写邮件，如何与客户见面时有礼貌地打交道，如何接打电话，如何使用不同的方式介绍产品，这些都是必学的内容，也都要练习。

学生们首先需要训练的就是文字水平。写日记是提高写作能力最为简单和有效的方法之一。MD 高中的麦肯老师因此要求学生每天写日记。她让学生每人使用一个纸夹子，在封面上写上名字，每天上课时，都给学生们几个主题，让学生挑选一个主题并就此写一段话。日记无须长篇大论，一个题目写上十来句话即可。写完后，老师给他们几分钟时间重新审阅自己写的文字。老师也很理解学生，不是每人每天都有话可说，也不是对每件事都有想法。老师的建议是，如果很难用语言表达自己的想法，也可以通过画画儿用图像表达，或者使用字典或词典寻找最能表达你的想法的词语。老师会不定期地查阅和评估学生们的日记。

视觉交流也很重要，而且越来越流行。这方面，商业上最常见的是图像、广告、海报。麦肯老师的课上就让学生们练习制作图像广告。为此，她给学生出题制作电影海报等。学生动手前，她向学生教授一些制作技巧。

首先，她要学生在制作时考虑这样一些因素：

·海报的画面怎样才能看上去就吸引读者的眼球，让读者看了海报就非常想看这部电影；

·海报上有哪些主要的信息必不可少，如电影的名字、主要演员和导演；

·开始放映电影的确切日期是哪天；

·影片里有什么精彩的句子。

然后，她给学生提示了这样一些问题：

在海报当中：

·你想用什么内容去说服观众？

·谁会来看这部电影？

·你想说服的是哪类观众？是年轻人还是老年人，男人还是女人？

·整个版面怎样才能看上去很入眼？

·怎样协调图像和文字之间的平衡及画面与画面之间的平衡？

·画面和文字的比例应该是怎样的？

·怎样把最重要的信息放在最醒目的位置？

·画面上怎样通过最具代表性的符号来反映主题和故事？

根据老师的提示，同学们每人任意选择一部电影，在电脑上制作出电影广告。

商业交流有很多信函往来。但商业信函不是文学创作，它不仅需要明确表达信息内容，还有严格的格式要求。如果像留个字条那样随意写作，容易让客户感到不可靠，因而影响商业信誉。为了做这方面的训练，老师给了学生们一份信函样本，让他们照葫芦画瓢地去写。样本如下：

```
寄信人地址 第1行(1): _____
寄信人地址 第2行: _____
写信日期(年月日)(2): _____
先生/女士 收件人的全名(3): _____
收件人的头衔: _____
公司名称: _____
地址第1行: _____
地址第2行: _____
尊敬的女士/先生+姓氏:(4): _____
主题: 标题(5): _____
正文第一段(6): _____
正文第二段(6): _____
正文第三段(6): _____
结束语(7): _____
签名(8): _____
你的姓名(印刷体)(9): _____
你的头衔: _____
```

（来源：MD 高中麦肯老师的教学网页）

针对（1）到（9）每一部分，老师还详细解释了具体要求：

你的地址（1）

发件人的地址要写在最开端的左上角，以便收件人很容易地找到回复方式。你的地址和日期之间要空一行。（如果信件使用的是已经印有公司信头的信纸，则不需要另外标明地址。）

日期（2）

以年月日标明写信日期（英文顺序是日月年），如20××年×月××日。日期和收信人地址之间空一行（多空两行亦可。）

地址内容（3）

收件人姓名及地址、其头衔和公司名称。如果你不确定应该写哪个地址，请留空白，但尽可能写上收信人的一个头衔，比如"人力资源总监"。这项内容和称呼之间要空一行。

称呼（4）

尊敬的 Ms./Mrs./Mr.+ 姓氏：您好！（如果不知道收件人的姓名，则应加上部门名称，或者"可能有关者"这样的词语。）注意，称呼后要有一个冒号。称呼和主题或主体之间也要空一行。

主题（可选择是否需要标出主题）（5）

这会让收件人更容易明白这封信是关于什么内容的。主题和正文之间应空一行。

主体（6）

这是你的信的内容。每个段落之间要空一行。主体和结束语之间也要空一行。

结束语（7）

让收信人知道你到此完成了此信内容，英文通常以"真诚的""您的""谢谢"等作为结束语。注意，结束语后应有一个逗号，结束语中只有第一个单词要大写。结束语和你的印刷体名字之间空三到四行，以便有签名的空间。

签名（8）

你将在这里签名，通常用黑色或蓝色墨水笔签名。

落款姓名（9）

如果需要，你可以将你的头衔写在你落款姓名的下一行。

注意：每行文字的格式都是在左端取齐。

这样连一个逗点都不放过的严格训练，其实还不仅仅是商业交流的需要。注重细节，养成精益求精的良好习惯，不仅有利于商业交流，而且能够在多方面受益并受用终身。

"做自己喜欢做的事，让产品与众不同"

在加拿大，教学从不是纸上谈兵，更不是为了应付考试。知识不仅与实际紧密关联，也与价值观相伴。创业、经商等并不需要等到孩子们成人之后才能去做，有经济头脑又乐于实干的人，哪怕是羽翼还未丰满的孩子，也同样受到社会的赞赏和鼓励。这样的孩子在维多利亚这座几十万人的小城市中也不乏其人，我从前的老邻居家里就有一位成功创业的孩子，他的名字叫贾斯汀。

贾斯汀高中毕业时已经成了本地的一位小网红，他在 YouTube 上的个人频道那时就达到了 20 多万的订阅量，浏览次数超过了 1500 万人次，他由此得到的个人收入也远远超出了普通的上班族。

　　说起他的创业历史，要追溯到他 13 岁那年。那时他只是想用自己攒的钱来买一个 iPod，为此就在网络上搜读和这类产品相关的大量评论，特别是观看视频形式的产品评论。买来 iPod 后，自己也有了初步的使用经验和体会，出于新奇感，于是他也照着网络上的做法自行录制了一些对电子产品的评论，然后上传到 YouTube。当时对他来说，这只是一个有趣的游戏，不过是想尝试把自己的体验与他人分享。结果，由于他对产品感觉敏锐，评价精准，他的视频评论获得了观众们越来越多的点赞。这就使他备受鼓舞，对此的兴趣也日益增加，从此一发而不可收，每当有新的电子产品问世，他就竭尽全力在第一时间拿到，经过试用并与其他产品相比较，把自己的评论争分夺秒地抢先发到 YouTube 上供消费者参考。当他的频道有了相当数量的订阅者后，YouTube 就开始给他发放报酬了。

　　这钱看似挣得颇为轻而易举，其实背后隐藏着许多辛苦。当年 iPhone 6 刚刚上市时，贾斯汀为了保证在销售第一天及时拿到产品，头一天晚上就搭轮渡赶

贾斯汀

往温哥华的零售商店，在雨夜中站立着排队20小时，终于在销售刚刚开始的大早上如愿购到了新产品。接着他就马不停蹄地赶回来，一鼓作气完成评论产品的视频，当天就发到了网络上。功夫不负苦心人，这次节目的点击量再攀新高。

他的评论准确、明快和实用，这让垂青者越来越多，点击率不断飙升，他的名气也越来越大。于是，有不少大公司主动找上门来请他为产品做评论，有些厂家干脆就直接把新产品赠送给他请他试用，鼓动他在 YouTube 上发表评论，以便产生更大的广告效应。后来有些大公司还直接和他签订合约，贾斯汀也因此获得了优厚的报酬。生意兴隆与声望扩大相互促进，他开始参与各种相关会议，如产品发布会，与同行之间扩大了交往，建立了合作伙伴关系。到高中毕业时，他也瞄准了新的目标：上大学接受专业的商科训练，并寻找新的创业道路。

商业的成功很快让他受到媒体的关注，媒体接连不断地采访他。加拿大全国性大媒体《环球新闻》(*Global News*) 曾对他进行了长达5分多钟的电视采访，当主持人问他对年轻的创业者有何建议时，他不假思索地答道："做自己喜欢做的事，让产品与众不同。"

贾斯汀的这句话真是一语道破了加拿大教育的价值理念。教育不是培养孩子做知识的储存箱，而是让他们用知识去创造和生产。学校的学习固然重要，而能够付诸实践方可真正体现知识的价值。

9. 信息时代的必修课——信息技术

进入信息时代，使受教育者具备信息技术的素养成为教育的一项基本要求。这个时代人们必须懂得搜集、处理和运用信息和数据，其意义与传统的认字、识数可以等量齐观。加拿大的中小学正处在全面转入电子化教学的过程中，利用电脑或平板等电子设备和技术让学生进行认知学习在逐步常规化。从小学开始，电子信息即已注入了教学之中。小学和初中在这方面的重点在于教会学生使用电脑，并通过电脑处理网上所获得的各种信息及展示自己的学习成果。到了高中，相关课程更加专业化，力图把学生从信息技术的单纯使用者培养成信息传播过程中的创造者。

高中信息技术课程的内容，涉及实用数码传播、电脑信息系统、电脑编程、数码媒体开发等多个方面，涉及信息技术的使用者和开发者两个层面，并兼顾专业性和实用性。

学习做网络的安全使用者

非非十年级时选择了电脑课程。任课的是中年女教师威尔女士。她人很瘦很精干，讲起话来有声有色的劲头儿，让人觉得很有戏剧感。她的课堂就是一个电脑室，几十张整齐摆排放的书桌上，都有一台电脑。学生们来上课时必须使用这里的电脑。开学之初，家长与老师见面时，我们也去过这间教室。当时威尔女士给家长们发放了一个简单的教学大纲，内容有以下几方面：

· 软件与硬件的基本知识；
· 人体工程学（ergonomics）及触摸打字；
· Google Drive 和 Google Docs；
· 多媒体演示；
· 电子通讯；
· 网上安全；
· 图形和图像操作；
· C++ 编程基础；
· 使用 HTML5 和 CSS 创建网站。

我是个 IT 盲，只能像雾里看花，羡慕孩子能学习这里面所蕴含的诸多学问。

开课第一讲，老师并没有急于让学生们马上进入电脑操作，而是先从网上安全入手。老师一再强调，信息使用的人文环境是保证信息技术良好运作的首要环节。他们用了许多时间来了解和思考有关问题。老师让学生们两人一组，两人共同开设并分享一份谷歌文档，然后一同来探讨这样一些问题：

· 当你打开某个电邮附件时，应采取什么样的措施才可以降低危险？

· 何为垃圾邮件？其危险性何在？

· 当你使用网上银行时，什么是好的经验法则？

· 在社交网页上使用地理标志的照片有何危险？怎样降低危险？

· 在社交网页上结交陌生人为友有何危险？

· 什么是电脑病毒？

· 什么是恶意软件？

· 什么是间谍软件？

· 什么是特洛伊木马？

· 电脑病毒、恶意软件、病毒软件是怎样进入你的电脑的？

· 为保护家庭用的电脑不受间谍软件的侵犯，你必须做的三件事是什么？

· 什么是"钓鱼"？

· 什么是骗局？

· 如果你认为这是钓鱼或骗局，你是怎样识别的？

· 小偷们想要从你的电脑里得到的是什么信息？他们用这些信息会去做些什么？

· 在社交网页上，为保护隐私，你要做的三件事是什么？

· 怎样设计一个不易破译的密码？

讨论之后，他们要把找出的答案一一记录下来，留存在两人分享的文档里。

学生们使用网络不仅局限于在学校里，有相当一部分时间是在家中。那么私人空间网络的使用是怎样的呢？这个似乎不是问题的问题其实并不简单。老师也给他们讲解了家庭网络结构是怎样的，不断变化发展的网络标准是怎样的，无线网络 G 和 N 的区别是什么，怎样设置无线网络的路由器，并怎样确保其安全性。

搞清楚网上安全问题后，老师才从电脑使用者的角度，开始让学生全方位地了解电脑硬件、文档和软件、键盘技术、计算机人体工程学、图像和幻灯片的制作、图像编辑、电邮的使用等等，每一项内容都让学生自己动手，一步步地去操作一番。

每一项的操作都讲得很细致，就连我们人人都用的发送和接收电子邮件，老师也都从头训练他们。现在，越来越便捷的交流手段，使得从前的书信礼仪逐渐消失。教育则有责任保留文明社会的传统，让人们的行为符合良好的社会规范。因此，遵从写作规矩也是必须训练的内容。写封电邮，看似没有学问，但要把格式书写正确，无论是为了求职，还是做生意、谈公务，都是一个门面，给人留下的印象可能会影响很大。试想，看到一个未曾谋面的人一封电邮里，文字错误百出，表达言不及义，你对那人能有多少好感和信任呢？

　　威尔老师让学生们从最简单的电邮邮件写作开始练起。最简便的方法就是给老师本人写电邮。威尔老师出了一道练习，要求学生每人写一封电邮给她讲一个小故事，而练习的要求着重在于形式，而不是内容。在写作格式上，老师提出了一长串细致的要求：

- ·正确地使用缩写和表情符号；
- ·没有拼写、标点和语法错误；
- ·信的开始有一行专门写收件人的抬头；
- ·最后一行写出写信人的落款；
- ·信的内容要分段，段落之间要空行；
- ·发信时要写上主题；
- ·整个文字布局要合理；
- ·信的内容是一个小故事。

非非给老师的那封电邮是这样写的：

主题：一件家庭趣事

Hi 威尔女士，

　　请允许我给您讲一个我们家的趣事：

　　我家总是发生一种可笑的情况。每次我们全家一起出门时，如果一个人在人多的公众场合不见了，就由另一个人去寻找；而那个不见的人总是很快就回来了，于是就又去寻找那个他他的人；而开始去寻找的那个人没找到那个不见的人，这时又回来了。结果你找来我找去，总要耽误很多时间。

　　这事滑稽吧？

　　祝您周末愉快！

非非

这个简短的家庭趣事浸透着非非观察生活的幽默感，我和他爸爸读到时都乐了。

学习做专业的程序设计者

十一和十二年级时，MD 高中的 IT 课程专门教授电脑程序设计，也就是说，学生们开始尝试信息技术的开发。从学生们的网页设计练习中，可以看到他们经过相关的课程训练后，已达到了相当专业的程度。

下面的几幅插图，就是威尔老师的教学网页里 MD 高中的学生所设计的几幅网页主页。老师鼓励学生寻找自己所喜爱的主题来设计网页，因为爱好是创作的源泉。学生们有自由发挥的巨大空间，设计出来的网页各色各样，不拘一格，都有相当的专业水准。主页上有读者希望寻找的内容分类，咨询细节中还有其他网页的链接，整个网页的页面构图从色彩到文字鲜明夺目，又清晰实用。

关于原子能　　　　　　　　　未来的旅行　　　　　　　"服从，还是死亡？"

威尔老师教授的程序编程包括这样一些内容：

十一年级：

·以互联网为开发环境；

·运用 HTML5、CSS 和 Java Script 语言进行现代网页设计；

·Java 编程。

十二年级的课程深入一步，专为学生从事软件开发工作和设计网页做职业准备。具体内容包括：

· 动态网站（就是根据人们输入的数据计算而产生不同结果的网站，如按揭计算器。与之相对的是静态网站，就是那些内容固定的网站。）
· PHP、HTML/CSS/Java Script、JSON
· Java 语言编程

学生们通过一个一个的项目设计来学习和进行实际操作。老师既让他们在课堂上练习，也留有许多家庭作业，再配有大考小考，监察学生掌握的程度。为了鼓励那些高水平的学生，老师还特别给出一些难度较高的题目，让他们能够尝试应对更大的挑战，而能够完成这些题目的学生可以得到额外的加分。

那些计划在高中毕业后学习电子工程的优秀学生，也可以选修有关的大学先修课程。这一课程进一步教授编程方法，以及运用计算机解决问题和计算的技能。其学习的内容有：

· Java 编程；
· 变量、常量、输入和输出，简单程序和数据类型；
· 参数、模块化、参数值、函数；
· 控制结构、布尔逻辑；
· 程序设计；
· 记录；
· 数组；
· 文字文档；
· 算法；
· 递归；
· AP 考试准备。

此外，MD 高中还为十二年级开设有 3D 动漫课程，教授使用动漫软件 Blender 学习 3D 动漫制作的基本方法。

无论是哪种课程，学习方法都是以学生动手做项目为主。非非他们最初编写的程序极为简单。比如，编写一个填写生日的程序。老师要求他们按照日、月、年来填写，打印出来后格式必须规范，如果填写出现错误，还要有准确的提示。别看这么一个小小的编程，非非把每一个步骤都写出来后，足足打印了5页纸。

之后的编程项目难度逐步加深。非非还设计过知识性的游戏，程序要求，答案被填写出来后，程序能够评判其正确或错误并能计算分数。非非是和另一个同学合作完成这个项目的。他们制作了一个有关"星球大战"人物的游戏，设计了10道问答题，编写的程序打印出来长达10多页纸。软件设计要求思维逻辑极其缜密，无论学生将来是否从事计算机软件工作，这对他们来说都是一种非常好的训练。

老师还把激发学生参与探索的兴趣从课堂之内引向课堂之外，鼓励学生参加各种电子技术方面的课外竞赛。每当赛季来临，老师就组织学生报名参加。

这样的比赛在加拿大有许多。比如，加拿大娱乐软件协会（简称ESAC）组织的学生视频游戏比赛，是年轻的电脑爱好者最好的展示机会，也是对电子游戏业界未来发展至关重要的一大盛会。这个比赛每年举办，旨在鼓励年轻学生开发游戏的技能。

还有一个是专门面向中学生的加拿大计算机竞赛（简称CCC），这是关于计算机程序设计的年度竞赛，对有兴趣编程的中学生来说是一个极其有趣的挑战。竞赛对学生在设计、理解和实现计算能力方面进行测试，给出的问题本质上都是计算性的，旨在考查学生的设计和代码算法的能力，而不是API语言或计算机术语的知识。比赛分两个阶段，问题通常是要求程序员在记忆或时间限定的条件下找到有效的解决方案。加拿大计算机竞赛始于1996年，作为加拿大高中学生学习和体验编程技能的竞技场，已经有250多所学校的学生参加过比赛了。MD高中不仅年年不落，而且还都有学生获奖。

在CCC的基础上，还有一项比赛叫作加拿大计算机奥林匹克（简称CCO）。每年有20名在CCC中胜出的顶级参赛者受邀参加这个在滑铁卢大学举行的大赛，活动为期一周，其间选手们不光进行比赛，还参加研讨会和其他各种交流活动。他们当中最优秀的人才还将被选拔参加国际信息学奥林匹克竞赛（简称IOI）。

商业信息交流的实践者

有些高中还把商业信息交流纳入信息技术课程范围。LP 高中即是如此。信息技术在商业活动中的作用十分广泛，除了商业电脑的一般应用，还有商业信息管理和商业数据管理等。商业交流是一门复杂的学问，不仅要知道如何获取商业信息，还要懂得管理传播信息的技术，分享交流信息的技能，掌握寻求信息的方式，并在信息交流中有效保护个人隐私。

LP 高中所开设的信息技术与商业相结合的课程，旨在为将来希望从事商业、经济、工程和电子专业的学生做专门准备。学校针对每个年级安排了不同层次的课程内容：

九年级和十年级的商业交流课程，学生们学习使用电脑上的多种软件，以专业水准的高度处理电脑文件资料。比如使用微软 Word 准备新闻稿、图表、个人的和商业的信件、正式的报告和总结等各类商业文件，其中使用电子表格和文字表达的格式是主要内容。

十一年级的键盘课，则训练学生在敲打键盘的速度和准确度方面达到极高水平。学生可以通过学习微软的一些软件，制作高质量的商业文件。老师则为学生提供很多提示、窍门和捷径，目的是帮助学生获得工业企业方面所承认的文秘工作的考试证书。

十一年级还有一门相关课程叫作"商业计算机的应用"。学生主要是学习使用微软办公软件，尤其是使用办公应用方面的软件。比如，他们尝试用电脑制定日程安排，模拟股市行情，制作销售门票的编号，设置销售跟踪系统，创作直邮广告，学习在文件的文字中嵌入链接，等等。他们还练习使用桌面出版软件，尝试包装装潢设计和出版物的艺术设计。

LP 高中还开设有一门很实用的课程，叫作"图书馆科学与信息研究"，顾名思义即是有关图书管理的，旨在帮助学生初步接触图书馆专业，为他们日后继续深造打下基础。这门课程所涉猎的内容有：图书馆的组织、管理和服务；图书馆资源的推广；电子资料来源的评估；评估和选择印刷资料；研究图书管理程序；探索从事有关图书馆工作的职业要求。

这类实用课程，内容广泛并实用性很强，能为学生日后求职和工作开拓广阔的道路，自然受到众多学生的欢迎。为此，学校特意把相关课程安排在正规课程的时间表之外，以便更多的人有机会修课。

信息技术的发展使得人们获得了更加平等的教育机会，其中显而易见的就是，信息技术和"信息高速公路"让边远地区的学生能和中心城市的学生一样拥有获得信息资源的同等机会。信息技术大大改变了社会的生产方式和生活方式，它使得一些传统的行业消失了，但又产生了许多与信息技术相关的多媒体生产类的新的经济活动。此外，人们的工作方式和地点也随着新技术的出现而发生着变化。时代需要信息技术人才，这些信息课程因此也愈加显示其分量。

10. 表演艺术：观察、想象和创作

从小学到高中，孩子们在学校里每天都会接触各种各样的艺术活动。学校不光是上课、做作业的地方，也是充满了音乐和歌舞的欢快场所。学生们在实验室和音乐室之间穿梭，在课堂与舞台之间转换角色，不断刺激和更新大脑思维，调动不同细胞的运作，这有助了他们健康、全面地成长，而成长中的青春生命也反过来赋予校园以生机和活力。

BC 省教学大纲强调，艺术需要运用极大的想象力、观察力和思考力。因此，学习艺术并不只是唱唱歌、跳跳舞、画画儿，艺术是门大学问，高中生要学习其中的各项要素，包括程序、技术、工具和创作，以及相关的专业词汇和种种技能。

艺术教育既是传统教育的必有项目，也是现代教育家越来越重视并推崇的教育形式。正如我在本系列前两本书籍中所展示的，艺术课程在加拿大的基础教育中所占的比重相当大，到了高中更是如此，并分为表演艺术和视觉艺术两大类别。本章主要介绍高中阶段表演艺术的课程，下一章则聚焦视觉艺术。

没有音乐的教育是不完整的教育

有人说，如果没有音乐教育，教育的内容和过程就是不完整的。音乐教育作为艺术教育的主要内容，在加拿大的学校里备受重视，还得到越来越多的理论和研究的支持，成为中小学基础教育中不可或缺的一个项目。

音乐对大脑的发育至关重要，这一结论已经被许许多多的研究所证实。本地教育评论家杰夫·约翰逊（Jeff Johnson）曾在报纸上撰文，谈到音乐教育的多种意义，文中的许多信息让人耳目一新。

文章首先援引相关研究来说明音乐对学童学习成绩的影响：安大略省的教育研究者有一项研究发现，参加提琴课程的学生，阅读、算术能力以及公民行为，都要好于没有参加任何音乐活动的同伴。美国 2001 年有关高中教育的一份报告指出，参与音乐学习的学生，SAT 的成绩要高于没有受过音乐训练的学生。还有各种各样的研究结果也都在不同层面证实了类似的效果。比如，每天练习乐器的学生，在解题时的耐性要长于其他学生；节奏、旋律和弦乐的训练，有助于对历史事件和生词拼写的记忆。

作者又引用了一系列人物的观点，强调音乐教育的重要性：早在 20 世纪初，匈牙利著名作曲家佐尔丹·柯达伊（Zoltán Kodály）就批评当时的教育只重视智力和身体的发育，而忽略音乐的教育。他指出，一个人在音乐方面有所欠缺，那就是不完善的人。南卡罗来纳大学的学者高登（Edwin E. Gordon）提出，学习音乐肯定会提高人的思考能力。哈佛大学的一项研究也指出，音乐学习应当成为学生必不可少的学习内容，这不仅仅是为了学习音乐知识，学会使用乐器和欣赏音乐，而是为了了解音乐传播的文化，体会音乐给人带来的巨大快乐；音乐不仅是娱乐，更重要的是培养丰富的情感，它有助于思维能力的提高和生活经验的参与。

作者所引述的美国心理学协会的一份报告指出，那些贫困家庭的孩子在参与了弹奏乐器或唱歌等音乐活动后，阅读和语言表达的能力都有所提高。这项研究是基于在芝加哥和洛杉矶两地公立学校对参与音乐活动的孩子和未参与音乐活动的孩子所进行的测试比较。而以前的相关研究，往往都是针对相对富裕的中产阶级的孩子进行的。西北大学的神经生物学家克劳斯女士（Nina Kraus）强调，这一验证结果可以直接表明音乐教育的作用。因此，可以说，音乐教育还有减小贫富家庭子女之间学习成绩差距的意义。

作者解释了音乐是怎样帮助提高智力的：弹钢琴和参加乐队都是非常好的音乐训练。在演奏钢琴的过程中，从看谱到记忆，再到用手指弹奏，可以训练大脑的协调和记忆能力。乐队演出时，耳朵可以听到所有乐器的声音，而大脑又在不同的乐器声中分辨和集中于自己所演奏的乐器的声音，本身也是一种很好的大脑训练。在此过程中，大脑要掌握操控数据的能力，一边计算节奏，一边跟上整个的节拍，而大脑往往还会在一个节拍里辨别多个音调。大脑这时在同时进行阅读、跟随、记忆、排序、看图（乐谱）、聚焦、区分等多项活动，这可以积极地影响孩子们所有方面的学习能力，包括说话、阅读、写作乃至数学和科学。

这篇文章还告诉读者，这几年来，我们本地的维多利亚音乐学院在一个小学引进了电子音乐科目。这个学校的大多数孩子家庭状况都不太好，但在这个项目进行了一年后，这些孩子无论在行为方面还是在注意力和学习成绩方面，都有明显改善。结论是：音乐能使学生成为更好的学习者，因为在学习音乐和自律、专注之间存在密切联系。

BC省在教学大纲里极为推崇音乐教育，认为音乐对学生一生的智力、身体和情感发育的贡献无以取代。大纲写道：在学生学习音乐的同时，大脑、身体和精神会一并投入。通过对音乐的创作、表演、聆听和反应，感受音乐的呼唤，传达音乐的思想、图像和感觉。音乐能够影响人们的社会活动，反映人际间不同的经验，因此还有益于建设一个更加健康的社会。

栓柱和非非在高中都继续选修了从初中起就参加的管弦乐队的课程，每周至少上两次课。他们上课的基本方式是一支接一支地练习各种曲目，然后举办音乐会向全校师生和家长汇报演出，并参加各种节日庆祝活动和音乐节比赛。老师考查学生时，事先公布标准，然后在课堂上观察他们对技能的掌握，并做记录，同时要求学生录制自己的演奏视频提交给老师评审。一年下来，学生们能学到几十首曲目，在这个过程中当然也提高了演奏技巧。

音乐教育的目的是培养音乐素养。音乐素养不仅指乐器演奏技巧，同样受到重视的还有表演态度的训练，即做一个怎样的表演者。课堂上，学生要注意到个人演奏在整体中的效果，要通过倾听来协调自己的乐器与其他所有乐器一起演奏；演出时，个人演奏更须配合乐队演奏的要求，包括穿着的服装、表演的姿势，还要表现出对他人的尊重；要跟随和服从指挥；要懂得恰当的演出姿势的重要性；要对乐器做适当的保养。这些小节，恰恰能反映一个人对生活、社会乃至人生的态度。教育就是要从点点滴滴的小处着眼，教养也正是从细节中体现出来。

非非的音乐老师为学生制定了下面这样一个考查清单，用来考查他们的学习态度。学生根据清单上所列选项为自己做鉴定，审视自己的表现：

自信：
- ·拒绝独立地在人前表演；
- ·为独立地在人前表演而犹豫；
- ·乐意在人前表演。

合作：
- ·经常不愿参加团队表演；
- ·基本上能参与团队表演；
- ·每次都热情地参与团队表演。

持续性：
- ·一旦没有即时的成功效果，马上不再努力，容易分散精力；
- ·有时会分散精力，但基本上能够努力去克服不足；
- ·愿意从错误中学习，总是努力去克服不足。

准备：
- ·不大有按照要求做好准备的情况；
- ·有时没有按照要求做好准备；
- ·总是按照要求做好准备。

主动性：
- ·很难做到在不用提示的情况下练习；
- ·偶尔需要提示才进行练习；
- ·总是在上课前就练习好了。

可靠性：
- ·经常不参加练习；
- ·参加了不少次的练习；
- ·每次练习都会参加。

守时：
- ·总是迟到；
- ·有时迟到；
- ·从不迟到。

个人进步（在音乐方面努力学得更好）：
- ·有一点点进步；
- ·经常努力试图取得进步；
- ·总是努力试图取得进步。

自觉性：
- ·看不出在家里练习过；
- ·在家里好像练习过；
- ·很明显在家里练习过。

学习的愿望：
- ·从不请求帮助；
- ·需要时请求帮助。

评价对象	非常好	好	不太好	非常不好
读谱能力				
乐感				
课堂表现				

音乐素养也包括欣赏音乐。学生们会学习不同的音乐风格，掌握基本的音乐知识，了解世界各国著名的音乐家、作曲家。非非他们做过许多有关的作业。十年级时他做过的一份音乐欣赏作业，是评论一张CD。老师让学生每人找一张CD聆听并评论，要说出理由为什么愿意把这张CD推荐给其他同学。非非选择的是在北美大陆备受喜爱的萨克斯管演奏家肯尼基（Kenny G）的一张名为《流畅的萨克斯管》（Smooth Sax）的CD。他的评论是："肯尼基的音乐美丽而轻柔，每一个音节都很动情。对我来说某些乐段速度较为缓慢，但也许很符合另外一些人的口味。最后一部分尤其好听，它以平静祥和的音乐结束，非常适合在平和的氛围中聆听。我愿极力推荐给那些爵士乐爱好者。"这篇小小的练习促使学生们用心去聆听音乐，静下心来仔细地去品味和琢磨一段音乐究竟好在哪里。养成这种习惯，一生受益匪浅。

十一年级时，非非做过的作业之一是有关音乐家或音乐种类的介绍。他和五位伙伴一起合作，创作了一个项目来介绍音乐家巴赫。非非和科迪写剧本，瑞安、丹尼尔和康纳表演，昆顿摄影，完整地展现了巴赫的人生经历和他最有代表性的音乐作品及风格。经过这样对一位作曲家及其作品所进行的深入研究，他们对音乐的认识加深了，欣赏的能力也提高了。

音乐会展示教学成果

表演艺术离不开舞台。表演艺术课程以表演为主要形式和目标，最终的成果都要在舞台上展示。一年当中，学校的音乐会一场接一场，观赏孩子们的表演便成了家长们的盛事。

学校里的音乐会以管弦乐队和合唱队的表演为主。非非和栓柱都在各自学校的管弦乐队里，因此，观看学校的音乐会是我们作为家长十分热心参与的事情。学校一年安排三四次让家长做观众的音乐会，我们场场必到。每首曲目都是向家长们的汇报，每一次的汇报都让我们由衷地赞叹。孩子们有机会学到了终生受用的音乐技能，而我们这代人在上中小学时音乐教育却是一张白纸，从而沦落为缺乏音乐知识也不懂欣赏的音乐盲。感慨之余，又为从孩子们那里得到补偿而感到欣慰。

　　每年第一场音乐会总是在秋季，一般是开学两个月后举行。头一次接到这样的通知时，我不免心生疑虑：这才刚刚开学几周，这么短的时间，他们难道就能演出了？到场一听，更是吃惊：原来他们已经能表演好几首曲子了！紧接着的第二场，是圣诞音乐会。相隔不过一个来月，却又是一批新曲目，首首热情欢快，充满节日气氛。新年过后，学生们有许多音乐节的活动，但也必有一场春季音乐会。最后一场音乐会就是初夏了，那是一个学年的尾声，因此这场音乐会最为郑重其事，MD 高中每次都在维多利亚皇家音乐学院那座古色古香的音乐厅举办。

非非毕业那年，MD 高中在皇家音乐学院举办的音乐会

　　每场音乐会，全校各类乐队全部上场。LP 高中学生人数少，只有两个管乐

队，即：九年级和十年级为低年级乐队，十一和十二年级为高年级乐队。MD 高中规模大，则有三个管乐队：九年级的管乐队阵容庞大，足有五六十人；十年级的乐队人数有所减少，但也足够自成一队；十一和十二年级则是两个年级的队员合并在一起的高年级乐队。管乐队的演奏总是音乐会的重头戏，每支乐队都要演奏三四首曲目，越到高年级，曲目越具难度。

毕业生总会在初夏音乐会的表演中出些高招。有一年，包含了毕业班的 MD 高年级乐队表演的最后一支曲目，尤为令人难忘。这是一首百老汇歌舞剧的名曲，开始很悠扬，越到末尾越发激昂，最后达到高潮之际，舞台灯光忽然熄灭，场内以幻灯打出了灿烂的宇宙星光。音乐步步高亢，星光也越加强烈地闪烁，随后戛然而止。刹那间，一片寂静，接着全场掌声爆发，如雷轰鸣且经久不息。

场场演奏中，老师都有意给每个学生单独展现风采的机会。有时是选择优秀的学生独奏或领奏，有时是让每个乐器演奏者单独地发出几个音节。栓柱在乐队里吹大号，就有过好几次单独站立起来吹奏的机会。他并不是一个出色的号手，但老师就是要让他发出瞬间的亮光，以增强他的自信。

学校里一般还有爵士乐队，参加者都是活跃的管乐爱好者，他们技能娴熟，队伍精干。队员们要花费比一般乐队学生更多的时间进行练习。非非曾经参加过两年爵士乐队的活动，那时他一周有两个早上要赶在 7 点钟前到校训练，演出季节还要再加班加点。音乐会上，爵士乐队的表演穿插在各年级的乐队和合唱队之间，演奏时而粗犷雄壮，时而曼妙悠扬，为整台节目添加了几分更加专业的水准。

与管乐队相比，高中弦乐队人数要少很多，四个年级加起来也不过一二十人，其中 90% 是亚裔学生。因此，经常是邻近几所高中的学生合并起来，一起上课，一起表演。别看弦乐队声势不大，但演出质量毫不逊色，队员当中很多都是从小就学琴的老手，技艺精湛，甚受观众好评。

合唱也是音乐会上很受欢迎的节目。合唱队的队员是声乐课的修读者，而合唱课程主要是学习读谱、演唱技巧和舞台表演的基本规则。从古典到现代歌曲，他们都要学唱。男女青少年们戛玉敲冰的嗓音和行云流水的曲调，使得声乐演唱美妙动人。

MD 高中还有一支专门的男生合唱队。这支队伍的组建，完全是学生们的自发行为。早先，有几位热爱唱歌的男生希望能一起唱歌，并要求参加音乐会表演，于是音乐老师阿威先生就积极承担了他们的训练辅导工作。他们的演唱有合唱，也有领唱，再加上轮唱和表演动作，变化多端，蓬勃而幽默，大受全校学生追捧。看得出里面有几位主角是学校里的明星级人物，每次男生合唱队一上场，学生观众席上就会爆发热烈的欢呼。记得我们第一次看到他们表演的那一年，合唱队只有 10 位歌手，且大部分队员即将毕业。老师于是在那次音乐会上招兵买马，号召有兴趣的同学加入，这样来年才能保留这支队伍。结果，第二年，男生合唱队不仅继续存在，还增加到了 13 位成员，他们的歌声在音乐会上持续得到雷鸣般的掌声。

高中音乐会有一种特殊的气场。孩子们长大了，个个充满自信，充满青春活力。表演时，有些孩子不由自主地伴随音乐的节拍摇头跺脚，陶醉其中；还有些孩子则聚精会神，一丝不苟。看得出他们在演奏中都很享受，很专注。他们在舞台上自由自在又发自内心，我行我素而毫不做作，行为举止随意且放松，面部表情透着本色的单纯、质朴，煞是可爱。

会场的气氛也总是非常轻松。学生上场准备时，有人不小心碰到乐器，发出响声，场上的伙伴们就借题发挥，故意把这声音当成音乐演奏，给予掌声，随即引发场下跟随的一阵掌声与笑声，默契而友善。老师与学生之间的互动也那么和谐。音乐老师是舞台总监兼乐队指挥，走上场来与学生有说有笑。学生也不畏惧老师，与老师打趣逗乐。我们家长在一旁看着，感觉师生们既相互尊重，又平等亲切，让人心里暖暖的。

家长们看到的就是这几场演出，而学生们的表演机会还有许多。每年本地的音乐节是各个高中必不可少的参赛机会，演出时由专业人员打分考核，评出名次。非非他们还专门去过温哥华北边的滑雪胜地维斯勒参加艺术节。每年 4 月底，那里都举办一场加拿大西部和美国西部中学生的音乐盛会，各校的管乐、弦乐、交响乐、爵士乐、声乐乐队都可来参加，会上只有表演，而无比赛。他们既表演，也观摩，在交流和娱乐中切磋提高。

爵士乐队除了在学校的音乐会上表演之外，也到校外进行各种演出。LP 高中的老师常常把爵士乐队带去本地的爵士乐俱乐部表演。MD 高中的爵士乐队每年都参加本地的"首府爵士乐音乐节"。圣诞节之际，他们还到商城里吹拉弹唱，为节日增添气氛。每年暑假之前，MD 高中的爵士乐队还专门在我们居住的社区的教堂里举办专场音乐会，不仅为了家长，也面向所有社区居民。

LP 高中的音乐会上，还常常杂有舞蹈表演。舞蹈也是表演艺术的教学项目。BC 省的教学大纲对舞蹈课的意义有这样的表述：舞蹈是一种动作和运动的艺术。它通过运动来表达自我的和社会的形象、思想和感觉。舞蹈以身体的活力通过音乐、文学、戏剧和视觉艺术加以表达。舞蹈既是运动，也是创作和表演。它能够扩展身体的能力，表达人的精神。舞蹈课教授表演各种舞蹈类型，有爵士舞、嘻哈舞、抒情舞、现代舞，还有踩点儿、摇摆、旋转等各项基本技巧。

在LP高中观看跳舞是别有风味的视觉体验。学校场地不大，但登台的舞者却不少。演员们并非个个腿长、腰细、身材高挑，而是胖瘦高矮混杂，水平也参差不齐，有动作熟练优美的老手，也有手脚将将能搭配的初学者。作为一项教育课程，个人的天分不是学舞蹈的必要条件，参与和投入才是目的。台下的观众是父母、朋友、亲人，他们要看的不是艺术剧团的专业表演，而是孩子们真实的自我、自然的表达和纵情的欢笑。

戏剧表演——表达、交流与自信

记得栓柱刚来加拿大上小学那年，我和老师谈到栓柱性格比较内向，不善表达，不够自信。老师马上建议我让他参加戏剧表演。因此，我忽然领悟到其中的奥妙：原来戏剧表演具有不可替代的教育功效。事实上，戏剧表演也越来越成为学校里的一种重要教学手段。

美国阿肯色大学教育改革系做过一个随机的实地测试，测试结果发表在专业杂志《下一代教育》（Education Next）上。他们调查了 670 个七到十二年级的学生，按年龄和地区的不同把这些学生分成 24 个小组。其中一部分学生去剧院观看莎士比亚的戏剧《哈姆雷特》或狄更斯的《圣诞颂歌》，另一部分学生则被要求在课堂上读剧本或电影脚本，目的是要看哪种形式对学生们的理解更有帮助。结果是显而易见的，亲眼观看戏剧的学生更能深刻体会剧情里的每一个人物。在看戏剧《哈姆雷特》的学生中，有 83% 的学生能够注意到其中两个不起眼的角色是哈姆雷特的朋友，而在仅是阅读剧本、没有观看表演的学生中，只有 45% 的人注意到了。观看哈剧的学生中，94% 的人记得奥菲利亚淹没的场景，而那些没去戏院观看的学生中却只有 62% 的人记得。

为了评估学生们辨别情感的能力，他们做了一个"用眼睛阅读心灵"的测试。这个测试原本是为自闭症儿童设计的。测试后显示，观看戏剧的学生对相关图画中所描绘的感情的辨别能力，明显高于没观看的学生。

维多利亚本地的报纸专门报道了这个研究结果，并采访了一些人对此的看法。一位戏剧演员看到这个调查结果后，表示并不出乎意料。他所在的剧团是专门为中小学生表演戏剧的。他深有同感地说，演员们充满情感的表演，无疑对观众具有极强的感染力。如果稍加观察，人们就会发现，孩子们在看电影时，是脚不点地，背靠座位，手拿爆米花，很被动地观看；而他们在看戏剧时则完全不同，都把脚放在地上，离开靠背，随着戏台上的情节进展而与演员产生情感共鸣。

亲身参与表演，则对于学生的成长有着更多积极和显著的效果。正如 BC省教学大纲所说："戏剧表演教育，通过身临其境的人物和场景，为学生提供了审视人类经验的机会，也是学生们体会日常生活的一种方式。"他们在演戏中建立起密切的关系，一同体验紧张气氛，合作解决冲突，并在他们的世界中从事有意义的创作。其教育结果，无论是从审美角度，还是从社会经验，或是情感、智力乃至职业选择上说，都能使每一位学生获益匪浅。

高中的戏剧表演课，每一阶段都有特定的教育内涵。根据 LP 高中戏剧老师的教学大纲，九、十年级的戏剧表演，目的是帮助学生建立自信和对他人的信任，提高表演技能，鼓励学生以负责的态度与他人一起为共同的目标努力。学习的内容，有即兴表演、演讲、默剧、运动、扮演人物角色、表演艺术。他们也制作视频，学习舞台美术、舞台灯光、服装设计、编导。

十一、十二年级的教学，则让学生更多地尝试戏剧的不同类型和风格，进一步探索即兴表演、人物角色的表演、脚本剧情的展现，通过历史、数码视频、生产性和批判性的分析，来更加深入地了解表演艺术，也通过戏剧艺术形式反过来更深入地了解自己，了解世界。学生们将进一步发现和探讨戏剧和其他艺术形式怎样影响到他们个人的成长。

自从听到栓柱那位小学老师的话后，我便遵从其意见，鼓励栓柱参加了一些戏剧表演夏令营。初中的探索课也有戏剧表演，高中戏剧课更是让他加强练习的好机会。十二年级时栓柱选修了这一课程，这是他十分喜爱的一门课。

上课时，老师给他们规定主题和戏剧表演形式，讲解特点，然后由学生自己创作剧本并进行表演。一般一个节目不超过 3 分钟，有时是个人表演，有时是小组一同表演。他们尝试过哑剧，也做过即兴表演。有一次课上老师让学生创作希腊悲剧，表演之前他们先要了解希腊悲剧的特点和形式，以及希腊悲剧的故事情节是如何发展的，然后六人一组，按照希腊悲剧的套路，创作一个五幕短剧。栓柱这一组所编排的故事情节是：两个上帝打赌，一个上帝说，他有一个宝贝三叉戟，谁也无法偷走，另一个上帝就派遣一位英雄去偷这个宝贝；当英雄看到这个宝贝时，却心生杂念，想把它留给自己，结果遭到他的上帝的惩罚。之后他们自己分派角色，大家一同表演。

学生们也像专业演员一样接受演技训练。比如，老师让他们表演两个陌生人初次见面如何打破沉默，要求通过舞台表演来真实而艺术感地表现这一场景，既要符合情理，又要有戏剧的情节和味道，能通过动作和口头语言打动观众。老师并不做任何示范，而是让学生们各自发挥，做即兴表演。再比如，他们要用戏剧的方式表现出怎样接受情绪的挑战，预设的情景可能是好的情绪，也可能是不好的情绪。舞台上两人出场，假如一人赞扬对方"你美如天仙"，或者讽刺对方"你像个丑八怪"，另一个人应该怎样反应呢？这要求演员在即兴表演中把握一定的情绪控制技巧，不能完全是个人的本能反应，而要考虑到在特定场景下恰如其分地表现出自己的态度。老师也有小小的原则性建议，提示他们要能表现出不卑不亢和幽默大度。学生们在创作中仅凭自己的生活经验也许是不够的，还需要在老师的指点和同伴们的讨论中增添智慧。这样的表演无疑也为个人的成长注入养分。

练习演技还可以通过游戏来进行，这也是栓柱他们戏剧课常常做的。其中一个游戏是，一人当指挥，但所指挥的乐队里并没有乐器，而是各种情绪组别，有悲哀情绪组，有喜悦情绪组，有恐惧情绪组，有伤感情绪组，还有迷茫情绪组。指挥指向哪一个情绪组，这个组就发出表达那种情绪的声音；指挥把手抬高，声音便加高，指挥把手放低，声音也随之放低；当指挥收手时，声音也必须收住。

另一个游戏名为"不速之客"，角色有一位主人和三位客人。三位客人的身份由观众决定，越奇特越好。学生们点子多多，提出了几位不同寻常的客人：一位恐高的宇航员；一只在圣诞老人的玩具店里疲惫不堪的麋鹿；还有一位喝醉酒的老实人。主人每隔一分钟接待一位敲门进入的客人，寒暄之后，客人之间互相询问身份。之后，学生们自编自演一段他们之间发生的故事。

我虽然没有看到他们在高中课堂上表演的情景，但大致知道表演课程是怎样的状况。记得栓柱在戏剧夏令营里，他们演出的剧目虽然有脚本，但也只是主题框架，具体内容则靠演员自己创作。比如，他们演过一个去世界各地旅游的戏，每位演员都自选一个旅游地点，然后把自己看到的景色通过其他演员的配合用形体表现出来。栓柱以巴黎为景点，他介绍说，他看到了埃菲尔铁塔，于是演员们就层层架起，搭成一个塔的形状；他又说，他参观了罗丹博物馆，演员们就摆出罗丹雕塑的各式姿态，有托腮而坐的思想者，有表情浑厚地站立着的巴尔扎克，还有低头而立地狱之门的亚当，加之几座风姿飘逸的女性雕像，舞台上的人体艺术形象仿佛把人们带入了罗丹博物馆的真实场景中。这样的表演，每一个人都在创作，而不是木偶般地装腔作势，鹦鹉学舌。每次训练班结束向家长的汇报演出，受到赞赏的是孩子们具有想象力的艺术感觉和超乎寻常的创造力。

由此可以看到，表演艺术不只是一种娱乐，实际上其教育功效非同小可。省教学大纲认为，通过表演，学生们不仅能够训练和表现技能，还可以学到表达的方式和表达的种类。艺术表演也可以说是用特定的专业语言来描述、分析、表达和评估事物。在探索艺术的过程中，还要运用批判性思维、开创性思维，在创作中使用各类综合知识。

堪比专业剧团的戏剧表演

几乎每所高中每年都有大型的戏剧表演。有话剧，也有音乐剧。观众也不局限于本校学生和家长，而同时面向社区居民。观看学校的演出须购买门票，不过售票的目的不在于赚钱，而是为了支付租用场地的费用。高中学生的表演也是本地居民文艺娱乐的重要活动，当地媒体都会专门报道。比如，非非的高中最后一年，媒体上见报的本地各高中演出剧目有以下这些：

克莱蒙特高中（Claremont Secondary School，简称 C 高中）:《四川好人》(2 月）;《为你疯狂》(5 月)

OB 高中:《再见伯蒂》

频谱社区高中（Spectrum Community School，简称 S 高中）:《欢乐满人间》

E 高中:《帷幕》

V 高中:《歌厅》

MD 高中:《约瑟的神奇彩衣》

这一年 C 高中表演的德国著名戏剧家布莱希特的名剧《四川好人》尤其受到瞩目。这个剧作完成于 20 世纪 40 年代，被公认是布莱希特叙事剧的代表作之一。故事讲述的是三个神仙来到四川寻找好人，可只看到了欺诈与饥饿。正在无望之际，他们遇到了贫苦妓女沈黛。她为人善良，到处施善，但在那个世态炎凉的社会却令自己深陷泥潭。她在道德与邪恶之间徘徊。这个剧标题里虽有四川，但并不专指四川一地，而是要以这样一个异国故事来揭示人性中普遍存在的善恶两面。

C 高中花了大半年的时间排演这个剧目。十一年级女生杰西卡在戏中不仅扮演女主角沈黛，还同时扮演沈黛的表哥崔达。这种既会扮女又能女扮男装的演员并不鲜见，但哪怕是对于专业演员来说，这在演技上也具有极大的挑战。杰西卡因此成了本地的明星，她在接受媒体采访时告诉记者，她觉得最难的是怎样分辨两人微妙的区别，在转换角色中做得恰到好处，不把每一位表现得过分。

演出不仅使得学生们加深理解了这出剧的意义，也帮助他们更多地去思考人生价值。他们向记者谈到，演出这个剧让他们对金钱在世界上以及自己生活中的位置增加了认识。大家都愿意拥有更多的钱去享受生活，但钱究竟要有多少才能让人满足呢？人们有了钱，想不想用来行善呢？有了钱是该用来行善，还是用来投资再赚更多的钱呢？这些问题常常令人纠结。这个剧正是让人们通过怎样看待金钱去理解什么是好人。学生们于是也更加懂得了布莱希特所要表达的思想：做个残酷的人把钱留下来自用是轻而易举的，而把钱拿去行善帮助别人则并非易事。

音乐剧是 MD 高中年年举办演出的剧种。MD 高中的音乐剧表演课程，在九年级和十年级时，是放在学校正规课程时间里开课的。他们通过表演小型音乐剧来学习戏剧表演和舞台艺术，最终的学习成果是由学生们自导自演一出音乐剧并公开演出。九至十二年级还另外开设一门课外时间学习的音乐剧课程，以每年表演一个大型音乐剧为最终目的。选修这门课的学生必须参加最后的表演，要像专业剧团的演员一样不得缺席正式演出，也不得缺席预演。为此，他们需要花费大量课外时间进行准备。选择做这么费时费力的事，动力只能来自热情与爱好。

十一、十二年级的舞台艺术课和课外音乐剧课是交织在一起的课程。参加这个课程的学生专门帮助音乐剧剧组做后台服务，负责舞台道具、服装、背景和灯光。这样他们正好把课堂知识用于实际操作，真是一举两得。

非非每年都去观看伙伴们的表演，为他们助兴。高中最后一年，他们学校演出的音乐剧是《约瑟的神奇彩衣》(*Joseph and the Amazing Technicolor Dreamcoat*)。这部 20 世纪 60 年代推出的音乐剧，对话很少，主要通过演唱和讲解员的大量解说来推动情节；其音乐由各种风格构成，包括法国民谣、猫王摇滚、迪斯科舞曲等。这部音乐风格丰富、极富现代感的音乐剧让舞台上的演员和舞台下的观众融为了一体，演出场面极为热烈。

　　之前的一年，MD 高中演出的是百老汇歌剧《欢乐音乐妙无穷》(*The Music Man*)。我也去观看了其中的片段。舞台上众多着装地道的演员，清亮明快的歌声，充满激情的表演，栩栩如生的舞台背景，让我仿佛置身于纽约的百老汇剧院。

MD 高中演出的音乐剧《欢乐音乐妙无穷》剧照

　　其他高中也都层出不穷地年年推出新的音乐剧种。C 高中那年演出的百老汇音乐剧《为你疯狂》(*Crazy for You*)，全剧演员多达 100 人，可能是本地高中最多人数的一场表演。学校的编剧老师高兴地告诉记者，这个剧能给予这么多学生参加表演的机会，她为此倍感自豪。所有参加表演的学生也都乐此不疲，演出的成功让他们兴奋不已。特别是，半年的排练和演出还大大加深了学生之间的关系，使他们当中的许多人成了亲密无间的好友。

本地最著名的私立中学圣迈克高中，有一年表演的是百老汇经久不衰的名剧《歌剧魅影》。据说剧中的女主角演员来自德国，当时正在该校做交换生。她的歌喉之美妙动听堪比专业演员。由于这场演出水平相当高，学校安排连续表演四场，结果场场观众爆满。

用技能服务社会

学习任何一种技能都可以成为为社会服务的手段，这也是教育应为学生树立的价值理念。而这种理念的建立，是用具体的行动让学生们去感受和实践。学校乐队的诸多活动都体现了这种价值理念，参加公益活动是乐队的任务之一。LP 高中乐队的指导老师哈姆先生在这方面尤其热心，但凡维多利亚市有举办节日庆典的机会，他都率领学生乐队参加。

在为英国维多利亚女王生日而设的公众节日维多利亚日那一天，本地年年都举办盛大的游行庆典。这个活动大约有 120 年的历史了。游行的乐队不仅来自本省，也邀请美国西海岸的许多中学参加，加之其他表演队伍，方队多达上百个，过程持续两个多小时，吸引着 10 万人，也就是本地接近 1/3 的人口前来观看。LP 高中是年年必到的游行方阵之一。他们前排有手舞大旗的领航，押后为击鼓吹号的乐队，中间则有各式舞者，队伍虽不很大，但音乐锣鼓整齐响亮，却也意气风发，显得浩浩荡荡。

头一天，乐队还参加议会大厦前的庆典，LP 高中乐队与美加两国几十个中学的 乐队轮流走上议会大厦前的平台，驻足吹奏，吸引大批市民和游客在大厦宽广的草坪上观看。整整一天，维多利亚市中心都沉浸在锣鼓和号声喧天的节日气氛中。

每次演出结束，哈姆老师都把队伍带到议会大厦后侧，请专业摄影师为乐队拍照合影，给每位乐队成员留下纪念。有一年，他们乐队正在整队准备拍照，一对身着新婚礼服的新娘、新郎突然闯到队伍前，拥抱接吻，以 LP 高中乐队为背景拍摄婚纱照。乐队学生和在场的家长们先是一愣，转即意识到这是一个绝妙的场景，学生们于是积极配合，正襟站立，郑重其事，家长们也纷纷拿出相机抢拍这一出乎意料又浪漫有趣的瞬间。

有一对情侣以 LP 高中乐队为背景拍摄婚纱照

每年圣诞节来临之际，迎接圣诞老人到达本市的游行队伍中，也少不了 LP 高中乐队的身影。仪式在冬季 12 月初的晚上举行，沿途大约有 5 万人到场，主力军自然是儿童，圣诞老人下凡就是来给他们准备礼品的，当然要来迎接了。欢快、温馨的圣诞音乐，加之锵锵的锣鼓声，驱散着冬日的寒冷，给平日静谧的小城夜晚带来欢快和喜庆。孩子们开始翘首盼望的节日，就这样在迎接圣诞老人的音乐声中拉开了序幕。

我曾经作为家长义工陪伴 LP 高中乐队游行，亲眼看见了热闹场面背后的辛苦。老师和家长们齐心协力，运载设备，做好各种后勤准备。老师的细心尤其令我印象深刻。为了避免吹奏的学生口干舌燥，老师专门安排了运送水的人力车追随队伍前行，途中不断有家长用喷壶往学生口中喷水，或用湿纸巾帮学生擦拭嘴唇。家长志愿者在游行中跟在乐队的前后左右，确保没有学生因为这样那样的问题掉队。老师还特意请求随队家长身穿黑色衣服，以免过于显眼而喧宾夺主地分去观众对乐队的关注。

像这样的社会服务活动数不胜数，各校都会寻找不同项目争相参加。本地有所高中每年秋季都去温哥华参加全加足球赛事的庆祝游行乐队方阵。事情的开始很偶然，老师在看到了广告后就带领队学生报名参加了。结果从此他们就年年收到组织者的邀请。作为岛上来的高中代表，他们同省里各地的高中生组成80多支游行方阵，并成为其中耀眼的一队人马，簇拥着球员一起欢庆，可想而知，师生们感觉多么自豪！

在加拿大的另一个节日"战争纪念日"当天，市政府会以庄严的仪式纪念为战争捐躯的烈士们。每年，市政府必为烈士献花圈。仪式上，R高中乐队作为本地享有盛誉的高中乐队，总是承担音乐演奏任务，为仪式增添肃穆的气氛。

这些活动把为社会服务的理念传达给了学生。渐渐地，这个理念也扎根在了他们的心中。

享受群体归属感

对毕业生来说，初夏的音乐会是他们高中时代的告别演出，因此总是特别温馨，也总是会有些独出心裁、别开生面的场景。

LP高中的这场音乐会年年在校内大厅举办，这也是十二年级的队员们结束中学乐队活动的庆典。记得栓柱刚上高中那年的那场音乐会上，演奏节目结束后，十一年级有四位同学在场上为十二年级的同学唱了首歌。歌的开头大意是：你们即将离去，你们要去何方？歌词表达了对毕业班队员的深深惜别之情。接着，他们以演唱的方式逐一盘点每位毕业生队员，盛赞每个人的可爱之处。歌词很长，以至演唱者边唱边要在手机上查看歌词。每提到一位同学的名字，场下都爆发出一阵掌声和笑声。曲毕，十二年级的队员一拥而上，与十一年级的队员热烈拥抱。孩子们真诚表达友情的举动感人至深。

栓柱十年级时的那场初夏音乐会，有个场面让我记忆犹新。那年，乐队里的鼓手大卫即将毕业。他在乐队的几年间，他的锣鼓声是乐队的拿手戏，每每演出到最后，都有一段他的独奏。他的打击乐鼓点密集如雨下，铿锵似雷鸣。他自己还总是闭起眼睛，一副忘我、投入、沉醉的萌态。那天也是他在高中的最后一场表演，当他又一次闭上眼睛全身心地沉浸在敲打中时，老师示意乐队的所有学生悄悄离开前台，躲到一边。大卫一个人在舞台上奋力击鼓，鼓声气势磅礴，响彻大厅。当他收住鼓声睁开眼睛时，猛然发现台上空空如也，不由一愣。随即全场响起暴风雨般的掌声，夹杂着同学们震耳的喝彩。大卫脸上顿时泛出羞涩，急忙起立向全场鞠躬致谢。

高中四年的乐队生活，同学们朝夕相处，同心合作，乐队不仅是他们的课堂，更成了一个亲密的朋友圈。LP高中乐队的伙伴们，每年在开完初夏音乐会的这一夜，还有一个惯例，就是开一个通宵派对。再有几个星期，十二年级的同学就要离开学校，走入大学、走入社会了，他们的中学生活即将落下帷幕。几年来，乐队共同训练、表演、旅行，大家在一起学音乐，也在一起玩耍，友情从这里产生，关爱凝聚着所有人，大家当然难舍难分。

MD高中的初夏音乐会上，每年毕业生们都对音乐老师阿威先生恋恋不舍地表达一番谢意。演奏结束时，老师总是让十二年级的学生起立亮相，并向他们致意，祝他们新的旅程一帆风顺。毕业生们则向阿威老师献上鲜花和礼物，并派代表到前台致谢。有一年，不知是谁的主意，学生们准备的礼物极为别致：一个直径足有30多厘米的圆圆的大面包和一个巨大的菠萝。礼物一亮相，便激起满堂大笑，原来阿威老师来自夏威夷，那是他家乡的特产。四年来，阿威先生和学生们既是师生，也是朋友，一起演奏，也一起旅行，学生们从音乐中得到了无限的快乐，也为一生留下了饱含青春色彩的美好记忆。

对我们家长来说，乐队也别有意义。两个孩子上高中那些年，观看他们的演出还是一桩不小的任务呢。他俩都在乐队时，由于不在同一所高中，我们观看演出的次数不得不加倍翻番。有时不巧，两个学校在同一天晚上举办音乐会，我和孩子的爸爸只好分头行动，一个去看老大的演出，一个看老二的。有个别两次，两个孩子学校同一时间开音乐会时，正赶上先生出差在外，我既不舍得放弃任何一方，也不愿意让孩子有父母不来观看的失落，就一个晚上两头跑。我算好时间，先跑去LP高中看老大的演出，估摸着那边到了老二上场的时候了，就又跑到MD高中。幸好两个学校演出的地点相隔不远，并没有错过机会。

每年的音乐会上，我们也都看到了孩子们的成长：不光是自己的孩子，还有他们从小学就在一起的小伙伴们。从面目到神态，孩子们在高中几年里迅速走向成熟，青春中的成熟痕迹写在了每个人的脸上。

孩子们大了，家长平时很少有理由来学校，而观看演出则为我们提供了与学校联系的好机会。来到学校，见到久违的其他家长，见到校长和老师，和他们一起观看演出，便油然产生一种温暖而强烈的归属感和参与感。无形中，我们也就成为学校大家庭的一员，家长、孩子、老师，都属于这个友好、团结、亲切、快乐的群体，如同一个温馨、祥和的大家庭。

家长不仅是忠实的观众，也是音乐教学项目积极的组织者和参与者。学校的各种音乐活动，需要大量资金，家长们都是强有力的支持者。筹资活动都由家长亲自出马，在平常的生活中日积月累。去超市买菜，他们用专门的购物卡，通过这个卡，超市可以回赠学校一部分资金。他们还购买专门的礼券、巧克力，或订购杂志，以折扣部分的余额回赠学校。MD 高中的音乐项目有一个家长后备力量小组，专门帮助老师组织音乐课之外的各项相关活动。学校里的每场音乐会，场外必有家长们为筹资在那里做点心义卖，并举办抽奖活动。其中的一位主力，是与老师合作了多年的妈妈，孩子早已经从这里毕业了，她还仍然来学校做义工。阿威老师逗趣地说："儿子可以毕业，妈妈不可以。"家长们这样做，不仅仅是为了自己的孩子，也是为了学校，为了属于自己的群体——这是作为公民在为社会服务。

11. 视觉艺术：感知、创造和交流

运用视觉图像进行各种艺术创作，也是学生们的重要学习内容。BC 省教学大纲把视觉艺术界定为：使用图像表达对世界的感知的行为。为此，学生们通过对事物进行观察、思考、描述、分析、解读和艺术评估等一系列步骤，进行讨论、写作、研究，最终创造出具体的图像。这既是个体活动也是社会活动，它能够帮助学生提高对事物的感知力和对周围环境的审美力。

图像是协助语言表达的一种有效工具。学生们在创作的过程中学习。他们通过开创独特的画面来感知、思考、创造和交流思想及情感。他们使用的图像可以是 2D 的，也可以是 3D 的，可以是静态的，也可以是动态的。但无论采取哪种表达形式，他们都必须根据自己个人的社会、文化和历史背景进行创作，而在创作的过程中又能进一步加深对这些背景的理解。

从平面到立体——工作室艺术

记得那年我和先生去开家长会时，看到艺术课室里整整齐齐摆放了一排直径大约 30 厘米的小油布伞，都是学生们制作的。这门课的老师哥罗诺先生给我们介绍了制作过程：学生们先像工匠一样打造出精巧的伞架，然后用油布撑起伞面；伞架是老师手把手教着做的，但伞面上的图画却完全由学生们自己创作，根据他们的文化审美去涂染各种颜色和图案。学生们有的用红色作底，上面画一枝粉色的梅花，有的采用橘黄和黑色相间的抽象图案，还有黑白色调的，黄

学生们制作的小伞

栓柱制作的纸灯笼

蓝色搭配的，颇显各国风情。这是围绕中国农历中秋节而进行的一个艺术实践项目，既是工艺雕塑，又是美术画图。

哥罗诺老师是特意把这些工艺品展示在教室里让家长们欣赏的。他拿起一

把写着汉字"色即空"字样的小伞，问我先生这几个字的意思是什么。我先生告诉老师，它的字面意思是"颜色是空的"，随即又解释了它的佛教含义，什么是"色即空、空即色"。说着说着，他不禁和老师开起了玩笑：这是在讽刺您的美术课呀，这个学生在说颜色是没有意义的。老师马上理解了我先生的幽默，仰头大笑。高兴之余，他俩还拿着那把小伞站在一起让我拍了一张合影。遗憾的是当时教室光线不足，照片有些模糊不清。

艺术最能体现文化价值。正如 BC 省教学大纲提到的那样，它是开发和表达文化认同的关键，能够反映多元社会的价值和标准，培养对于不同文化遗产的尊重和欣赏，认识加拿大文化乃至世界文化的价值，为学生提供快乐和享受，并能进一步认知自己在环境、社会和文化中的位置。因此，视觉艺术课上，老师特别喜欢像制作小伞这样让学生们利用不同的文化元素来进行创作。

上一年的中秋节前，老师让大家制作的是一个灯笼。他们使用铁丝做支架，再用彩纸包裹起来，塑造成各种颜色和形状的漂亮灯笼。栓柱制作的是一个 60 多厘米高的方柱形的橘黄色灯笼，还配有几笔暗红色调的火焰图案，相当醒目。我十分喜爱这件作品，一直把它珍放在家里当作装饰品。

工作室的视觉艺术创作课其实就是中国所称的美术课，但内容不单单是画画，而是包括艺术制版、陶艺和雕塑等多项内容，既有平面艺术（或称 2D 艺术），又有立体艺术（或称 3D 艺术）。教学包含四个层次：第一层是图像设计，让学生用图像设计表达自己的感受和认知；第二层是表达意义，即运用图像来表达个人、社会、文化和历史的内容和意义；第三层是在图像表达中运用视觉元素来理解艺术和设计的原理；第四层是使用各种媒介，运用材料、技术和程序在图像中制造效果。

栓柱在高中连续两年选修了视觉艺术课，学到了许许多多的东西，包括：图画创作攻略、艺术史、艺术元素与原则、雕塑 /3D 艺术、绘图、染色、媒介艺术、陶艺，甚至还有小肌肉的训练。艺术创作并不是空中楼阁，而是建立在实实在在的美学知识和艺术技能之上的。他们在课堂上连续不断地进行艺术创作，一个项目接一个项目，亲自动手把这些知识和技能一一运用起来。

老师指着墙上的一组图画告诉我们，那是学生这个学期的第一份作业，仿图作画。老师出的题目，是模仿福特汽车的商标创造一个图案，细节则要按自己的意图进行改造。同学们的作品完成后，猛地看上去还是福特商标，但仔细看看，细节则各不相同，都有标新立异的地方。而另一侧的墙壁上，则是学生

LP 高中艺术室墙壁上展出的学生的艺术作品

们就同一个主题自己发挥创作的图画，画面风格迥异，各成一体。另外还有他们创作的现代派图画，虽然都是色彩和线条的结合，但又多姿多彩，千差万别。

视觉艺术课让学生广泛地尝试各种艺术媒介。学习 2D 平面艺术时，学生们使用铅笔、钢笔、圆珠笔、粉笔、蜡笔、水彩、油彩、亚克里、丝印、混合材料等创作图画。学习 3D 陶艺和雕塑艺术时，他们使用陶瓷、石头、石膏、铁丝、金属、塑料、彩色玻璃等材料制作雕塑。总之就是用各种手段达到开发学生艺术审美和创造能力的目的。

进入 11 月份，就该着手庆祝圣诞节了。老师提出了个有趣味的项目，让学生们用废旧塑料片制作彩灯，串联起来挂在教室里做圣诞装饰，把环保理念融入节日气氛。教室的另一侧窗户上已经陆陆续续开始挂起了五颜六色的塑料彩灯，看样子还没完工。

还有一次，栓柱回家要求我帮他准备一件单色的 T 恤衫，说是艺术课要用。原来，这次每个学生要给自己的 T 恤衫画一个自己喜爱的图案。栓柱在他的 T 恤衫上绘制的是一幅阴阳鱼太极图。

教学对不同年龄的学生也设有不同的标准。九年级作为高中的初学阶段，在复习初中内容的基础上继续训练基本功。十年级的创作则开始鼓励向个性化发展。到十一和十二年级时，就进一步要求能形成自己的风格，强调更加独立地创作，能自主地完成多种美术创作项目，大胆发挥个人想象。个性化创作成为教学评估的重要标准。

那次见哥罗诺老师，因为来谈话的家长不多，于是我们有时间和他聊了许久。他告诉我们，他观察和考量学生，不仅看成果，还注重创作的

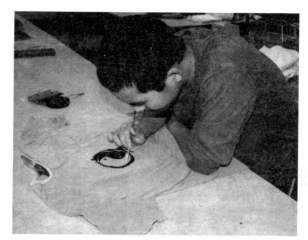

栓柱在 T 恤衫上创作

过程和他们所使用的技能。他的评分标准是：艺术作品（50%），画图和设计（15%），草图和创作的原始资料（15%），文字题作业（10%），课堂参与和工作习惯及清洁工作（10%）。老师认为，艺术是非常主观的审美，所以需要学生（即创作者）和老师双方共同评估。每次完成一个项目，他首先让学生自我评估，并给自己打分。如果他认为学生的评估与他的看法差距较大，他要与学生商讨后再确认分数。老师拿给我们看了他给学生的自我评估标准，还很赞赏地告诉我们，栓柱对自己的评分很实际，甚至偏于严格，但老师说，他也愿意尊重栓柱的自我评价。

下面就是哥罗诺老师发给学生做的自我评估标准（5 代表最好，0 代表最差）：

姓名：　　　　　　　第几节课：

草图（草图细节完整）
0 1 2 3 4 5

使用的技术（使用了不少于三种绘画技术和不少于三种颜色）
0 1 2 3 4 5

艺术元素和原则（考虑到空间的正反两面、平衡、一致）
0 1 2 3 4 5

独创性（你的作品是否与众不同？如设计、颜色的选择等）
0 1 2 3 4 5

质量／手艺（注意细节，没有不该有的污迹或不圆满之处，完美度高）
0 1 2 3 4 5

上课时间的利用（上课一直能集中于课业，按时完成项目）
0 1 2 3 4 5

清洁工作（下课时把所有使用的材料归还原位）
0 1 2 3 4 5

学生的努力程度：很努力／努力／不够努力
你对这项艺术创作喜欢或不喜欢什么地方？你有何提高的建议？

走入 LP 高中，教学楼走廊两侧挂满了学生的艺术图画。每次看到都感觉既是一种艺术装饰，又是对学生的一种欣赏和奖励。

从暗房到数码——摄影艺术

打开 MD 高中哈特雷老师的摄影课网页，仿佛走入摄影博物馆，里面许许多多的网页链接将你带入无数精彩的图片，而这些图片又会令你对摄影神往。在担任科学课和数学课授课任务的同时，摄影课是哈特雷老师教授的另一门课程。

高中的摄影课是为十一和十二年级的学生开设的。MD 高中的这个课程颇受学生青睐。十一年级的摄影教学，教的是摄影和制作照片的基本方法，为想学摄影的学生提供机会。选上这个课没有任何限制，对摄影一无所知也没关系。学生们从使用 35 毫米单反相机学起，并尝试在暗室里冲洗黑白照片。他们也学用数码相机，并使用 Photoshop 和 iPhoto 处理照片。出现了 iPod 和 iPhone 之后，他们还跟进学习使用尼康探索照片应用程序。随着新技术的不断出现，课程内容也不断更新。总之，学习内容围绕制版和图形设计的原则与技术，旨在掌握摄影技巧，了解基本的摄影知识，也为今后从事相关工作掌握最基本的技能。课堂不仅能积累知识和经验，通过课堂制作的作品也都是有价值的成果，还可以为高中毕业后申请各类机构的工作和学习展现才华提供有力的证据。

到了十二年级，摄影课程就有入门的门槛了，想要选修的学生必须是修读过十一年级摄影课程的，成绩还要达到"良好"以上才能被接纳。可见这个课程对学生的要求就相当高了。他们要学习水平更高的摄影项目和照片制版，包括摄影记者的摄影和使用多媒体创作。学生将使用更多的摄影器械，承担更大的责任，工作难度将大幅度增加，作品的质量要求也非一般水平。

与图画创作一样，摄影课也是一个项目接着一个项目地做。老师提出主题，学生们去采风、实践。日出、日落、大海、鲜花，在维多利亚有取之不尽的美景资源。从食品到人物，从景观到动物，从纯艺术到商业广告，他们广泛尝试。而最信手可得的素材自然是在校园里，体育、舞蹈、乐队，学校的各个角落，每次的节日庆典，每场比赛，都是极好的拍摄场景，摄影课的学生就奔波在这些场面之中。

老师给予学生技术指导，告诉他们摄影窍门，帮助打开眼界，明晰思路。其中的奥妙有很多，老师都一一道来：怎样不断尝试变换摄影视角，在拍一个东西时，从不同的角度激发视觉感官；对摄影的色彩，怎样找到自己最喜爱的颜色，并能符合和展示主题；在拍摄有线条的物品时，尝试怎样突出它们的流动感，成波浪状；在作品中怎样选择一种情绪，或恐惧、绝望，或幸福、快乐，人物拍摄可以做到，景物摄影也同样可以；怎样自拍，可以是日常打扮，也可以是身着奇异的服装，但背景不要凌乱，注意用窗户、天花板射入的自然光，也可以用闪光灯；给他人拍人物肖像，怎样抓拍他们的自然表情，而不是让他们对摄影师刻意微笑；怎样拍摄自己的生活环境，可以是住宅，可以是街景，也可以是人物或动物，怎样才能表现平日自己眼中的景象；拍摄物品，怎样找到特殊材质的纹理或图案，有些是我们每天都看到的，但怎样通过镜头接近它，特别是旧的物品，怎样可以使它更具性格；拍摄宠物时，怎样把它放在它的自然生长环境和状态下，怎样拍出自己眼中的它。老师还让学生们寻找各种形状，正方形、长方形、圆形，将它们组合在一起，拍摄一个系列，在镜头中发现这些东西的共同点。

摄影离不开器材，而照相器材非常昂贵。由于数码相机的出现，学校的单反相机数量大大减少，不足以支撑教学的需求。学校从来都为学生的家庭经济支出着想，从不逼迫学生为学习而加大父母的经济负担，总是想尽办法帮助解决困难。老师请有条件的同学从家里自带相机，并鼓励他们和其他同学分享使用。老师也建议学生们到校外的二手相机店去寻找廉价的旧相机。如有相机店为学生销售打折的二手相机，老师就为学生们提供信息。学校还写信给全校家长，希望他们协助，捐献家里多余不用的相机。而家长们是最积极的支持者，学校一旦发出号召，便会立即得到他们的响应。

学校方面也尽量提供必要的设备。而学生应该怎样使用设备，老师事先讲好规矩。学生有责任保护好设备，如果不负责任地损害或丢失了设备，则务必照价赔偿。

暗房和教室是学生可以充分使用的地方，但里面仪器、设备多而精密，所以，学校有严格和详细的使用要求。课堂上不仅不被允许出现有意或无意危害他人安全的行为，也不能有损害设备的行为发生。在冲洗照片的过程中，学生必须遵守程序，和其他人共同使用，不可以影响他人。老师特别提醒大家，不要把手伸入化学药品中，假如有侵蚀皮肤或眼睛的情况，要马上冲洗干净。在触摸胶片、纸张和设备时，学生要保证自己的手是干燥的。每次使用完暗房，他们还一定要留出 10 分钟的时间清洗设备。没有得到老师允许，非修课学生不可以随意进入工作间。这些要求都被严格执行，一旦有违章行为，就会受到学校的严肃处理。

随着电子技术的发展，摄影课的作品越来越多地变成数码电子的形式了。这样，学生们的作业都储存在学校的一个专门的网页空间，由学生自己监管，而老师可以进入每位学生的空间检查作业。但无论是使用学校网络空间，还是学校的电脑设备，学校对摄影课的学生都制定了明确的使用规则：

· 用你自己使用的电脑进入你自己的账户；

· 结束后退出自己的账户；

· 因特网的使用只能用于课堂教学为目的的内容，不可以玩游戏或看录像；

· 使用邮箱只可以是为了传递信息和图片；

· 不可随意下载；

· 保持机内空间，清除无用信息；

· 不可随意改换机器内的设置；

· 不要触摸屏幕；

· 绝对禁止在使用电脑和键盘的地方进食和喝饮料。

学校不愿意把任何一位爱好摄影的学生排除在外，如果他们没时间选修摄影课程，他们也会有其他机会练习摄影。在 MD 高中，哈特雷老师在授课之外还组织了摄影俱乐部，吸收全校各年级学生成为会员。俱乐部的活动有摄影知识、摄影历史讲座、摄影技巧实践、摄影艺术欣赏，活动中既有关于摄影作为科技发展的演讲，也有学生的作品创作展览，内容持续不断，花样翻新。

如今，摄影方式越来越电子化，也越来越普及，iPod、iPad、iPhone 都是摄影手段，一张照片随意可得，成为与日常生活不可分割的一部分。摄影课程因此也越发占有不可或缺的地位。

从动漫到视频——媒体艺术

每学年结束时，学生们都可以从学校买到一本印制精美的学校年鉴。打开大开本、近 200 页厚的年鉴，里面有大大小小上千张图片，按照主题分类，记载学校节庆的欢乐场面、不同课堂的丰富活动、体育比赛的精彩镜头、文艺演出的歌舞盛况、团队旅行的快乐瞬间，还有所有授课老师和每位毕业生的照片和姓名。内容可谓洋洋大观，缤纷多彩。栓柱和非非在高中时代每人都存下了 4 本这样的本校年鉴，足为可以终生珍藏的纪念品。

那么是谁制作了这些年鉴呢？这是学生们通过一门媒介课程完成的。这门课程，就叫作"年鉴制作"。

LP 高中和 MD 高中某个学年的年鉴

LP 高中这门课程的广告是这样来吸引学生的："如果你对新闻、数码摄影、排版、文字、图形艺术和设计方面感兴趣，那么这个课程的学分就是给你的。"课堂上，学生们边学习边动手，切切实实地运用广告里提到的那些技能，完成一本色彩缤纷、记事生动、画面精彩的年鉴。

类似这样的媒体艺术课程还有其他一些。按照 BC 省教学大纲的要求，媒体艺术课程的目的是：练习使用各种媒体技术和工具进行视觉表达；了解过去和现在媒体技术对于艺术和社会的影响；通过媒体艺术工作提高视觉素养，帮助在知情的情况下做出重要决定；探索选择与媒体艺术有关的职业，并提高技能加以实现。

这个课程的学习方法也是以做项目为主，一般以小组为单位集体合作，并由学生自我指引，自觉地进行。由于项目的工作量很大，课堂时间远远不足以完成制作工作，所以还需要占用大量的课余时间。

与此相关的另一课程是数码媒体的动漫课程，以培养学生从事动漫影视和电子游戏相关行业的技能。学生们不仅学画立体画，制作卡通电影人物，还要学习动画片制作的基本原则及如何把图画制作出动画效果。在课堂上学生们尝试制作 3D 图形，并使用标准平台 Macintosh 和有关软件来制作人体图形。

MD 高中在十一和十二年级都开设了媒体艺术课程。麦肯老师的教学大纲里对教学内容有详细的表述：

教学目的：
·提高分析和思考的能力及对媒介来源的批判性思考；
·探索和获得制作高质量视频和动画的技术；
·发展和创作有意义的媒介项目，或以小组的形式，或全班一起动手；
·探索用媒介表达思想的形式与方法。

对学生的具体要求：
·有能力通过小组合作完成项目，比如，可靠、准时、灵活机动；
·能够自我指导，有主动精神；
·愿意在课堂之外花时间探索、制作和编辑；
·对设备和工作场地采取负责任的态度；

·利用网络空间完成和展示成果。

课程内容分为四个部分：

一、媒介理论和班级项目制作：电视、电影、广告、网络。

二、技术。包括：

·摄影机：保护、技术、电池、三脚架的使用、运动、镜头类型、取景、效果、摄像编辑；

·制作前的准备：概念、处理、主场景脚本、分镜头脚本、故事；

·编辑：非线性编辑、线性编辑、电脑制图、电脑动画、停格动画、特殊效果、字幕、多层次的音频、测序、时间的连续性、动作的连续性、为缩短片长的编辑；

·灯光和音响：灯光的基本原则和用语、灯光种类、三点照明系统，使用反光板和凝胶，使用柔光箱；使用户外光线，光的效果因心情和气氛调适，色彩平衡；音频的位置，麦克风类型（大麦克风与领夹式麦克风）。

三、电影分析/编剧：观看视频，学习和分析三幕剧结构，电影的风格，电影怎样叙述故事，怎样塑造主角，怎样表达电影的目的，怎样表现主题、人物、争端、障碍和结果，以及怎样展开情节、对话，序幕和开场如何进行，如何做背景说明，如何嵌入潜台词，等等。

四、个人和小组制作项目。

教学过程主要通过运用数码技术在电子设备上操作，因此每个学生必须为课程而开设三个网上账户：一个谷歌账户，一个 YouTube 账户，一个 Vimeo 账户。同时，每个学生还要建立一个自己的"维基空间"，用于记笔记，储存作品，计划项目，完成作业，进行问答讨论。教师可以进入每一位学生的空间查阅和评估功课。与摄影课的情况一样，网页的所属权归于学校，学生必须遵守学校对网络使用的规定和要求。

对于怎样使用学校的设备，学生与学校之间要事先签署合同来保障校规的严格执行。合同中特别强调学生要爱护设备，如果把设备拿到校外使用，不可以转给他人，且须按时交还，以便让轮候的同学使用。如果学生需要在课外时间进入实验室做摄影编辑工作，必须获得批准。

一个学期下来，学生们制作的节目可以拉出一个长长的单子：人物视频、广告片、音乐视频、戏剧录影、叙事片、纪录片、动画片等等。

他们制作的第一个项目，围绕"我"这个中小学阶段已经多次出现的主题进一步展开。老师给这个作业拟了个标题叫作"世界你好"。每位学生都要录制20秒到1分钟的视频向大家介绍自己：我是谁，我的兴趣，我的目标，我喜欢的电影，我生活的主要内容和对我最重要的东西。为了加强学生的网络安全意识，老师叮嘱学生在视频中注意不要泄露隐私，只需用自己的名字而不必加上姓氏。视频可以用数码相机或摄像机自演自拍，也可以让他人表演而非自己出镜。讲解介绍时可以用第三人称叙述，也可以通过访问朋友或家人进行间接叙述。对于作品的评价，则要既诚实可信又具有创意。

接下来的项目是制作一个30秒长的广告。老师指引学生们这样来做：首先，研究一下"广告技术"，挑选一个打造品牌的广告，找到其中至少5项值得学习的技术方法，看看这个广告是怎样触发观众情感的，又怎样做到让消费者采取了行动，或者是让想买的顾客在心中对其产生了信任。然后，应用其中一项技术方法，写出预制广告的过程。具体要求如下：

· 选出一个产品或主题，可以是真实的也可以是想象的，但要恰如其分；
· 讲述理念：包括针对的受众和市场策略，明确谁、什么、何时、何地；
· 怎样处理：场景镜头的顺序大纲，因为只有30秒，所以一定要简明扼要。

另一个项目是制作一个动画片。老师先讲解制片原则，教学生使用制作软件。然后学生自己动手，制作一个1分钟长的带配音的动画片。按照老师交代的步骤，他们先选择一个故事主题，写出大纲交给老师过目、批准；然后进行人物创作，用 Toon Boom 制作动画，配加声音效果；完成这些步骤后，再加上标题、字幕，做剪辑。制作完毕后，网上通过 QuickTime 提交作业。

制作纪录片是更为复杂一些的项目。老师会发给学生一个表格，让他们通过填写表格来明确如何确立一个好的主题和目标，然后按照制作动画片的类似步骤进行制作。这份表格是这样的：

```
纪录片制作：_____
姓名：_____
合作者：_____
纪录片的类型是什么？
你打算做什么尝试，讲些什么内容？
有哪些人参与（团队、采访对象、演员）？
地点：_____
故事情节：_____
全部拍摄计划：_____
```

学生们还做过一个名为"从戏剧到音乐"的项目，要用老师所指定的配乐来制作一个有简单故事情节的视频。老师提的要求包括：故事要有序幕来引出场景和人物；故事必须有冲突并有走向高潮的过程；最后要有高潮和结尾以讲出一个完整的故事。情节、人物和冲突要通过这个配乐来表达，整个故事的展开最多2到3分钟。讲述故事不得使用人物对话，只需要演员的身体语言或面目表情，或者是通过作者的编排设计来表现。

按照老师的要求，学生们自行组合，4人一组，以老师所指定的音乐为基础，写作故事，讨论画面，选择歌曲。然后再写出摄制大纲，包括出场顺序、序幕、故事发展、高潮和结尾的内容，其中重点是写出主要情节的拍摄计划，细致地写出具体情节和拍摄内容，以及与音乐相吻合的动作。老师让大家像专业摄制电影那样，写出分镜头剧本，用时间表的形式写出摄制内容和时间安排，排列出拍摄地点和顺序，编排好每个场景都有哪些镜头。

就这样，学生们按部就班地跟随程序体验整个制片过程。后来，他们又按照同样的程序，每人独自制作了一个3分钟的恐怖片。老师给出的指令是：不让别人看了感到恐惧誓不罢休！结果，这个片子的制作可谓八仙过海，各显神通，放映时还真把一些同伴们吓得惊叫了起来。别人惊叫越响，创作者当然越是感到得意。

期末考试也是4人一组合作制作一个5至10分钟的较长视频。学生们可以在叙事片、音乐和戏剧、音乐视频、资料片、动画片等各种类型中任意自选创作形式。一个学期下来，学生们制作了许多高质量的影视节目。制作工作不仅依赖自主的动力，也需具备随机应变的能力和与他人合作的本领。每个学生都从这门课中感到了在技术、技能和人际能力上的大丰收。

12. 体育：健身强体与职业训练

教育家们一致认为，运动和玩耍应当是青少年生活的主要内容，这对他们的成长发育至关重要。教育是内容丰富的载体，学习文化知识只是其中的一部分。要让孩子获得知识、技能和身心的全面、健康发展，体育是必不可少的教育科目。

体育教育的益处很多。除了适应孩子们身体成长的需要、满足他们的兴趣和特性并提高体育技能之外，教育专家们还指出，体育锻炼可以增强学生的记忆能力、学习能力、学习的专注力和解决问题的能力。青少年愿意为受到赞赏而冒险，体育成就也能为对待自己和面向他人产生积极效应。体育中的游戏规则还能够训练人们的团队合作精神，有助于培养良好的个人和社会行为，对树立学校的优良校风和提高学习成绩也都大有裨益。

高中阶段，体育训练和体育比赛是学生在校日常生活的一部分。高中的体育项目分为多个层次，有面向所有学生的体育课，也有为体育爱好者所组织与举办的各类体育运动会和体育比赛，还有针对那些有心走上运动员道路的学生所开设的专业体育课程。因此，体育教学的目的是多样的，既为健身强体，又有综合培养，还为专业铺路。

培养运动习惯和兴趣

栓柱十二年级时选修体育课，开始我担心他的体育技能较差会影响成绩。看了老师的教学要求之后，我消除了顾虑。这位老师衡量学生成绩的主要尺度就是"出席"。他在教学大纲里列出的理由简单而有说服力：

"这门十一和十二年级的体育课是选修课，是你们自己选择此课的，所以你们必须出席；如果不出席，你们没必要选这门课，因为有很多其他课可以选择。

你对这门课的态度和你对同伴们的态度，将对你这门课的成绩起决定性作用，这要用打分来衡量。而从你的态度中也可以看出你在多大程度上喜欢这门课程所带来的快乐。"

他强调，所有选择此课的学生都要按时到课，不可无故缺席，并要在课上积极参与活动。老师让学生每人自己打分，标准就是看来上课时是否做好了着装准备，是否参加了课上的所有体育活动。他想让学生们感到：上体育课既是锻炼身体，又是休闲娱乐。他告诉大家，这门课拿到 A（86 分以上）是易如反掌的，那就是满足上述要求。课程一开始，老师先教大家如何计算自己的分数：

以最高分 100 分为起点：

1. 缺席一次，减 2 分，有家长签字的请假条可免除扣分；

2. 迟到一次，减 1 分，有家长或老师签字的请假条可免除扣分；

3. 未穿运动服一次，减 1 分；

4. 出现不尊重他人的情况一次，减 2 分；

5. 打闹一次，减 2 分；

6. 上课态度不好一次，减 1 分；

7. 不参加活动一次，减 1 分。

每堂课计一次分。没有发生上述任何问题，当然就不会被扣分。换句话说，只要学生认真上课了，就可以拿到满分。

老师还让学生来决定每堂课的内容，方法是由他们轮流选择一项自己喜欢的运动项目，然后全班一起进行。每个学生都有自己的体育强项或兴趣，这样每个人都可以满足一下自己的喜好。一个学期下来，篮球、羽毛球、垒球、排球、网球、长曲棍球、地板曲棍球、足球，以及小游戏和重量训练等，他们玩儿了个遍。体育课没有强人所难一定要达到某种技术指标的情况，而是让学生轻松愉快地参加锻炼。即使像栓柱这样体育技能不怎么好的孩子，也觉得这课十分有趣；再加上栓柱对上课一贯态度认真，最后他这门课的成绩很好。

体育课作为选修课，是高中后期那两年的事。这时的课程内容，如上所述，更有娱乐、休闲的味道，目的在于培养学生形成体育锻炼的习惯，能感受到锻炼是生活的一种乐趣，习惯于持之以恒的健身，从而终身受益。体育技巧则只是达到这些目的的手段，而人的体能特点和兴趣爱好各有不同，所以课程成绩并不以达到某种设定的技能标准来衡量。只着眼于技能，也是违背加拿大社会所一贯提倡的体育精神的。

当然，许多体育活动是需要一些基本技能和基本知识的。所以高中的最初两年，体育课还是学生的必修课。与初中阶段类似，老师每学期依次安排各种球类和田径项目。不同的是，现在老师更注意让学生们学习体育游戏规则。比如，上排球课时，就不仅仅是打排球，还添加了更多的理论知识。学生们需要了解排球是什么样的运动、排球场的大小与布局、球队的成员组成、打排球的基本规则、什么是犯规、怎样计分等。他们还要熟悉排球术语，诸如发球、传球、垫球、扣球、凌空传球、副攻、接应等等。学生要做作业巩固记忆，还有笔头测验以考查对这些知识的掌握程度。

体育活动包括了竞赛。竞赛不仅发生在操场上，也可以由其他方式体现。电子时代，通过电子游戏体验竞争也不失为一项体育活动。栓柱的体育老师年年都把学生从校园带到城里的电子游戏场，率领大家参加竞赛活动。本市有个叫 Laser Tag 的游戏室，那里的激光游艺台可容纳两支 8 名队员的队伍，即 16 个人可以一同上阵对决。仪器自动计分评出两队胜负，并对个人成绩进行排名。十几人一起开战，竞争十分激烈。大屏幕前学生们争先恐后，你追我赶，如入忘我之境。比赛必有胜败，胜者虽然一时得意，但也不敢放松，还要再接再厉。败者也并不放弃，而是勇往直前，争取下一局获胜，每每反败为胜，则更显顽强，展现了真正的体育精神。

在体育必修课上，老师也同样重视学生对待锻炼身体的态度。非非的体育老师一开学就发给他们考核标准，其中态度与努力程度一项，老师告诉大家，每次课后他都会立即按照下面这样一些标准给每个学生打分：

5分（表现出色）：
·总是准时到课，参与课堂的每项活动，合适的运动着装，完成所有的训练任务，鼓励和支持别人，尊敬同伴和老师，与同学和老师配合；
·表现出正面的领导技能（如：准备和安放设施，帮助组织班级活动，在小组活动中起主导作用）及运动员风范。

4分（表现良好）
·积极参加课堂上的大部分活动，基本上完成了训练任务，一般能和老师与同学配合，表现出一些领导技能，尊重同伴和老师，总体表现出了好的运动员风范。

3分（表现普通）
·没有穿适当的运动服装，只参加了一部分课堂活动，勉强完成要做的任务，尊重同伴与老师。

2分（表现不太好）

·没有穿适当的运动服装，不太情愿参加课堂活动，不专心训练，没有表现出运动员风范。

1分（表现非常不好）

·非常不愿意参加活动，很难专心训练，不专注，扰乱课堂，毫无运动员风范。

0分

·无故缺席，不参与，或离开课堂。

体育训练之余，体育教学还包括许多其他教育内容，比如：帮助学生认识到体育锻炼的意义和好处；懂得运动与健康的关系；建立运动的概念；检测自己的劳累程度；建立个人锻炼计划；了解运动时的安全规则；运用适当的运动器械；学习运动前预热和运动后冷却；明晰体育规则；尊重运动队成员；在胜利和失败时都能控制自己的情绪；懂得运动中的礼仪；起到运动领袖的作用；等等。因此，体育教育是从身体到心灵都给予培育的全面教育。

不过，像栓柱和非非他们上的那种普通的体育课，对那些体能极强的运动健将来说，程度确实过于肤浅。学校当然不会忽略这群学生，为他们另开了专门的训练课程。比如，MD高中有强度训练体育课程[Strength Training & Conditioning 11-12（Coed）]，十年级以上的学生，无论男生女生都可以参加，但必须有体育老师的推荐，因为这一课程具有相当的体育专业性质，学生们要接受高强度的训练。他们会得到专业人士的技能指导，使用科学仪器进行训练，教学中还有营养学、运动学等内容。特别是，课程量体裁衣地为每个参加者建立个性化的运动计划，采用因人而异的个性化培训方法。这一专业运动课程吸引了学校里那些最优秀的体育能手。

校园里的体育健将

在这里的每所高中校园里，都活跃着各种各样的体育运动队，为那些热爱体育运动的学生提供训练技能和发挥特长的更多机会。参加运动队并不需要经过选拔，运动队的大门为每一个学生敞开，凡是喜欢某项运动的学生都可以报名参加相关的运动队。据统计，每所学校都有将近半数学生参加校体育运动队的活动。教练由老师或家长志愿者担任。做志愿者为社区服务，回馈社会，在加拿大是一种非常重要的社会文化。

这里的每所学校，都有自己的动物标识，运动队因此也以相应的动物冠名。比如，MD 高中的体育队叫"山羊队"，LP 高中的叫"狮子队"。每个运动队在自己的学校都有着令人骄傲的历史。走进体育教学室，满墙的体育比赛奖状展示着这所学校辉煌的体育历程。得奖最多的运动项目，自然也是这个学校的体育强项。

看一下 MD 高中某一年的运动队活动日程安排，就能看到体育运动的活跃程度：

- 羽毛球（低年级队和高年级队）2 至 5 月；
- 男子篮球（低年级队和高年级队）11 月至次年 3 月；
- 女子篮球（低年级队和高年级队）11 月至次年 3 月；
- 啦啦队（低年级队和高年级队）9 月至次年 6 月；
- 越野长跑（低年级队和高年级队）9 至 11 月；
- 冰壶运动（低年级队和高年级队）11 月至次年 2 月；
- 女子冰球（低年级队和高年级队）9 至 11 月；
- 男子足球（低年级队和高年级队）8 至 12 月；
- 高尔夫球（低年级队和高年级队）3 至 5 月；
- 划船（低年级队和高年级队）9 至 11 月；
- 橄榄球（低年级队和高年级队）1 至 5 月；
- 男子足球（低年级队和高年级队）1 至 5 月；
- 女子足球（低年级队和高年级队）2 至 5 月；
- 游泳（低年级队和高年级队）9 至 11 月；
- 网球（低年级队和高年级队）3 至 6 月；
- 田径（低年级队和高年级队）2 至 6 月；
- 男子排球（低年级队和高年级队）9 至 11 月；
- 女子排球（低年级队和高年级队）9 至 11 月；

·水球（低年级队和高年级队）2至5月。

各个运动队的人数有多有少。像游泳队，少的时候，队员只有10多人，多的时候能达到30人。只要有学生报名，队伍总能组建起来。如果人数太少，还可以和其他学校合作。一年里，花样繁多的体育训练和比赛项目填满了课外的时间，学生们交替参加不同季节的各项赛事。一下课他们就进入训练，到了赛事开始前的最后阶段，周末时间还要加班加点。

LP高中亦是如此。学校在午休时开办了篮球、羽毛球、曲棍球、室内足球、篮球训练，目的是吸引学生在校内多多运动。学校的各个运动队，也都是在课前或课后训练。LP高中学生数量不多，但运动队也不少，每年大约也会组成20个。

比赛是体育训练成果的直接体现，而取得好的比赛成绩是每个学校的荣耀。每项比赛的奖状、奖杯，都是最抢眼的展品和饰物，奖状总是放在精美的相框中挂在学校走廊两边或体育室的墙上，奖杯则精心地放在特制的玻璃柜中摆在学校楼门入口处。它们记载了一年又一年的优秀学生运动员的成绩，也成就了每个学校光荣的今昔。学校的每封新闻信中，体育赛事和成就都是必谈的话题，得奖的学生和团队总会得到校长的亲自祝贺。

高中体育比赛也是本地重要的体育新闻，每有比赛，媒体必会报道。比赛既有地区赛、全岛赛，也有全省赛，乃至全国大赛。球类比赛影响最大的莫过于最为普及的篮球和足球，全省每年都会举办省级范围内的高中比赛。从赛事开始前的准备到比赛的整个过程，本地媒体都会追踪报道。

篮球赛每年从高中篮球冠军赛开始，二三月份先在本地各学校之间进行，选拔出前两名胜出的球队，四五月份参加省级比赛。这是LP高中的强项，与本地私立名校圣马克学校（SMUS）难分胜负，常在省级比赛中名列前茅。MD高中的女子篮球更是常胜将军，素以不败之队享誉本市。

近几年，排球在本岛的各高中也发展了起来。MD高中的排球队，每年光是低年级组就有两个女生球队：A队是十年级以上的学生，已经开始参加全岛的冠军赛了；B队作为新生后备军，由九年级学生组成，在维多利亚市参加地区比赛。

越野冠军赛是一个长跑项目，高中女子赛的长度为4.3公里，男子为6.4公里。每年高中的越野冠军赛经过层层选拔赛，到金秋十月进入高潮。10月中，先是温哥华本岛的冠军赛，参赛者往往多达300人。本学区的R高中曾经有两年连续夺得男子冠军，整个学区为之欢欣鼓舞。特别是第二年夺冠的那位学生，是本岛的一颗长跑新星，许多媒体都竞相报道，成了名噪一时的新闻人物。之前的几年，本地最有实力的两个队是 OB 高中和 R 高中，而后 MD 高中的女子团队成绩也追了上来，总成绩仅次于 OB 高中。当全省决赛轮到在维多利亚地区举办时，这又是本地的一大比赛盛事。上次在这里举办时，全省有 900 名高中生运动员前来参加，规模相当庞大，光是组织赛事的义工就多达 100 人。

田径比赛的季节总在春季，全省的高中决赛一般在 6 月。这时已经到了学年末尾，但运动员们的情绪却随着比赛的到来而高涨。维多利亚的各个高中都有运动员参加省决赛。MD 高中的田径项目一贯很强，链球、铁饼、标枪、撑竿跳，都获得过好名次。LP 高中学生虽少，也不落后，铅球、100 米跨栏也都取得过好成绩。

本地还有一些高中设有不同于其他高中的运动项目。比如 R 高中有滑雪队。每年的滑雪季节，队员们来到温哥华岛中部的华盛顿山滑雪基地训练和比赛。一般都是在 1 月份到 3 月份，有 6 期训练和 4 次比赛。他们的成绩相当不错，常有队员被选拔入省级赛队。对队员们来说，运动的同时还能接触大自然，见识美景，还能与来自各地的运动员相识、交往，这就更加提高了他们对这项终生可以从事的运动的热情。

在运动比赛队伍之外，还存在着另一支特殊的重要队伍——啦啦队。这是一支场场比赛都不可或缺的队伍，他们喊口号、唱歌谣、拉海报、举小旗，为参赛者加油、喝彩、鼓舞士气。各个学校都有一支这样的专业队伍，而他们也是要接受训练的。而且各校啦啦队之间也有竞赛，他们的比赛可不是比嗓门，而是把体操、跳跃、竞技和舞蹈等各种肢体动作结合起来，集体展示高强技能。别看他们表面上蹦蹦跳跳，不过是摇旗呐喊，其实啦啦队在赛场上体现的是一种集体的和领导的力量：他们给学校带来活力，提高了校园里的群体凝聚力，更为赛事增添了欢乐、热闹的气氛。每年，无论是在类似为癌症基金举办的筹款大会上，还是各种重大体育赛事上，啦啦队必定上场，载歌载舞，口号喧天，为活动造势，为运动员鼓劲儿，为赛场输入了满满的正能量。

同乐队演出一样，体育比赛不仅是学校的重要活动，也是家长们的盛大节日。每场比赛前，学校都通知全校学生和家长，欢迎大家前来观看、助战。家长们是运动队员的后勤服务队，也是情绪激昂的啦啦队。无论晴天还是雨天，盛夏还是寒冬，家长是赛场周边最忠实的观众，最热烈的啦啦队员，也是最为细致周到的后勤人员。

运动员们都是中小学就在一起上学的同窗，是共同长大的邻居，高中又在同一个校队训练，更容易成为要好的朋友。和朋友在一起打球，有家人在一旁喝彩，这加深了他们的幸福感和深厚情谊，由此建立起来的团队精神更是坚不可摧。

比赛是交流，而比赛之外也常有常规意义上的交流，有时是在省内，有时是跨省甚至跨国。有一年，LP 高中迎来了加拿大东部新不伦瑞克省一个高中田径队 30 位学生的来访。竞赛之余，客人们在维多利亚参观了博物馆、省议会、水族馆和花园等，并与 LP 高中的学生一起进行室内攀岩，在海湾划龙舟。后来，LP 高中田径队的 30 位学生又到他们那边回访，参观当地的历史遗迹，还进行了室内跑道比赛。交流所需的资金并非来自学生自己或学校，而是由联邦政府的加拿大遗产部出资，是专门用来赞助这种高中体育队之间的文化交流活动的。

体育运动队也去国外旅行和比赛。如果这是学校自己组织的活动，那就需要学生自掏腰包了。MD 高中女子篮球队的海外旅行早已成为传统，她们每年必去一个国家或地区进行比赛交流，外加参观游览。旅行也成了参加这支队伍的诱人之处。有的孩子既参加球队，又参加乐队，一年可能会赶上好几个大的旅行。这时他们就有可能不得不舍弃其一，以免给父母带来过重的经济负担。

运动队也是各种公益活动的积极参加者。比如，维多利亚每年都会举办"骑自行车上班周"，目的是推广健康生活方式，促进环境保护，而各所高中学生中的骑车爱好者总是充当先锋队。骑车活动还可以是文化交流的媒介。有一年，本地公立法语学校的一对高中孪生姐妹参加了一项横跨加拿大自行车接力活动，一时成为新闻人物。她们从本省的克罗纳骑自行车出发，先是跨越落基山脉来到邻省的卡尔加里，从那里乘飞机到魁北克，然后骑车到蒙特利尔，历时半个多月，自行车全部行程约 1000 公里。之前，她们还进行了长达 7 周的密集技术训练。这项活动是专门为学习法语的学生举办的，目的不仅是宣传环保理念和健身，还带有文化意味。两姐妹和许多高中生、大学生一同兵分几路，同时进发，途中肩负的使命是传达多元文化的信息，欣赏多元文化的发展，为各种文化建立对话桥梁。这不是靠宣传和口号来实现，而是通过这样的运动和旅行让具有不同文化背景的队员进行交流，促进相互了解和彼此信任。

优秀的人才往往是全方位的优秀，他们不仅体育运动出色，学业也出类拔萃。LP 高中一位叫阿达姆的学生，毕业那年他荣获了全省高中年度最佳运动员奖——这是本省对高中生体育运动成绩的最高奖励。那年，在全省高中田径赛中，他在参加学校 4×100 米接力的同时，还获得了链球冠军、铁饼冠军、铅球亚军，而在全加少年赛中，也是链球金牌和铁饼铜牌得主。他还代表加拿大参加了北美少年夏季运动会并获得链球铜牌。他课余志愿教授社区小学运动员田径技巧，在学校和社区里都是出色的教练。毕业时，他以各科全优的成绩获得表彰，并获得学区卓越毕业生奖学金。高中毕业后，他进入高校继续接受专业的体育训练，并同时修读大学文科学位。

每年都有一批这样的高中运动健将毕业后走向体育专业道路。而每位知名健将的毕业去向，也是当地媒体的报道内容。本地高中的运动健将到哪个学校继续深造，怎样选择学校，这是本地人乐读的消息。

有一位叫马修的学生，也是 LP 高中的，他身高 1.86 米，体重 102 公斤，是标准的运动员体型，人也长得英俊威武。他在篮球场上身经百战，是学校篮球队的支柱，也是本地的高中篮球明星。十二年级时，他决定拿着他的篮球向南方进发，打算先去美国堪萨斯州的一所体育学校完成大学体育专科预备课程，然后转入圣路易斯大学，因为那里有全美大学体育协会（NCAA）的初级课程，而最终进军目标是进入美国职业篮球队，实现他的篮球事业梦想。他的未来计划成为一大新闻，刊载于本地的大小报纸。

自行车运动爱好者约翰是 R 高中的一位学生。教练称赞他是有天分的孩子，学习技巧的速度极快。他在多项自行车赛中获得过好名次。他的兴趣受到家庭的影响，父母和姐姐曾经用了五个半月的时间骑自行车周游欧洲，穿行英国、荷兰、法国、捷克、瑞士和意大利。这为他从小喜欢骑车运动奠定了基础。他的目标是做个专业自行车运动员。高中期间，他上午在加拿大体育学校受训，下午到 R 高中学习文化课。高中一毕业，他的职业生涯就已经开始了。

这些优秀的孩子们目标明确，主动精神强，到大学后仍然发挥了体育明星的作用。据 MD 高中统计，2010 到 2015 年，此校有 30 多位体育健将在进入大学后继续活跃在大学运动场，成为校园里的重量级运动员。和非非同年毕业的同学中，就有 3 位体育明星一同升入温哥华的西蒙菲莎大学，在体育方面继续接受高等教育。

为专业体育运动员铺路

一个春日的早上，LP 高中体育室里传出节奏铿锵有力的音乐声，棒球学院的学生运动员伴随音乐跳起了尊巴舞。这很快吸引了全校许多老师和学生加入跳舞的行列。原来，这是棒球队的晨练活动。

LP 高中的垒球棒球学院，是维多利亚 61 学区的一个高中专业体育项目，又叫作"钻石卓越计划"，是专门培养棒球和垒球运动员的专业项目。这个项目在 LP 高中建立 10 多年来，成绩斐然。2004 年 9 月开始时，参加项目者仅有 30 名男生和 30 名女生。10 年之后，人数增加到了 95 名男生和 45 名女生。很多从这个项目毕业的学生在大学里仍然继续垒球和棒球运动，不少学生还进入了具有北美专业体育资格的全国校际体育协会和全国大学体育协会。

在普通高中建立体育学院是加拿大的创举。为了培养人才，体育学院与加拿大各地高中建立伙伴关系，把培养运动员的专业学校分插在普通公立高中里。每所高中根据自己的能力、体育传统等承担不同的运动员培养项目。在维多利亚，类似的情况，还有 R 高中的足球学院，C 高中的冰球曲棍球学院，E 高中的冰壶学院。这些未来的运动员既可以在体育技能上接受专业训练，又可以与普通高中生一样修读文化课程，达到与高中毕业生同样的文化知识水准。

体育生通常要花下午、晚上和周末的时间进行大量的训练和比赛，在时间上会与一般课程有所冲突。因此，这个项目在这方面做了特殊的安排。从十年级开始，运动员学生半天学习文化课程，半天进行训练。在完成课业上，他们有很大的自由度，许多课程可以通过网上学习来完成。此外，在学校学习时，他们每天还有一个小时独立学习的课程，由专业教师陪同完成功课。

除了一般高中生所修读的知识课程，这些学生每天还有一个小时的体育专业知识学习，内容包括生物力学、生理学、体育营养学、预防受伤、身体恢复、心理表现、比赛策略、领导能力等等，这都是作为一名运动员所必须懂得的基本知识。可以看出，在专业知识方面，体育学院重视开发体育学生成长的各个关键领域，包括身体、精神和个人的成长，也包括相关运动的各方面知识。

说回 LP 高中的垒球棒球学院。在垒球和棒球训练方面，场上训练是学生技能培养的最重要的方式，就在他们自己专门的室内训练基地进行。训练过程中，有统一训练，也有个别训练，即教练针对学生特点进行的单独训练。他们的技术训练专业、细致且讲求科学，比如在讲解攻球技巧时，学生们不仅仅要学习动作技巧，还要学习力学原理，理论与实际操作相互贯穿。他们还利用各种仪器设备，如用屏幕和训练机模拟训练投球技巧，模仿投球风格，用阻力训练机增强肌肉的力量。

在球场上，每一个技术细节都会训练。比如，怎样处理障碍球，怎样打砍击球、怎样合法触球和合法接球、怎样接平飞球，每一个动作都是一节专门的课程。球场上的不同位置，也都要分析和练习到，这样他们才可能在实际比赛中成为灵活又稳健的运动员。教练特别注重纠正运动员在打球时的坏习惯，这其实就是在作风和行为上培育良好的体育精神。

学院还投资了大批的电子设备作为垒球和棒球队的教学工具，通过视频进行技术分析。每一个运动员的运动过程都要通过录影记录在"专业视图"电脑程序里，再用专业软件分解运动过程，观察运动员挥杆、接球的慢动作，从而让他们清楚地看到自己，并与他人对比动作和技巧，帮助了解可能的漏洞。

垒球和棒球比赛不仅依赖运动员的个人技巧，还要懂得在场上怎样发挥策略。场上策略的运用是教学的另一项重要任务。学生们在课堂上讨论针对不同情况采取何种不同策略，研究如何防守和进攻。跑垒是一个重要步骤，所有的球员都会跑垒，但如何把握机会，怎样最为稳妥，还有在防守一端怎样抓住对手的机会帮助自己获胜，他们都一一探索。

这些讨论又都需要在球场上付诸实践。他们开展了一种叫作"混战游戏"的活动，把各种可能发生的情况囊括其中，让学生把课堂上学到的策略在球场上进行尝试，训练应对和解决难题的实际能力。

要做一个合格的垒球和棒球运动员，最好对垒球和棒球的历史也有较多的了解。通过这方面的教学，学生们从了解这一运动最原始的形式到熟知其整个的演变过程，理解了为什么这一游戏是现在这样的方式，从知其然到知其所以然，大大增加了他们对于现今这一运动形态的欣赏和理解。学院每年还办一次历史博览会，开放给社区居民参观。学生们为此制作各种展品，用多样的方式展示这项运动在不同时代的风貌。他们有的讲述棒球垒球本身的发展历史，有的讲述其不同发展阶段的状况，也有的讲述球队的历史，或介绍自己学校的垒球棒球发展史。每年展览的主题花样翻新，不断改变看待历史的角度，并挖掘其深度。这都帮助学生们提高了理解力，明白了为什么教练运用这些方法和基本原理来训练他们，从而也促使训练更加富有成效。当然，历史知识也为他们打下了坚实的人文基础，从特定角度开拓了他们的文明视野。

体育教育归根到底还是对人的教育。LP 高中的棒球和垒球项目非常注重学生个人的成长。学校力图将教室和校园建成家庭一般的安全环境。为了教学，学生分为垒球和棒球班，初级和高级班，但学校同时也致力于帮助学生之间建立紧密的群体关系，特别是通过日常生活把学生们紧密地团结起来，让他们既在冒险中有舒适感，又能勇敢地走出自己的舒适环境，成为敢于承担风险的人。一个人越是从年轻时能够承受一定的风险，成年后的舒适感就越能大于同龄人。

这样的精神教育，有助于打造运动员精诚团结的团队精神。LP 高中垒球队曾经有一位 6 号运动员患了癌症，队员们发动全校师生和家长捐款救助。这位同学最终不幸去世，失去队友如同失去家人，全体队员都穿上写有 6 号的运动装为他送行。

坚强的心理素质也是运动员所需要的。在球场上怎样面对成功与失败，怎样在失败时不丧失信心，在成功时再接再厉，对每一个运动员来说，都是要过的关卡。学院也开设了专门的心理训练和辅导课程，帮助他们在关键时刻渡过心理难关。

营养直接关系到运动成绩，这个问题也不容忽略。摄入富有营养的食品和提高运动成绩是两个相关联的课题。具备健康的体魄是保障成为优秀运动员的前提条件。身体保健与健康食品也是他们必修的专业课程。在老师为学生提供健身计划和健康饮食建议的同时，学校还请来训练师为每个人制订营养和锻炼计划，力求最大限度地提高他们的精神和身体状况。

每年开学时，运动员还参加新兵训练营，目的是要用安全、有效的方法来挖掘身体的最大潜能。他们训练耐力和强度，登山、远足，利用陡峭的山丘短跑，使用沙子阻力在沙山上攀爬。开发运动潜力，可以使他们在球场上更好地发挥体力。

13. 家政：家务、家庭与从业

孩子们一旦成年而独立生活，首先遇到的问题是衣食住行。高中教育难道也涵盖这样的内容吗？是的，这正是高中家政课的任务之一。

当然，家政课还有更为广泛的目的，即帮助学生正确理解和面对日常现实生活，懂得怎样既能自立，又能与他人和谐相处，认清个人与他人、社会、自然界之间的相互依赖关系，并充分认识生态的可持续性的重要性。从人文伦理到柴米油盐，家政课既有理论探讨，也教给学生生存技能，并为学生将来从事有关职业铺设连接轨道。具体说来，家政课程分为饮食与营养、纺织品与缝纫、家庭与社会等几个部分，本章将逐次介绍。

饮食与健康

饮食与营养都是有关吃的课程。"吃"是件让人享受的事情，各个学校也都很容易地就为这门课程起出了一些美好的名称。MD 高中九年级和十年级的相关课程，叫作"青少年美食课"。这个课程的每堂课都像是一场派对，学生每次都在课堂上尝试做各类美味食品。他们要测量食物的分量，依照食谱和安全操作规程一板一眼地烹饪。积极的态度，良好的个人卫生习惯，落实和表现在每一份菜肴的制作过程中。他们分成小组，相互配合，大家在合作中从不熟悉到打得火热，合作也越来越默契，团队精神就这样铸建起来。烹饪的成果大家共享，那是一道道芳香四溢的菜肴：肉桂面包、烤饼干、烤腌肉串、牛肉串串烧、意大利面、炒鸡肉、素食卷饼、水果馅饼。同学们交换和品尝彼此的厨艺，相互称赞食物的独到之处。技艺在不知不觉中长进，增添了兴趣和自信的学生回到家也跃跃欲试，愿向家人亮亮手艺。

十一年级的烹饪课名为"食物精神"。比之前两年的烹饪课，这门课在技艺方面的要求又提高一步。以前制作意大利面只是搭配西红柿牛肉酱，现在则要尝试调制意大利面的各种酱料；学习制作墨西哥饭，从沙沙辣酱到馅饼和玉米饼，品类花样都多了很多。像苹果馅饼和芝士蛋糕这类糕点，就不仅仅是制作出来了，还要进行艺术加工，让糕点的卖相更有审美艺术感。他们还要学习调配健康饮食，包括探索素食烹饪。

他们不仅自己学习，还要为弟弟妹妹们树立榜样。每年，MD 高中十一年级的学生都和临近的校景小学学前班儿童举办一次共同做饼干的活动。小朋友们来到高中教室，在大哥哥大姐姐们的指导下一起动手。大家知道，北美社会有个不良的饮食习惯，即许多人摄入糖分过量。哥哥姐姐们一边教弟弟妹妹做饼干，一边向他们讲解饼干的营养成分，告诫小朋友们不要在饼干中放入大量的糖，以免危害健康。在他们的记忆中，小时候自己也曾经这样受过指导，而现在则可以做童年时所崇拜的大哥哥大姐姐们做的事情了，不免感到很自豪。

十二年级时更是锦上添花，课程的名称叫作"全球美食课"，顾名思义就是要尝试制作世界各地的美食。正如课程广告所言："身在 MD 高中，不用周游列国，你就能品尝到全世界的美味佳肴，体验到各国奇妙的文化味觉。"而上过这个课的学生无不感到名字起得货真价实。他们在课上制作的食品有：希腊的木莎卡、烤肉、皮塔饼，中国的馄饨汤、扬州炒饭、炒面、炒菜，日本的寿司、天妇罗、铁板烧，泰国的辣椒酱、咖喱饭、春卷，印度的飞饼、咖喱鸡，不一而足，应有尽有。在自己的课堂里享受全球美食，哈，那是一番多么美妙的感觉！

当然，也不仅仅局限在课堂里。这个课上还有一项让学生们最开心的活动，就是大家一起去唐人街品尝一顿中国的"粤式点心"。饭店的小推车上摆放着小笼包、虾饺、叉烧包、烧卖、酥皮蛋挞、生煎包、粉果、肠粉、芋头糕、糯米鸡……五花八门，令人眼花缭乱，大家不仅很有兴致地品尝，也被激发出学习做其中一些食品的兴趣。

肠胃常被比作人的第二大脑，也可以说一个人肠胃的开放程度往往体现了其思想的开放程度。加拿大是一个多元文化社会，各色风味的美食代表着不同族裔的文化特色，开放的味觉体现着加拿大人对各类文明的欣赏与理解、对各种族裔的接纳与包容，而这也与加拿大人从中小学就接受的多元文化教育是分不开的。通过食品的制作和品尝，学生们走出狭隘观念，走向多元文化，走向整个世界。

相关课程也包括关于营养调配与饮食健康的内容，并从广泛的角度让学生了解社会、经济和文化对饮食的影响，从实际出发探寻从事这一职业的机会。

食品安全与卫生是准备和处理食物的第一要素，教学是从这里开始的。学生们先要了解经食物传播的疾病有哪些，食品的细菌感染是怎样产生的，怎样使用厨具才是安全的，在厨房里遇到各种紧急情况应该怎样处理。然后，则要学习如何保管厨具，在使用厨房设备时怎样保持安全和卫生，怎样处理食物，怎样储存和烹调食物，怎样安排烹饪顺序，怎样与他人配合完成任务。

动手烹饪前，学生们要学习做很多操作前的准备工作。他们要认识油盐酱醋和各种调料，要考虑菜肴是否具有较高营养价值，并要做出预算，计算成本。拿到菜谱后，要先看明白要求，搞清楚步骤，再按步骤去烹饪。制出的成品不仅要讲求营养和味道，还得伴有质感和风格。

在动手烹饪的过程中，他们还讨论各种与吃有关的大小话题。比如：什么是营养的基本原则；怎样在准备食品时节省经济成本和时间；怎样找到关于食品和营养的有用信息；什么是良好的生活方式和生活态度；有关食品消费的全球性问题有哪些；在食品制作时怎样提高团队合作精神；等等。不要以为这些话题大而无当，其实，在处理物质生活的区区小事中，储备充足的精神食粮也同等重要。

下面的表格是高中四年间学生们涉猎到的有关食品健康的教学内容：

九年级	十年级	十一年级	十二年级
·了解营养的作用； ·学习准备营养均衡的三餐； ·计划个人饮食与锻炼； ·学习关于商业食品中的配料和营养价值的知识。	·营养的基本分类； ·营养餐与所需预算； ·饮食与体育锻炼的关系； ·比较不同菜谱来看运动员菜谱的选择； ·评价商业食品。	·营养的重要性和缺乏营养及营养过剩的危害； ·制订营养饮食计划，计算饮食成本；对身体和大脑有益的个人饮食训练； ·饮食时尚和神话； ·在菜谱中提高营养价值； ·食物中的添加物或强化物。	·使用饮食指南，满足特殊饮食需要； ·能量均衡的重要性； ·健康饮食与不健康饮食对身体的影响； ·改变食品，加强营养价值； ·添加物和强化物，杀虫剂； ·营养和健康状况。

资料来源：BC 省教学大纲

今日社会不仅讲究吃得好，更讲究的是要吃得健康。在饮食教学中，学生们要学着像营养师一样，在选择和运用菜谱的同时，学习怎样科学、健康地配制食材。在课上，学生们先了解人体所需要的各种元素和营养及它们对人体的作用，懂得缺少营养或是营养过剩对人体的危害。教学通过给予具体的实例让学生们分析不健康食品对人体会造成怎样的危害，如何在饮食上改善和提高营养价值。他们从阅读食品标签学起，熟悉有关术语，了解食品品质，由基本概念到具体操作应用，层层深入。

LP 高中开设的营养与健康饮食课程叫作"食品研究"。和其他课程一样，教学并不是让学生枯燥地探究理论，而是从实例出发，通过做项目的方式掌握知识。比如，老师在课堂上出过这样一个题目：研究对比两种类似的食品，找出这两种食品在营养上的差别，并确定选择哪一种更为健康。学生们两三人组成一组，要在一个小时内制作出一个一分钟左右的视频，发布他们的研究结果。老师要求这个视频要针对青少年观众，要具有教育意义，还要能引人入胜。

学生们选择的食品都是平日他们常吃的、深受青少年欢迎的品牌，研究的结果让他们自己也感到十分有趣。有两个学生对两个品牌的同一种沙拉酱进行对比，一个牌子叫克拉夫，另一个牌子叫博尔豪斯。经过对两种产品里的营养成分进行比较后，他们发现，一份克拉夫沙拉酱的卡路里为148，而博尔豪斯沙拉酱则只有80；克拉夫沙拉酱的脂肪含量为24%，而博尔豪斯只有12%。由此，他们得出结论：博尔豪斯沙拉酱比克拉夫沙拉酱更利于健康。

另外两位同学比较了雪儿里这个牌子的麦片中两种不同产品的营养成分，一种是原味麦片，另一种则加了苹果肉桂的味道。他们发现，原味麦片的纤维、铁和多种维生素的含量都比较高，而苹果肉桂味儿麦片中的含糖量和含脂肪量都很高。他们的结论是：原味儿的产品更健康。

还有两个同学对颇受北美孩子欢迎的 Ahoy 牌的巧克力饼干的新产品进行了研究。他们发现，这种新产品采用了可可脂含量高的黑巧克力，并添加了一种含有不饱和脂肪酸的麻籽，因为这些原料具有抗氧化功能和降血压作用，而且这种麻籽里面的蛋白含量也很高，因此新产品更加健康。

与此类似，两位同学研究了 Yoplait 品牌酸奶的新产品，发现这种新产品使用了新鲜水果，并增加了纤维和铁的含量，减少了糖分，因此也是更为健康的产品。

通过这样的练习，学生们学会了观察和认识食品，懂得了分辨产品之间的细微区别，也很自然地提高了对健康食品的关注。

从食品的营养出发，教学也把学生们引向了解和认识饮食对于社会、经济和文化的影响。在食品研究课程上，LP 高中的教学针对不同年级有不同的教学内容：九年级的学生要学习影响食物选择的要素、饮食习惯和礼仪；十年级的内容则涉及食品营销技术、食品生产和供应、加拿大原住民及各族裔与不同文化的饮食；十一年级时，课程进一步考察食品营销对消费者行为的影响，与生产和消费食品有关的环境和健康问题，世界范围的食品流通问题及各种文化的餐桌礼仪；

十二年级则研究和比较购买半成品、餐馆和自己准备食品的花费，考察食品生产和消费对全球环境和健康的影响，深入学习各种场合的餐桌礼仪。学生们对食品市场进行分析，观察消费者的行为，研究环境与人体健康的关系。在练习准备食品的同时，也培养健康饮食的习惯，并从文化的角度把餐桌礼仪放置在加拿大各族裔的不同文化乃至世界上不同文化背景下进行比较。

本地还为十一和十二年级的学生提供一个关于食品卫生与安全的专门课程。这个课程由 BC 省公开学校主办，并与本省各高中建立伙伴关系。其中，"食品安全"初级课程是所有食品服务行业从业人员的必修课程，内容就是学习怎样安全地处理食物。加拿大对公共食品卫生与安全设定的标准很高，任何饮食服务业的工作，不论是餐馆还是食品零售店，在招工时常常把修读过食品安全课程并获得证书作为必要或优先条件。这门课程不仅要求学生们在课堂上完成学习任务，还必须到餐馆进行实地考察，甚至进行以厨艺项目为主题的国际参观旅行。毕业后，他们可以去本地高等教育机构卡莫森学院继续修读酒店／餐饮管理课程。在 MD 高中，这个课程每年都以学生为教师们设计和烹饪一餐三道菜的午餐会作为结业项目，这既是对学习成果的检验，又是向老师们的汇报。

更进一步的就是学校所设立的专业餐饮业培训课程了，其目标是为学生们将来从事饮食业工作铺路。教学力图培养学生们达到有关的职业训练的要求，并让他们充分了解工作市场。在教学中，他们学习辨认与饮食有关的职业和工作，对相关行业展开市场调查，对职业机会和要求进行分析，并尝试寻找就业机会。本地餐饮服务业也会与之配合，在暑期为学生提供实习机会。他们可以去做前台服务或在厨房帮厨，每天工作 4 到 6 小时。这不仅使他们积累了工作经验，还能赚到零用钱。

从九年级到十二年级，他们就这样循序渐进，一步步加深对职业的了解与认识。学校努力帮助学生在高中毕业后与职业接轨，尽可能快地投入从业环境，或者接受进一步的相关深造。

缝纫与纺织品

缝纫课又称为纺织品课程。课上，学生们也是通过制作一件件的作品一边操作一边学习。在 LP 高中，上这个课的学生一个学期里至少要完成三个项目：第一个叫作商业模式项目，学生们根据一个样品制作出一件复制品；第二个是回收用料项目，就是把一样旧的纺织品重新设计和改制，创造出一件新的作品；最后一个是由学生自己任意选择、自由创作的项目。这三个练习项目包含了从制作、修补服装到规模性生产的全过程。

相关的教学标准相当高，学生们制作服装不能仅是简单模仿，而要进行有创意的实践。他们既不能脱离课堂上学到的设计服装的基本要素和原则，又要以加拿大和国际设计名家的著名作品风格为样板进行创作，在使用原材料上还要考虑环保的因素，尽量利用本地资源，或利用废旧资源以免浪费。

缝纫机就在课室里，保证学生每人一台。开课第一天，老师先立下课堂规矩，以便保持教室干净整洁，不至于针头线脑满地而把工作间搞得杂乱无章。老师把要求打印在一张纸上发给每一位学生，内容是：

· 安静地进入教室，并将书籍放在教室里的架子上；

· 不可把食物或饮料带入教室，在进入房间前把食物吃完；

· 打开抽屉，拿出物品，开始准备工作；

· 专心工作 —— 不要在教室里到处观看，以免浪费时间；

· 上课结束：将所有设备放回适当的位置，包括缝纫机，最后一个使用者要把电插头拔掉，把废料和废线头放入垃圾桶，摆好所有的桌椅；

· 每个学生负责在其工作区域内拾起废料和废线头；

· 每个学生负责照顾自己的设备，一定要把所有的物品放在自己的抽屉里；

· 如在上课期间需要帮助，或向老师报告进度，请将姓名写在黑板上。

除了缝纫机，缝纫还需要许多杂七杂八的小工具，老师列了一个单子让大家回家准备好，下次课都带来。单子上的物品有：

· 一盒不锈钢缝纫机针；

· 一包手缝针；

· 放针用的棉垫；

· 缝纫机机器线轴；

· 缝合细小处的细针；

·一把剪刀；

·装针线的工具箱；

·用作样品的边角料；

·项目所需的有关缝制的词汇表。

    老师其实已经为大家准备好了一张词汇表。她列出了长长的技术名词清单：褶皱、袖口、腰带、衣襟、扣眼、边缘、拉伸技术、拉链、一到两圈、看不见的拉链、衣领平整、衬衫或两件领、镶边、衣袋、斜线、按扣、打褶……这样便于学生们在制作实践中熟悉和掌握这些术语。

    老师还让大家把所有的设备和用品都标上自己的姓名，避免和他人的物品混淆。

    接下来，学生们要熟悉缝纫需使用的工具，搞清楚缝纫机的部件有哪些，功能是什么，怎样操作，熨斗和热压设备怎样使用。其中重要的是牢记安全操作规范，懂得怎样安全地使用工具和设备，当有紧急情况发生时如何处理。

    缝纫的原材料是纺织品，就是一般所说的面料。这可是一项相当大的学问，缝纫而不懂得选择面料，就等于做饭不知用什么粮食下锅。学生们不仅要知道做什么项目该用什么面料，还要全面了解缝纫所使用的各种纺织材料，辨认天然的和人工制造的纤维，弄清这些纤维的生产原料，以及具有哪些特点。他们还必须懂得怎样护理这些纺织品，比如，怎样清洁纺织品上的污点，怎样阅读护理标签，另外还需了解这些纺织品的性能。

    由此，教学又延伸出了更加广泛的内容，学生们为此要继续学习和探讨影响选择和使用纺织品的各种要素，比如时尚和纺织品之间有哪些相互的影响，服装和纺织品的生产需要哪些条件，不同文化和仪式对纺织品的使用有哪些要求，历史、政治和文化对时尚产生何种影响，纺织消费和全球化之间有什么样的关系，等等。

    终于，项目要动工了。老师把项目的操作说明发给学生后，带领他们通读一遍，让他们搞明白其中的术语，计算好针脚、布局和空歇，看清楚图案说明，确定作品的大小，并安排好完成制作的时间。学生们这时才进入了动手操作，做完一个项目，再做第二个。

    前两个项目完成后，学生们积累了相当的经验。但最后一个自选项目，还是让人颇费脑筋的。哪怕脑子里的点子有许多，可落实到手头上并没那么容易。

应该从何选起呢？老师这时会给点拨一下，建议避重就轻，从比较容易的一件睡衣做起，并在一些细节上给予指引：

·根据在课堂上确定的尺寸购买款式图案，以避免不必要的图案更改；

·选择一种对自己来说缝纫技术不是太难的模式，既能学习到一些新技术，又可在一个学期中完成（如果怀疑款式的制作难度较大，可以来找老师商讨）；

·面料应适合那种款式的服装，并易于制作；

·避免非常有弹性或光滑的面料；

·补加的面料必须是匹配的格子布、绒面布或在设计中所必需的面料；

·在上课前要将所有面料缩水。

甚至连如何购买按扣、拉链、接口等附加材料，老师也都一一讲到，还为学生们准备好了专门的清单和提示。

项目完成后如何评估，老师一般之前就把标准告诉大家，这样学生们可以在制作过程中加以遵守。其标准并不复杂，内容包括以下方面：

·独立缝制的能力；

·在需要时寻求帮助的能力；

·了解缝纫术语和图案；

·遵循正确的缝纫技术；

·使用课堂时间生产；

·达到一定的目标和要求。

考查的重点在于实际动手能力，这一部分的分数占85%，另外15%则是考查学生们的理论知识。老师要亲眼看到他们的实际操作，所以要求制作过程一定要在课堂上进行，只有在特殊情况下才允许把作品带回家做。

考查的过程，并不是学生被动地让老师审视，而是学生与老师主动的沟通和互动。老师告诉学生，老师是无法准确地评估学生的进度和理解情况的，所以学生需要每有进展就向老师展示和汇报。老师也会及时对学生提出指导性建议，学生因此便能不断提高技能。老师毫不掩饰地告诉学生，在这个过程中，学生与老师沟通得越多，就越容易得到较高的分数。这种计分方式自然能够激发学生们向老师积极汇报的主动性。

不过，考查中也有些硬性的技术指标。比如缝制过程中所运用的缝纫技巧越高越好，对自身的挑战越大也就越能表现其水平。初级阶段和高级阶段的要求有所不同，但指标是明确的。老师规定：九年级初级阶段，在完成选定的项目中使用不少于 12 种不同的技术，并成功制作完毕，可以获得最高分 A；如果使用了 10 种不同技术，可以获得 B；使用了 8 种不同技术，获得 C+；使用了 6 种不同技术，获得 C。从十年级到十二年级，获得最高评分 A 必须是使用了不少于 16 种不同的技术，得到 B 须使用 12 种不同技术，C+ 为不少于 10 种不同技术，C 为不少于 8 种不同技术。

家庭与价值

在 LP 高中十二年级家庭研究的课堂上，老师要大家阅读一篇题为《人际关系与健康》的文章。文章的开头告诉读者，心灵与身体之间有密切联系。人们每次思考、感受和行动时，身体就会产生一定的生理反应。当人们焦虑、愤怒或不安时，身体会通过增加心率和血压来应对分泌肾上腺素等应激激素。长期处于这种情绪压力之下，可导致胃溃疡、免疫系统受损，乃至高血压和心脏病。

文中征引了一些研究数据：一项针对英国公务员的研究发现，常常在合作伙伴、亲戚和朋友这样的亲密关系中树敌的人，心脏病发病概率比那些与他人有良好关系的人要高 34％。一项问卷调查的结果显示，在人们的密切关系中，那些生活在负面关系中的人，患心脏病的风险高达 25％，而婚姻和社会关系好的人，心血管疾病较少。后一份调查报告的结论是：朋友越多，对身体健康越有利。不过，这项研究也指出，社会关系的质量因素比数量因素更为重要。这篇文章特别强调，无论是与非常挑剔的父母之间的关系，还是很不和睦的兄弟姐妹关系，或是比较苛刻的朋友伙伴关系，其中最坏的一种是利益交换关系，它最不利于健康。

读罢这篇文章，老师向学生们提出了这样一个问题：你认为在人们最亲密的关系当中，不消极、不带愤怒、不具敌意且能够保持健康关系的最重要因素是什么？学生们根据个人的经验进行课堂讨论，各抒己见，有人认为是宽容，有人认为是付出，也有人认为是体贴，还有人认为是服从。但经过讨论，大家发现，这其中都包含一个共同的因素，那就是爱。爱可以把亲情结合得更加紧密。

老师总结时，把亲情与家庭联系起来，强调亲情是家庭中占主导地位的感情，幸福家庭必定给人生带来幸福感。

家庭是人生的一个系统工程，处理好家庭成员间的关系，养育好儿女，是重要的家政内容。这门家庭研究课，就是家政课程的一部分，专门探讨家庭在社会中的位置，如何处理人际关系与家庭关系，以及住宅与环境对家庭生活的影响。设置这个课程的目的不光是为了让每一个人能在个人生活方面获益，同时也为学生们将来可能从事有关的职业工作打下基础。这些职业涉及教育、心理或是护理、社工等等，工种繁多。老师在课堂上也会带领学生了解这些职业方面的信息。

教学从家庭的细胞"人"入手，对人生不同时期的成长特性及其需要都有详细的分段讲解和探讨，并对不同成长阶段所需接受的教育加以探讨。从最初的育儿阶段和孩子的成长阶段作为开端，学生们首先讨论决定成为父母的重要意义，认识父母的权利和责任，包括提供给孩子最基本的需要，伦理的、道德的和经济上的权利与责任，以及作为孩子的权利。其次，学生们会了解从怀孕到生子的过程，包括避孕方法、怀孕的最初迹象、母亲和胎儿的生理变化等，并了解多种产婴方式、分娩的三个阶段，以及有哪些对产前检查和对新生儿父母提供的社会帮助。

接下来，教学根据人的成长期分阶段地进行。关于婴儿阶段，学生们学习婴儿护理，了解其发育，包括婴儿第一年的营养需要，婴儿喂养的选择，以及照顾婴儿所需的技能；认识婴儿在身体、社会、情绪和认知方面的发展；了解孩子1岁到12岁与发育相关的问题；探讨审美的和健康的生活方式，以及安全的环境对孩子成长的重要意义；研究家长和监护人对孩子的影响。

青春期阶段也正是高中生正在经历的阶段，老师的话题更加具有针对性，总会向学生们提出许多切身问题以展开讨论。主要题目有这样一些：

· 青春期这一概念的含义有哪些？
· 青春期孩子突出的特点是什么？
· 媒体和榜样是怎样影响青春期少年的？
· 青春期少年在家庭和社会里所担当的角色、权利和责任是什么？

·青春期发育和成长的状况，青春期少年在身体、社会和情绪方面的变化，还有青春期所需要的营养。

·如何辨认和评价所谓正确的个人形象？

·在价值层面上，个人的价值怎样影响青少年做出决定和设定目标？

·在做出重要的决定时怎样选择才能够实现和达到目标？

通过相关讨论和思考，教学试图帮助学生打开更加广阔的视野，通过分析各种经济、社会乃至全球性的问题来挑战学生，帮助他们找到合适的策略来解决他们所面临的具体问题。

高中生正是从青少年进入成人阶段的过渡时期，教学的重点是要帮助学生们为进入成人社会做好多方面的准备。因此，认识成年人的特点，也是必须的内容。老师组织大家讨论这样一些问题：

·成人这个概念在社会中是怎样变化的？

·成年人在家庭和社会中的作用、责任是什么？

·媒介和榜样怎样影响人们对于成年人的看法？

·成年人身体、社会、情绪和认知方面会发生哪些变化？

·造成成年人健康或不健康生活方式的因素有哪些？

·成年人应当具有哪些医疗条件以达到和保持健康、良好的生活状态？

·个人的态度和价值怎样改变人的生活？

·成年人在不同年龄段会受到哪些具体问题的挑战？

在成年人阶段，大多数人都会建立家庭。老师这时又把大家的思考引向家庭，让大家充分了解家庭在社会中应充当什么样的角色。同学们一起探讨了家庭的定义在社会中的演变，家庭在社会中的作用，各种家庭的构成，加拿大家庭目前的趋向，不同文化中家庭的风俗习惯。他们的讨论深入家庭内部，涉及家庭成员的作用和责任，影响家庭活力的因素，经济、社会、情绪问题乃至全球性的问题和挑战可能对家庭产生的影响，还商讨了每个家庭遇到这些具体问题时应当采取的对策。

人们与家人相处时间最长、关系最密切，怎样处理家庭人际关系是十分复杂的课题。课程强调，在各种人际关系中，关系质量最为重要。为此，学生们必须懂得，自愿承诺的人际关系有哪些特点，在多种承诺关系中的法律规定有哪些。在加拿大，学生们要学会从多元文化的角度看待问题，因此他们还要了解各种婚姻或承诺的文化习俗和不同仪式。但人类共同体又有着共同的价值观，所以在学生们探讨为什么有些婚姻关系会半途终结时，他们也共同寻找让人们结束婚姻关系的健康和正面的方法，以及怎样进行有效交流才能有助于正面互动。

住房和生活环境对家庭和个人也都有相当大的影响。这个课程对这一问题也进行了细致的解读。学生们学习历史上住宅的变化和未来趋势，了解住宅对人的身体、社会和情绪方面产生的作用，以及在人生中不同阶段其需求的变化。他们从分析独立生活的费用、收入与消费之间的关系入手，考虑各种影响住房选择的因素。他们还在一起研究多种住宅的选择，包括买房和租房对经济的影响，以及购买主要家用产品所要考虑的因素，包括安全、节约资源。

老师向学生们分析说，需求可以分为四类：一类是身体的需求，一类是社会和情感的需求，一类是精神的需求，还有一类是其他的派生需求。身体的需求是必须满足的，这是为了能够保持人的活力和健康。身体需要食物、运动、清洁的空气、睡眠和保护。房子是满足身体需求的重要资源。社会和情感需求是我们作为个人和社会成员为社会所接受的需求。

我们的家庭环境能给予我们一个属于自己的地方，它不仅为我们提供安全感，也让别人对我们的感觉更好，为建立人际关系、进行各种交往活动打下物质基础。生活环境即是通过一定的物质条件满足心理和精神需求的，因此有利于儿童的成长。住房也是为孩子的成长提供最基本的需要。另外的一些派生需求，是根据我们的文化期许所产生的需要，如需要热水、汽车燃料、电力、公共交通、娱乐等。这类需求因人而异，根据个人的文化期望、品位、价值、态度、家庭和经济环境来决定，而非绝对必要的生存需要。人生的每个阶段都在变化，从单身，到成立家庭、养育孩子，再到空巢，再加上各个不同时期个人经济条件的变化，人们对住房的要求也会发生变化。这些道理虽然听起来很普通，却是对人生很正面的指引，是青春少年走入成人社会必备的常识，也是对价值理念的一种培植。

课堂上，大家特别讨论了什么样的住房能满足人们的需求。同学们一开始列出了一大堆的物质条件因素，但最后的讨论落在了房子和家上。在英文中，home 有双重意思，既是房子，也是家。那么"房子"和"家"有什么区别呢？

老师用一句常用语表达出了其中的奥妙:"用手建房子(house),用心建家(home)。"学生们豁然明了:一个家不仅仅是睡觉、吃饭的地方,更是获得人间温暖的地方。我们会用自己的家招待朋友,逃离尘世。我们依靠我们的家园来满足自身的需要。就这样,老师巧妙地引导学生把看待房子物质价值的目光转移到了对于精神家园的关注上,而对物质因素的考量则强调量力而行。家不需要豪宅来展示,豪宅不一定是好家,有几座甚至几十座房子也不代表有一个家。这就是加拿大社会的主流价值,也是学生们在教育中所获得的人生价值观。

14. 从木工到机械——应用技术课程

加拿大是工业发达国家,需要很多技术工人。工人的工资和福利也相当优厚。在加拿大人的心目中,社会分工不同并不说明社会地位有差别,不同行业的从业人员在收入上差异也不是很大。

在加拿大,人们不把进入大学看作高中毕业后的唯一出路或最好去向,许多高中生毕业后选择去做技术工人。公共教育也为学生们提供了广泛的就业训练机会,高中阶段为此设置了各类技能课程,并与劳动市场紧密挂钩,为学生将来进入职场成为技术工人创造条件。

旨在培养技术工人的课程统称为"应用技术课程"。根据 BC 省教学大纲,相关课程有:工业绘图与设计、汽车修理、木工、电子设备、工业设计、金属制造和机械等多个项目,可以说囊括了技工劳动市场的多种需要。不过,各校具体开设哪些课程,情况则不尽相同。

省教学大纲对实用技术课程教学的意义有深刻的解读:"工业技术通过机械设备延伸人类的能力。它通过提供工具扩大人们的视野,传递和接收周围世界的声音、图像,为人们的身体健康、生活方式、经济和生态体系服务。技术在社会中起到越来越重要的作用,拥有技术知识就如同识数、认字和写字一样重要。特别是在工业高度发达的今天,这项课程能够为年轻人了解持续发展变化的技术世界做好充分准备。"

根据省教学大纲的要求，这项课程着眼于在以下这些总体方面上提高学生们的能力：

· 对数字的认知，包括计算、预估和测量；

· 收集和使用信息的能力：辨认、寻找、收集、储存、加工和介绍信息的能力；

· 交流的技能：交流设计理念、解决问题的方法、新的创意和产品；

· 解决问题的技能：辨认、描述和分析问题，探索想法和解决问题；

· 社交和合作的能力：在和他人互动中解决问题和完成项目；

· 领导能力和项目管理能力：设定目标，制作计划，应对挑战和解决冲突；

· 体能：在使用工具、设备和材料时，身体能够正确地、有效地和安全地运作。

栓柱和非非上的两所高中，都分别开设有工业绘图、工业设计、汽车修理、木材加工、金属加工和机械加工课程。在高中的前两年，课程注重传授学生一些相关的基础知识，并进行基本技术训练。到十一年级和十二年级时，课程在内容上走向专业化，并直接面对劳动市场来培训学生。

木材加工——学做手艺人

星期五下午3点，LP高中教学楼里很多教室都已人走屋空，但却有一间教室传出呜呜呜响的机器声。这不是一间普通的教室，而是木工车间。在这个比一般教室大一些的木工车间里，几个年轻人正在专心致志地锯木材，他们都是修读木工课程的学生。

LP高中木工课程的独到之处是把木工技术与商业相结合。任课老师罗杰·孔罗在LP高中教授这门课程已有十四年之久。十四年间，孔罗老师积累了丰富的教学经验，参观过很多的相关贸易展览，而他最为骄傲的成绩是为LP高中建立了这个能让任何一所职业学校都羡慕的木工车间。车间拥有7台高档的木材加工机，这些机器大部分来自一家美国公司的捐献。

那些年里，孔罗老师手拿学生制作的木材样品，走遍北美的木材行业公司，游说他们支持LP高中这一项目。他告诉这些公司，如果他们把一些机器捐献给公立高中，则学校可以帮助他们培训技术工人，学生们毕业后能够直接进入这一行业工作，工厂因此可以节省大笔的技术培训费用。他说服了一些厂家，学校于是得到了这些机器。

孔罗先生利用这些机器一年又一年地培养了不少技术工人。曾经在学校里操作木料剪裁机的学生史密斯，17岁时就是一位已经有三年实践经验的熟练工人了。学校有三台木料剪裁机，全部是孔罗老师募捐来的。史密斯同学一周的例行工作有：烘干木材、堆放木材、剪裁墙板、铺设地板、填写表格。

烘干木材是木材业的一项基本业务。LP高中采用的是本地罕有的窑干技术，这也是加拿大木材业积极支持的一种技术。学生们就地取材，专门烘干本地最多的木材：红杉、黄杉、冷杉和松木。

学校到哪里找到大量木材来让学生专门练习木工技术呢？靠购买？不可能有足够的经费。孔罗老师想出了一个好办法，就是直接从客户那里接单做木材加工，而加工生产的过程为学生们提供了实际操作机会。这样，那些需要烘干或裁剪木料的顾客把木料送上门来，学生们的学习过程直接就是木工加工实践过程。这可是一举两得，而且还是一笔收支平衡且没有风险的生意。这些客户中，有著名的球星，也有亿万富翁，还有本地的酒店。修课的学生像是工厂雇用的工人，但又没有工厂里的那种主雇关系，就是学校里的实习机会。每天放学后，学生花两三个小时进行制作，必要时，周末甚至暑期也会开工。他们运用电脑技术，按照客户的要求，把木材制作成客户所需要的特殊尺寸的墙板或木地板。

孔罗老师在接受本地媒体采访时说，他们并不想抢夺本地木材加工商的生意，而只是添补空当。如果有人拿来大宗的活，他们则推荐客户去维多利亚北边的大木材加工厂，而他们自己只是在力所能及的范围内接纳些本地的小生意。

孔罗老师强调，这不是为了赚钱。他还教授了学生节约资源的方法。在为他人加工制作时，他教学生们不要把废料和锯末当作废品去沤肥，而是加工成冬天烧壁炉的木柴去售卖。得到的收入，则再投资于这项教学。学生们从中懂得了如何回收资源。

LP高中的木工课程就是这样实实在在地把学生带入木材加工实践，为学生真正地打开了通向木材业的大门。孔罗老师的学生有许多在毕业后进入了木工业界，有的还开办了自己的公司，制作和经营细木家具。其中一位叫作罗德里格的学生，一直梦想亲手制造一艘带条纹的雪松木独木舟。高中时期，孔罗老师很支持他实现梦想，帮他找来木材，并鼓励他使用机器剪裁。罗德里格在一年多里花了 150 个小时，终于在毕业前圆满完工，制作出一艘 16 英尺（约 4.9 米）长的独木舟，船体表面光洁闪亮，材质加工细致精巧。孔罗老师赞叹说，在他近 40 年的教学生涯中，这是他见过的最好的一件学生作品。这个独木舟此后就放在学校图书馆的大厅里，每天都在无声地告诉学生们：如果你有一点灵感，有一点天赋，再加上适当的训练，就能做出你所梦想的产品。

后来，学校的木工生意百尺竿头更进一步。木工课上原本有个项目是制作原住居民使用的船桨，学校在这个基础上搞了一项创新的联手教学：由美术课的学生们把木工课制作出的船桨添加上带有本地原住民绘画特色的图画，再由商业课的学生做营销把船桨销售出去。这成为一项招牌产品，就连学区的国际学生招聘人员每次走出国门招生时，也没有忘记带上一些船桨作为礼品发送。这不仅为 LP 高中做了最好的广告，还传播了本地的文化。

在动手实践的过程中，学生们学到的内容还有很多。诸如：安全生产的方式和程序，健康的工作环境；个人和项目管理（怎样使用工具，怎样制作产品，怎样准确解读有关木工的资料和信息）；数学的应用，特别是木工所运用的数字计算；认识木工所需要的木质材料和为完成制作所必备的其他各种配料；使用手工工具、便携式电动工具和固定设备。这些都是作为木工所应懂得的知识。

不过，像 LP 高中这样的木材加工课在本学区并不多见。MD 高中的这一课程则更体现了普遍的教学方式。九、十年级是基础课程，在强调安全生产的同时，教学生们使用各种木材加工工具和机器。老师还给学生们提供一些小的手工项目，让他们动手练习。在制作和学习中，学生们学着建立图片档案。在制作每个项目之前，学生们要学着制订制作计划，比如，做出购买材料的预算，列出剪裁材料所有部位的清单。他们还讨论和寻找与木工有关的职业机会，弄清从事有关职业所要求的训练内容，以及从事这一职业可获得的经济收入，从业人员的有关责任，等等。

十一年级的课程让学生们置身于一个运用复合材料制作产品的现代化木工生产车间，练习安全有效地生产。他们自己设计项目，自主地实践。十二年级的课程，学习运用更加先进的技术发展技能，并要到工厂或店铺去进行生产实习。

加拿大森林面积广阔，木材资源丰厚，有关木材加工的行业也非常发达。BC 省这项课程的教学目标，就是让学生们在修读之后可以达到被雇用的专业木工水平。

绘图和设计——学用高科技

绘图和设计看似两种不同的技能，但却不可分割。正如授课老师所言：设计是为了解决人们的特殊需要而进行的专门制作；设计可以有多种形式，但从素描到电脑动画，都靠视觉来表达。

科技发展使得绘图和设计正在转变为高科技化的职业，对从业人员的技术要求越来越高。比如，进行工业制图时，不仅要懂得绘画、计算、收集数据，还要会写技术报告，提交施工规范、成本和材料评估，准备合同和招标文件。这些也都成了高中相关课程上需要学习的内容。

与所有其他学科一样，绘图与设计课也重在解决实际问题，同时训练批判思维能力，并让学生们懂得怎样做出知情的和负责任的技术选择。学习中，一方面要提高个人独立工作能力，另一方面也要培养与他人的合作精神。

MD 高中的这一课程把教学内容针对不同年级分成多个层次。九、十年级以运用电脑为基本手段进行画图、设计和制作（CADD）。选择这门课的学生要对工程、建筑、电脑动画、制图、行业标准等有一定的兴趣，因为课堂讲授的内容都是有关设计程序、2D 和 3D 绘图技术等，并要学生能够描述和展示用电脑制作出的视频。学生们自己动手操作，运用各种流程制作和测试样品。比如，其中一项是通过运用 3D 打印机切割聚苯乙烯板来制作模型。

十一年级的学生们开始体验各类绘图设计技巧。他们一边学习设计过程，一边解决设计问题，其中最主要的是运用电脑辅助设计软件（CAD）进行 3D 创作，制作效果图形。

到了十二年级，制图和设计课程分出了普通班和高级班。普通班以 3D 设计为主，运用 Vectorworks 专业软件知识和电脑辅助设计软件绘图技巧，进行很多设计、绘制项目，并使用各种不同的工具、程序和演示模型来表达他们的想法。高级班的制图和设计课程以建筑制图和设计为主，也使用 Vectorworks 专业软件，重点在于尝试住宅建筑图纸的绘制和室内设计。

下面这项房屋设计练习，就是高级班学生们做的一个项目。具体要求是这样的：

你需要完成一整套房屋设计方案，包括房子的平面图、立体图（正面和侧面）

和剖面图。

1. 房屋的要求：

（1）平房；

（2）不大于120平方米的面积（一般为10×12米）；

（3）3间有壁橱的卧室；

（4）带浴缸的浴室加水池和厕所；

（5）起居室、餐厅，使用标准尺寸的电器，并有柜台和橱柜的厨房；

（6）入口有衣柜。

2. 平面图的要求：

（1）或者使用电脑查找，或者查看平面图的书籍，确保你的每个制图都符合房子（house）的规格；

（2）使用11×17英寸（1英寸=2.54厘米）纸张绘制平面草图。以1:50的比例绘制外墙，这样可以使你更清楚需要多少空间；

（3）遵循房屋规则表设计所有的房间；

（4）你可以先把平面草图交老师检查一下，再定稿；

（5）记住墙壁有厚度（外墙厚200毫米，表皮4毫米；内墙厚100毫米，表皮2毫米）；

（6）你的设计方案需要分成六小节并加标题；

（7）将所有的墙壁、门和窗户使用中间的尺寸，只有外墙的尺寸以最外围的为准。

这个练习只是学习的初级阶段上对标准样式的房屋所进行的最为基本的设计。到第二阶段时，学生们要探索不同的房屋样式，设计更复杂的公寓或独立屋。到了第三阶段，他们还要探究未来可能开发的更加人性化的住宅模式，要求学生们更加富有想象力和创造力，从环境保护和持续发展的角度来设计人类的居住空间。

学生们也学习其他一些领域的设计和制图，比如学习机械和工程设计与制图，为此学生们要运用物理学和数学原则来设计值得生产的产品。过程中，同样强调运用高科技手段进行各类可视化技术设计，创建图像、图表和动画用来传达信息。

从职业市场角度来看，这个课程意义广泛，因为设计师的工作涉及建筑设计、室内装饰设计、景观设计、通信设计、工业和机械设计、电脑动画设计、城市规划设计等多个行业。设计师也不仅仅是做平面设计，其业务范围还可以扩展到广告、零售业、艺术表演、广播电视行业、服装、博物馆等各个领域。正是这种广阔的就业前景，吸引着许多学生选修这门课程。

汽车修理——做现代的技术工人

还在两个孩子上初中时，我们去 MD 高中参加开门会，第一次参观学校的汽车修理车间，就被那里的场景震撼到了。车间面积并不很大，房顶上悬挂着两辆废旧汽车，地面上也摆着一辆，周边堆满了修理工具和器械。这便是汽车修理课的课堂。维多利亚市的每所高中都开设了汽车修理课程。

学生们通过这个课程学习最基本的保养和修理汽车知识。教学目标是引领学生将来从事相关职业，包括汽车修理技师、汽车外壳修理技师、汽车零件销售、汽车装备销售和服务、汽车服务管理等有关汽车服务行业的各种工作。汽车工业技术日新月异，一辆汽车的修理以前可以只由一位技术人员操作，而现在，汽车的每个部分都变得非常专业化，就需要不同的专业技术人员合作来完成工作了。不过，要成为关于汽车某一部分的专业人员，首先仍须全面地了解汽车技术的各项内容及背景知识。

根据 BC 省教学大纲的要求，这个课程首先要让学生们围绕个人与社会之间的关系来认识汽车，了解汽车行业的环境、工作的机会，懂得汽车运行对于环境和社会的影响，还有法律和道德方面的相关问题和责任。学生们要接受有关安全生产的训练，诸如安全劳动的程序、健康工作环境的创设，特别是在使用工具和设备时怎样确保安全。学生们要到车间参与实践，通过实际操作来学习汽车修理车间的运作和管理，并树立正确的工作态度和道德意识。

在技术领域，大纲要求学生们掌握的内容包括：汽车动力、汽车的运作、马达的维修、汽车发动机系统、传动系统。MD 高中的课程在九、十年级时，着重电源技术，学生们主要了解内燃机的运作原理；到十一和十二年级时，学习重点则转向四冲程发动机的工作原理。同时，他们学习使用各种不同的手动和电动工具，最终学会对小型发动机进行保养和维修。

汽车的车身和底盘，是高年级学生专门要学的内容。十一年级的学生以学习车身和底盘的一些基础知识为主；到了十二年级，他们要对底盘系统的运作和维修进行具体操作，并对汽车的电器和电子系统进行全面了解。

学校的汽车修理车间里存放的那几辆破旧汽车，已经让一届又一届的学生们拆了又装、装了又拆不知多少遍。但这还远远不够，学生们还从家里、朋友或邻居那里借来一些带发动机的小型机械工具，了解和练习与发动机相关的知识与操作。剪草机因此成了试手的目标：剪草机在本地极为常见，几乎家家必备；而剪草机有电动的，也有汽油动力或柴油动力的。学生们在课堂上把这些机器拆开，从里到外探索个遍，目的是搞清楚发动机的原理，然后再重新组装起来。就这样，学生们由此及彼、由表及里，再推而广之，拓展到认知更大的发动机上。

十二年级的课程具有相当专业的技术含量。课程的设计针对那些准备从事与汽车相关的职业或对汽车具有浓厚兴趣的学生们。他们在完成这个课程时，要能达到一般技术工人的水平，如：保养、润滑、调试等常规操作；在大修和维修、拆除、修缮中，对主要和次要部件进行改装；故障排除和计算机测试。在此基础上，学生们还可以开发自己的独特项目，丰富技能选择，进一步提高解决问题的能力。

选修这门课程的学生通常都是男生，极少见女生。于是，MD 高中专为十一和十二年级的女生开设了一门汽车技术课程，内容以常规的高年级汽车课程为主，但避免一些重体力项目，并注重教授一些适合女性的内容，诸如路边应急情况处理、车辆维修知识及汽车采购等，目的是吸引更多的女生选择这门课程。课程开设一两年来，博得了不少女生的青睐。

学徒计划——把职场作为课堂

劳工市场对技术工人有很大的需求量。据加拿大有关部门估算，最近十年中，将有40%的就业市场是在寻找技术工人。政府为此在职业训练方面采取了一系列的政策，把学校教学与劳工市场紧密结合起来。高中十到十二年级的学生们在课堂上学习技术的同时，还参与实际工作，不仅积累工作经验，还能获取金钱报酬和学历凭证，而最让学生受益的是他们毕业后能够直接进入就业市场。这样，就有了所谓高中"学徒计划"。

省政府特地选择了一个施工中的住房工地发布关于这个计划的新闻。政府官员介绍说，这项学徒课程可以让学生直接参与施工，边干边学。当天，就有 5 位学生与负责这一工地施工的那家建房公司签署了合同。学生雷皮出生于建筑世家，父亲在温哥华拥有一个建筑公司，他就把直接参与父亲公司的业务作为这一课程的修读内容。他的父亲一辈子都在建筑行业做技术工作，自己还雇用了 9 名技术工人，现在看到儿子在高中期间就踏上了继承父业的道路，他无比开心。父亲很了解自己的儿子，深知儿子是个干技术活的能手。雷皮更是兴奋不已。他从 15 岁起每年夏天都在父亲的工地上干活，而现在还能把自己热爱的劳动结合到学业中，不仅满足了自己的爱好，还能拿到学历。

在维多利亚，很快就有 14 所高中参与了这一项目。除了建筑行业，政府还努力帮助学区寻找更多的合作伙伴。20 世纪 80 年代，类似的学徒项目在高中教育里一度占有相当重要的位置，但随着需求量的减少，项目日渐衰落。现在，随着经济形势的变化，这方面的人才供不应求，所以教育机构又重新开启了培训。

对学生而言，参加学徒计划的好处显而易见。他们在行业培训管理局（ITA）注册，一旦能够找到雇主并按照课程要求完成任务，就意味着得到了许多的工作经验，积累了相当的工作时间，将来的就职前景十分明朗。不过，在起始阶段，最困难的是寻找雇主。这对学生是极大的考验和磨炼。一旦迈出了这一步，毕业后寻找雇主的难度就大大减小了。

作为高中学徒课程的一部分，维多利亚 61 学区还开设了"加速进入行业技术培训项目"（简称 ACE-IT 计划），在本学区的各所高中和本地的大专学院之间建立合作伙伴关系，为高中生在大专学院接受职业训练提供机会。高中学生在行业培训管理局注册成为"青年学徒"后即可加入这一项目，完成项目后会同时获得高中毕业文凭和大专学院的相关职业学历证书。由于高中是免费义务教育，因此这个项目的学生在大学修课的学费也全部由学区负担。

项目的合作单位是本地的社区大学卡莫森学院。学生们在高中完成一部分课程训练后，进入卡莫森学院接受进一步的专业训练，所涉及的技术工种有：美容、金属工艺、汽车修理、厨艺、园艺、钣金、木工、细木工、电气、焊接、制冷、管道工等等。

以这个项目的汽车课程为例。其课程名称为"汽车服务技术学徒计划"，内容是进修关于汽车技术方面的电力和电子专业课程，及汽车发动机和动力传动系统的专业课程，并在学习结束前完成100个小时的工作实习。每年的第二个学期为开课学期，前13周教学集中在E高中进行，后7周转移到卡莫森学院。修业学生结业时可获得双重文凭，即高中毕业文凭和汽车服务技术（AST）初级证书。这就为学生进入汽车业的职场做了知识、文凭和工作经验全方位的铺垫，为他们就业提供了通行证。

类似的实用专业技术课程近年来还在不断扩展。非非上高中期间，学区在MD高中新开设了一门"航空与设计"课程，为学生从事飞行和航空设计的职业生涯做准备。课程内容包括：学习驾驶飞机、制作无线电遥控飞机、尝试应用工程和航空设计。

学生也可以获取高中和大专课程双重学分，还可获得加拿大运输部颁发的小型飞机副驾驶证书。学习过程中，他们要为本地飞行和航空设计雇主工作，参观和访问技术培训基地及设施。合作参与这个教学项目的校外机构实力雄厚，有维京航空公司、维多利亚飞行俱乐部、太平洋天空公司和卡莫森学院。

暑假也是职业训练的好时机。维多利亚61学区和本地一家旅游学院，就专门在暑假期间合作举办一个"旅游和少年领袖"训练项目，为对旅游业感兴趣的学生提供8周的探索旅游业的机会。教学内容涉及野外救护、导游、领导才能和沟通技巧。

8周的学习紧锣密鼓。7月份每周周一到周五，从早上八点半到下午三点半，学生们或在教学楼内听课，或去公园、林间进行实地训练。8月份进入工作实习，全天帮助旅行社接待游客。夏季正值本地旅游旺季，接待工作可谓应接不暇，学生们的参与也正好为旅行社提供了急需的人手，双方互助互利。课程结束，学生便可获得高中的8个学分。此外，他们由此不仅积累了相关工作经验，还与本地旅游业建立了人脉联系，这对将来进入这个行业都是非常有帮助的。

这些与职场直接结合的课程，也帮助提升了学生们完成高中文凭的积极性。10年来，维多利亚61学区学生高中毕业率，从原来的83.7%提高到86.8%，远远高于BC省的平均水平。

最重要的，当然是实现了BC省教学大纲所设计的教学目的，那就是帮助学生切实了解相关行业的状况以决定未来职业选择，让学生具备从学校过渡到雇用岗位所需的职业技能，满足高中毕业后寻找职业所要求的工作经验，获取和建立未来雇主的信息和联系，增强自信并认识自我。从学校到社会，从课堂到职场，这是一个巨大的转变，也是人生的关键一步。帮助年轻人走好这一步，是高中教育义不容辞的责任。可以说，技术和工业课程，为此提供了坚实的基础。

精神与心理篇：
迎接融入成人社会

————

　　高中学生正处于青春期身心巨变的时期。身体的迅速成长，性的成熟，以及心理和社会方面的各种变化，都会令他们产生很多困扰。学校的知识和技术课程教给了他们一些生存本领，但还远远不够。在对自己新的认识中，在自我认同上，在情感走向独立的过程中，他们需要通过认知社会和建立掌控情绪的能力来准备进入成人生活。

　　帮助青少年在精神和心理上为融入成人社会做准备，是加拿大高中教育的又一项重要内容。学校有许多相关的项目和活动，包括与学生们探讨将来可能从事职业的机会，鼓励学生继续接受高等教育，训练良好的生活习惯与积极的生活态度，引导他们对未来的个人生活和人生理想加以思考和探索。

15. "带孩子去上班"——初试职业生活

老大栓柱刚进高中两个月，学校就给家长交代了一项任务——"带孩子去上班"。准确地说，就是家长带孩子到自己的工作岗位，让孩子了解自己的职业生活。那一天，全加拿大20万名公立学校的九年级学生，由家长、亲戚或朋友带领，前往75000多个不同机构，观摩和体验成人的职业生活。这项活动在全加范围内已经开展了20多年，成为九年级学生的一项惯例活动。

这项活动是怎么兴起的呢？1993年，在加拿大东部的安大略省，一个叫作"学习伙伴"的非营利组织成立了，自我确定的使命是要把商业机构、教育机构、政府部门、劳工组织、政策制定者和生活社区等方方面面联合起来，共同商讨如何使加拿大公立教育体系更加具有竞争力。他们坚信，坚实的公立教育，是一个民主、繁荣和文明社会的基石。为此，他们设定的具体目标是：在重视在校教育的同时，要帮助学生们为从课堂走向工作世界而提早做准备，尽力为加强学生的读写能力和基本思维能力提供各种锻炼机会，为他们开辟更为广阔的职业前景。这个组织强调，实现以上这些目标，并不仅仅是教育者和被教育者的事情，而应该是整个社会的责任。"带孩子去上班"，就是他们为此推出的第一个项目，于1994年首先在大多伦多地区展开，很快就得到了其他各省的积极响应，迅速变成了整个加拿大的公立教育机构都乐于参与的一项全国活动。

踏足成人职业社会

那一天，不同职业的家长们，为孩子安排的活动当然也各有不同。有的孩子去商场帮助售货，有的到图书馆整理图书，有的到建筑工地当一天工人，还有的参加会议并学习担任秘书和做记录。不愿意或不方便参与父母的职业活动的孩子，也可以到亲戚或朋友的工作地方去。不管怎样，这是孩子们踏足成人社会的一次重要经验。原则是安全第一，对青少年身体或生命有危险的地方，学校提醒家长遵照有关指引慎重行事。

栓柱的爸爸很希望借助这次绝好的机会让孩子了解他的工作。可是不巧，那天他正好在国外开会，我们只好求助于同事。孩子的爸爸在大学的三个部门任职，于是我们给栓柱在其中每个部门都安排了一项活动。栓柱首先访问的是亚太研究中心，主任助理海伦女士郑重地接待了栓柱。相互自我介绍之后，海伦女士带他参观了研究中心的办公区域。忽然间，栓柱眼睛一亮，发现了挂有爸爸名字的一个牌子，他意识到这间办公室就是爸爸的，于是特意走进去好奇地转了一圈。随后，为了让孩子全面了解中心的工作和任务，海伦还特意给栓柱放了一段介绍研究中心的幻灯片。栓柱后来告诉我，这个片子让他了解到许多信息，比如说，研究中心的学术交流活动不仅是组织各种学术会议和讲座，还为大学的学生提供到亚太地区互换学习乃至工作实习的机会。

海伦是一位有经验的妈妈，很会与孩子对话，她还和栓柱随意地聊了一些有关职业的话题。海伦问栓柱将来想做什么工作，栓柱想了想回答说："我爸爸、妈妈都写作，我将来也很想当个作家。"栓柱也反过来问海伦："你喜欢你的工作吗？"海伦坦率地告诉栓柱："有时候喜欢，有时候不喜欢。"我很赞赏海伦对孩子的诚实态度，因为工作中总是有时顺利，有时曲折，有时有趣，有时无趣。这本是很自然的事情，应该把真实的成人职业生活坦白地告诉一个已经开始懂得思考的孩子。这样聊着，海伦把栓柱送到了另一座教学楼。在那里，栓柱旁听了一堂历史课，因为孩子的父亲也在历史系授课。

栓柱那天听的是大学历史系一堂有关中国历史的课程，授课老师是在美国获得学位的华裔教授陈博士。当天的课程内容是公元 1800 年之前清朝的文化政策。栓柱饶有兴味地聆听了陈教授的课堂演讲。走出课堂后，他兴致勃勃地向我讲述了《康熙字典》的编纂过程，康熙、乾隆皇帝的诗词创作等种种趣闻。我还看到他记下了老师讲课的几个步骤：老师首先介绍了今天讲课的主要内容；老师使用电脑播放幻灯片向学生们讲授具体的课程内容；学生们或者手写或者打字来做课堂笔记；最后老师给学生们发放了讲义。这里要特别感谢陈教授，他的课帮助栓柱打开了关于大学历史课程的眼界。栓柱后来进大学时选择学习历史，这可以追溯到这一天他第一次在大学听历史课。

栓柱的最后一项活动，是到爸爸的主要业务所在的政治系，采访劳森教授。

劳森教授向栓柱介绍说，大学教师有两项基本的任务，就是教学和做研究。教授问栓柱对什么有兴趣，栓柱告诉他，自己很喜欢古生物学。恰巧，劳森教授的研究领域涉及加拿大的公共环境政策，他对环境科学颇有研究。他于是向栓柱讲述了古生物学和环境科学之间的密切关联。比如，一棵千年古树，要考察其年轮，既是古生物学的研究范围，又是环境科学的内容；对一块化石，一块矿石，或是一块海滨礁石的研究也都是如此。他还建议栓柱，将来如果想学习古生物学，也可以考虑同时选修环境科学。这仿佛给栓柱这个恐龙迷打开了寻找恐龙化石的一扇新门，他不由得用力点头。

观摩之后，家长的任务并没有结束，还要接受孩子的一次采访。问卷的题目是学校统一发给学生的，其中有以下这些内容：

1. 你在哪里工作（办公室、户外、旅行或海上等）？你工作的角色是什么？

2. 你的公司是做什么业务的？你们公司的产品或服务是什么？

3. 你最喜欢你工作中的哪一部分？

4. 当雇主想雇用一位学生时，你认为最重要的考量是什么？

5. 你的工作需要哪些训练？（在家训练？高于高中毕业的教育？学徒或自学？）

6. 目前的市场状况对维多利亚的商业或你们的业务有什么影响？

7. 你认为对今天的工作场所来说哪些技能最为重要？

8. 如果现在的年轻人来做你的这份工作，你对他们有何建议？

栓柱后来向爸爸认真地做了采访。爸爸告诉他，作为学生，思维的训练非常重要，年轻人不仅要学会和掌握知识，还要有批判性思维的能力，这样知识才得以创新，社会才能不断改进。栓柱将内容一一做了记录，并把答卷交给了学校。

鼓励追寻梦想

最近几年来，"带孩子去上班"这项活动比初创时又有了不少新的延伸。比如说，每年8月，学生们可以参加"终极工作梦想大奖赛"，内容是通过一张参加"带孩子去上班"那天活动的照片和一段简短的文字，描述学生自己所梦想的工作。

这几年得到这项比赛的最高奖的有这样几位高中生：一位是一个吉他手，他从小喜欢弹吉他，并受到了许多吉他名家的熏陶。他的梦想是将来有一天成为一位可以去影响那些曾经影响过他的吉他名家的吉他手。

另一位是个女孩子，她梦寐以求的是做一名考古工作者。她觉得探寻古人的生命之路极有趣味，并富有挑战。她认为，考古好像是在走遍世界的各个角落去寻找拼图中的一个个碎片，最终的拼图却可以证实自然历史发展的某个新理论。

还有一位获奖者，是个失聪的女孩子，她喜欢通过绘画与人交流。她每天都画画，梦想是做一个漫画家，能画出让人感到享受并能大笑出声的漫画。

这些得奖的孩子都被邀请到首都渥太华访问一周，并受到总理、总督等加拿大最高领导人的接见。

一支青春奏鸣曲

著名的《加拿大人生活》杂志社，有一年接待了一批参加"带孩子去上班"这项活动的九年级学生。

当时他们正在编辑准备 2 月份的期刊，那个月正好又有情人节。主编就请这些学生每人写一段话，表达对爱的理解。结果，高中生们对爱的理解，打破了主编对青春期少年关于爱的迷思的认知。他们的回答是那么坦白、美丽和真实。于是，主编决定在那一期的杂志上把孩子们所写的文字全部登载出来。

孩子们写道：

"爱是这样一种感觉，仿佛世界就是那么一个人，没有他你就是空的。"

"爱是一种无法描述的感觉。当你和一个人在一起时，你觉得被征服；当你和他／她在一起时，你觉得兴奋，但其中又有些紧张和病态，想象他／她可能与我的感受不同。"

"我知道我母亲很爱我，但我并不知道我是否相信浪漫的爱情。我看到爱给我爱的人所带来的创伤，比如我母亲和我母亲最好的朋友都被他们爱的人所伤害。我只是一个孩子，如果浪漫感情能够让人受伤，我就不希望得到。"

"爱如同你最爱吃的糖果：非常甜蜜，而且总是不能满足。"

"当你爱上一个人时，你听到他／她走进房间，你的心会痛，而当你听到他／她走出房间，你的心会更痛。"

"爱是很诡异的事，有的人说他爱你只是为了从你那里得到什么。我是个青春少年，当我第一次约会时，那个男孩子说他爱我。实际上他根本不爱我，他只是想让我献出肉体。我没有那样做。"

"几乎所有关于爱的事情，都是我从我和我父母所听的音乐中学到的。我喜欢瑟琳娜·戈梅斯（Selena Gomez）的《爱你如同爱歌声》，阿黛尔（Adele）的《有人爱你》和披头士（The Beatles）的《你所需要的就是爱》。"

在编发这些关于爱的青春断想时，这位编辑写道："本来这些孩子们到我这里是要学习一些有关媒体的知识的，但反过来他们却教了我许多东西。"因此，她向读者们建议："当你们在遇到生活中的重大问题时，不妨去问一问十来岁的青春期少年们。"

你看，不仅是孩子们学习到了东西，家长和相关机构也同样多有收获。确实，"带孩子去上班"这项看似简单的活动，让学生、家长和社会多方都受益匪浅。

就学生而言，这可以说是刚刚进入青春期的孩子非常正式地和成人讨论他们的职业生涯的开始。特别重要的是，他们为此进行了实地考察。考察可以帮助他们更加了解选择职业的复杂性，从而促使他们及早探索和思考选择哪种职业。在考察中，他们对于不同职业所要求的技能和知识也开始有所了解，因此可以帮助他们更加懂得在学校学习的重要意义。这种学习，不仅是高中阶段的，还应该持续到完成高中学习之后，甚至是终生必有的。通过亲眼看见家长的工作，孩子们能够更深地体会到，父母的职业生涯，除了实现自己的兴趣和满足社会的需要之外，还有对家庭的责任。由此，孩子们能否深切感受到父母劳作的辛苦呢？也许这还会增加孩子对父母养育之恩的感激之情。

父母感觉最有趣味的是可以让孩子观摩到他们的工作，并有机会与孩子分享自己的职业经验。与此同时，父母还可以利用这个机会开始和刚上高中的孩子一起探讨孩子未来的职业选择问题。"带孩子去上班"仅仅是个开始，他们可以借此在此后寻找更多的机会继续讨论这个话题，并为孩子提供更多的经验。这个话题甚至可以持续到孩子长大成人。在家庭关系中，这种有意义的讨论，无疑也会帮助父母与孩子进一步加深亲情。

对那些接待孩子们的公司、企业、大学和各种组织来讲，也是意义重大。这不是在为他们提供一个极好的机会向年轻一代展示自己的机构吗？这些孩子们将来就是他们事业的继承人，而让他们越早、越清楚地了解这些工作，为就业做好准备，当然就越有可能培养出优秀的接班人。他们又何乐而不为呢？

在加拿大，如果说小学、初中阶段是重在培养孩子的兴趣和天赋能力，到了高中时期，教育的重点就转入了为孩子走入成人社会做准备的阶段，这是从心理、知识、技能、职业等多方面的准备。打个比方，培养孩子全面成长的教育项目，如同一场盛大的音乐会，而"带孩子去上班"这个小小的项目，就如上面所述那家杂志社的编辑所感受的，也许可以说是其中一支别具一格的青春奏鸣曲吧！

16. 树立目标、规划未来——职业教育（上）

培养学生成为自主的人，懂得树立目标，学会认真思考再做决定，并能为实现自己所树立的目标承担责任，对青少年的一生都具有积极且重要的意义。高中的"计划课"和"毕业转型课"，正是为此目的而设立的。2017年BC省高中教学大纲进行了大幅度的修改，这两门课合并在一起成为"职业教育"课——这是栓柱和非非高中毕业之后的事情了。

职业教育课引领学生思考和计划自己的人生，教学生如何树立近期和长远目标，如何寻找目标并做出决定，如何负责任地跟随和实现目标。教学大纲列出的课程内容有：

· 计划完成自己的高中毕业课程；

· 广泛探索高中毕业后怎样继续学习或如何选择职业；

· 认识并严肃地对待自己的身心健康；

· 培养理财能力，为高中毕业后继续接受教育或实现职业目标提供经济保障；

·开始计划从高中到毕业后的过渡。

这一课程旨在帮助学生把目前的高中学习和未来的工作、职业需求以及社会期待结合起来，并达到以下目标：

·成为一个知道自己应该独立做决定的人；
·懂得个人的选择对自己和对他人的影响；
·获取信息，并能够分析信息的准确度；
·充分认识在保持身体健康、实现个人理财和完成学业或职业目标中自身的责任；
·完善知识、技能，形成正确的对待事物的态度，从而有计划地在从青少年到成人的转型中取得成功。

梳理自我，思考人生

年少时，我们每个人对未来人生中将会遇到的诸多问题有过明确的思考吗？倘若有人能够引领我们去做这样的思考，那应该会对我们后来的人生旅程有很大的帮助吧？已经走过的人生道路不可能再去做出什么假设，但在行走之前却可以有无尽的可能。职业教育课程就是从认识当下的自我开始，引导学生思考、设计和探索自己的人生未来。栓柱上"人生计划"课的第一篇作业便是这样的主题。

正如我在《小学还能这样上》和《中学还能这样上》那两本书中所记述的，"自我"作为一个重要题目，孩子们早就以不同层次、不同角度、不同方式做过多次思考了。本书前面所记述的，也有相关内容。但是，计划课上重新面对这一课题时，却更加郑重其事，也更为深入和全面。老师帮助学生们列出一项项具体内容，涉及生活的方方面面，让他们回望过去，前瞻未来，不仅从自身内省，也把自己作为客体而加以旁观，既考虑今后个人的人生道路，也放眼将来的世界局势。

入手的形式，是做一份个人档案。老师解释说："个人档案是这样一份文件，别人通过它能够有机会进入你的大脑，了解你的思想、你的兴趣和你的志向。这是一份随着你的成长而不断发展和变化的材料。"老师建议，最终完成后的文稿应该打印出来放入一个文件夹中，或者也可以做成一个电子版的文件。

下面是老师列出的对这个项目的具体要求：

你所需要的材料：
· 写作用的笔；
· 写作用的纸；
· 影集，能够存放所有有关个人档案的文件夹；
· 照片、媒体新闻等所有可以用于你的个人档案的信息；
· 胶带或糨糊。

你也可以制作电子档案。如果你不确定该怎样做，请安排见老师。

你有没有漏掉下列内容：
· 标题；
· 目录；
· 自传；
· 生活中的重要事件；
· 从小到大的照片；
· 什么使你与众不同；
· 迄今为止谁对你的生活最有影响，请解释；
· 如果有另一个人来描述你，他会说什么；
· 家庭；
· 朋友；
· 你的最爱；
· 五样最讨厌的东西；
· 最喜欢的语录；
· 兴趣和爱好；
· 学习的志向和目标；
· 职业机会调查；

· 个人抱负和目标；

· 想象自己十五年后的状况；

· 如果你是个动物，你会是什么？为什么？

· 如果你是个形状，你会是什么？为什么？

· 会给自己的同龄人提出哪些鼓励性的建议；

· 你对当今世界的看法是怎样的，人们应当怎样做才能使之变得更好。

建议：

· 标题页：设计一个有创意的标题页。你的标题可以是"＿＿＿＿＿＿＿"的个人档案。你可以在页面上添加照片、语录、方框、图画、色彩或形状，其意图是创造一个你或你的档案的印象快照。

· 目录：要列出所有的标题，并标出页码。

· 自传：写五段有关你自己的生活。你可以用以下的建议作为指南。其中的内容可以有所增减，但需使用所给予的架构。每一段的开始都要有一句概括主题的话。每一段的展开都需要具体细节。删除那些与段落开端的主题没有关联的句子。重新审查一遍你所写的段落，再最后定稿。自传的具体内容应当包括：

1. 引言：你的姓名，你的出生时间和地点，你在哪里生活，你上过哪些学校，你的家庭成员有哪些，并介绍你的三个优点。

2. 事实：现在你在哪所学校上学，你所选修的课程，你的朋友，你喜欢的三项活动，你所具有的特殊技能，你生活和参观过的地方，以及任何有关你的重要事情。

3. 一个事件：你记忆中有意思的或令你兴奋的一件事情，或是谁帮助了你，或是你所欣赏的一个人物，或是你最喜欢或觉得最糟糕的一天。这必须是对你的生活有教育意义的一个故事。

4. 你的将来：高中毕业后你的计划是什么？你是想找一份工作，还是要继续学习？或是结婚？为什么？

5. 结论：在你的生活中，什么或谁对你最重要？为什么？你想成为像谁那样的人？想象一下八年后，你可能会在哪里？什么因素可以让你的生活多姿多彩？

标题可以是：一位 ＿＿＿＿＿＿（形容词）少年的自传。

· 生活中的重要事件：创作一个有关你生活的时间表或带插图的地图。哪些事对你成为今天的自己产生过巨大的影响？比如，是不是你第一次学会骑车的时候？是不是你5岁时的第一个男朋友？是不是当你遇到不好的境遇时姐姐的几句温暖话语？或是你跳舞取得最大成绩的那一天？找出至少16件事，可以用时间表表述，也可以用图示表达。

·从小到大的照片：选出至少10张具有代表性的照片。你可以把它们拼贴在一起，或制成一个照片时间表，或很艺术地一页一页地贴上。

·是什么使你与众不同？你是万人中的一个，但你又是独一无二的。什么使你与众不同？你可以写一段叙述，或画一幅自画像，表现出你的与众不同。比如，你可以在图画上画出一个从头顶伸出来的表达你的思想的泡泡圈，然后写道："我的大脑需要靠音乐来思考。"或者画一张着装最典型的你，然后解释道："我的心是穿在我的袖子上的，我的情绪随着我所选择的衣服颜色变化。"或者画一双穿在你脚上的拖鞋以揭示说："我轻轻地走在地球上，总是非常注意我的生态足迹。"或者画一张你拿着相册的画像，然后写道："我注重家庭和历史。"或者是胳膊下面夹个球证明："体育运动是我最感兴趣的生活。"

·迄今为止谁对我的生活影响最大？这个人可能是你的老师、你的教练、你的阿姨或你的父亲。这正是一个机会让你思考谁最关注你，他／她是怎样影响你的现在和将来的？你可以放入一张照片，或者写一段他／她是怎样对你做决定和你的今后道路产生影响的？

·如果有另外一个人来描述我，他会说："你有没有想过从另外的角度看自己？你的妈妈会怎样描述你？你的兄弟姐妹或一个外人是怎样描述你的？"想一想他人怎样看待你。寻找一个角度，然后用一段话、一首诗或一些剪贴画来表述。加一些相片或图画，使你的档案看上去更有艺术感。

·家庭：通过照片和简短的描述来介绍你的家庭成员。

·朋友：通过照片和简短的描述来介绍你的朋友。你们是什么时间、在什么地方相识的？你们是多长时间的朋友？你打算今后怎样和他／她保持联系？

·你的最爱：把下列问题用一张纸回答，还要加上标题（还可以加上图画）。

一天里你最喜欢哪段时间？

一年里你最喜欢哪个季节？

你最喜欢吃的零食是什么？

你最喜欢穿什么衣服？

你最喜欢的动物是什么？

你最喜欢哪种车？

你在学校最喜欢哪个科目？

你最喜欢哪个电视节目？

你最喜欢什么音乐？

你最喜欢哪一位音乐艺术家？

你最喜欢哪部电影？

你最喜欢哪位电影演员？

你最喜欢哪种口味的冰激凌？

你最喜欢什么颜色？

你最喜欢哪种意大利饼？

你最喜欢什么歌？

你最喜欢什么体育项目？

你最喜欢的卡通人物是谁？

·五样最讨厌的事物：写上标题并列出你最不喜欢的五样事物。你也可以放入图画。

·最喜欢的语录：有没有一句你喜欢的电影的台词，一句你在书上看到的话，是一位作家、智者、科学家、演员或运动员说过的一句给人灵感的话？选择一句与你有关的话，它能标示出你今后的去向、你的幽默感、你对别人的关怀或者你喜欢的东西。你必须解释为什么这是你最喜欢的，这和你的生活有什么联系。你可以有创造性地设计这一回答的版面。

·兴趣和爱好：对这个题目你有两个选择：你可以把你的兴趣和爱好列出一个单子，你也可以选择一两项爱好加以详细表述。比如，你爱好编织，喜欢买毛线，总是把自己编织的袜子做圣诞礼物。你还希望从星期一开始成立一个编织小组。解释一下为什么你很享受你的爱好？谁教你学习编织的？你还想学习什么？你的下一个计划是什么？你可以放一张你正在做你爱好的事情的图片。

·学习的志向和目标：你想去哪所大学或商校？你想在什么时候（多大年龄时）去上大学？你有没有想要再读硕士或博士？解释一下你自己受教育的愿望。你可以选择制作一张图，画出你的10年（或5年）计划，或者写一两段话来详述你的目标。

·职业机会调查：已经发给了每位同学一本职业训练机构名册，还有一篇关于如何成为一个电工的例子，并附有一个单子，上面列有许多网页提供的就业信息，可能对你今后寻找职业有帮助。

·个人抱负和目标：你愿意做一个什么样的人？一位冒险家、一位旅行家、一位演员、一位作家、一个有同情心的朋友、一个妻子／丈夫／母亲／父亲、一个登山运动员、一个滑雪健将、一个努力工作的人？详细地讲述你几年后真正能开始实行的计划。可以使用漫画的形式，或做一张图表，或写段文字作为回答。

·15年后所看到的自己：这里可以创造发挥，你可以写一段文字来表述，也可以对照你所画的"什么使你与众不同"那张画再画一张有关你未来的画。从你现在看你将来是什么样？你将会做什么工作？你会不会是一个父亲／母亲了？你穿衣服的风格是否会改变？或者你的兴趣是否也会改变？你会生活在另外什么地方？

·如果你是个动物，你愿意是_____，因为_____：用大约四句话来讲一下你愿意做什么动物，解释一下为什么。你可以用图画来表达其中的关联。

·如果你是个形状，你愿意是_____，因为_____：用大约四句话来讲一下你愿意做的形状，解释一下为什么。你可以用图画来表达其中的关联。

·给你的同龄人一个鼓舞性的建议：给未来十年级的学生写一封信，在生活方面、高中阶段、选择朋友、怎样做出很坚实的决定等问题上，你会给他／她什么样的建议？他／她有可能会遇到什么样的危险？他／她应当参加哪些俱乐部？他／她需要担心有可能发生的什么问题，对什么问题可以不必担心？你是有经验的，告诉他／她你的经验，同时也可以把你自己想得更清楚。

·你对当今世界的看法，人们怎样做可以使之变得更好？你可以写一个段落或通过视觉表达来解释你对当今世界问题的个人看法：这个世界需要改变什么？怎样使世界变得更好？你需要找出这些问题的答案：这些问题是与贫困或财富有关吗？人们需要怎样对待他人？这些问题是与教育或是剥削劳动有关吗？哪些全球性的问题会与你有关？你将如何改变这些问题？

栓柱按照老师的要求把全篇作业分为16个部分，诚实地讲述了他的心路历程和对未来生活的思考。他觉得，他的人生中发生的最大事件是从香港迁移到加拿大，他的生活从此改变，从生活习惯到社会环境他都进入了一个全新阶段。中学毕业后，他打算继续上大学，并且希望从事历史学研究或成为一名作家。在生活中对他影响最大的是父亲，父亲渊博的历史知识和中国文化知识都给予他深刻的影响，他希望追随父亲的道路。

他对自己的认识也很符合实际。他认为自己是一个安静、低调的人，对将来的生活没有特别的野心，希望过平和、安宁且受人尊敬的生活。他愿意结婚，但并不知道将来会不会要孩子。至于别人是怎样看待他的，他也很坦然地说，别人会认为他在学校里不太爱讲话，大家都可能以为他是个不太有意思的人。由于他不爱社交，没有朋友，同学们也许会觉得他是一个反社会的人。但他确信，父母认为他是一个很好的谈话对象，这让他感到欣慰。

他引用了佛家的一句话作为他最喜欢的名言："怀疑一切，找到自己的光。"他解释说，佛家认为每个人都应该选择最适合自己的东西，而他现在就正在寻找自己的亮光，并以此计划未来人生。

如果他是一只动物，他愿意成为一只猫头鹰。因为猫头鹰拥有出色的视觉，可以明察秋毫；猫头鹰也是夜行动物，栓柱希望自己在黑暗中也能自由飞行。如果他是一个形状，他会选择做一个三角形，因为他觉得三角形形状最为独特，在几何计算中又最为有趣。他希望自己能像三角形那样能提供很多先进的概念供人们应用。

栓柱在高中几年，每天中午休息时都到学校图书馆读书。所以在给低年级同学的建议中，他希望他们中午饭后有时间就去图书馆读书。他还有一个关于实现目标的建议，即：如果你达不到你的最高目标，那么你就不必强求，争取达到次一等的目标。

最后，关于对世界的看法，栓柱认为，现在的社会应当消除腐败、歧视、污染和贫困，而首要解决的问题就是歧视。他期盼能够通过教育来改善。在他看来，教育可以让人们理解其他文化，并通过了解像希特勒大屠杀这种丑恶的历史来警示人们，避免历史重演。

正如老师所期望的，读了栓柱的这些"人生档案"材料，我们是不是感觉好像进入了他的大脑和灵魂呢？

非非在 MD 高中上计划课时，老师也设计了一个有趣的作业，就是让每个学生自己给自己写一封信，谈一谈自己是谁，自己对自己的期待是什么，自己的变化是什么。写完之后，把信收藏起来，不要给任何人看，到学期末再拿出来读一读，看看自己的想法有没有发生什么变化。下笔之前，老师特地嘱咐学生们，写这封信时，必须对自己诚实，不能口是心非，只有真实的、发自内心的回答，才能达到认识自我的目的。

当然，老师也给了一些具体提示，以免学生们写信时不知从何下手。提示如下：

1. 你怎样看待你自己？（包括相貌和性格）

2. 你觉得别人怎样看你？

3. 你的父母会怎样描述你？

4. 你最自豪的是什么？

5. 作为他人的好朋友，你是怎样一个人？举个例子。

6. 如果你可能成为另一个人而不是现在的你，你会选择成为什么样的人？为什么？

7. 说出你不喜欢做的事，并解释为什么？

8. 在生活中什么对你最重要？

9. 你的梦想是什么？

10. 你的噩梦是什么？你最怕什么？

11. 你的长处是什么？你的天分在哪里？

12. 你现在想象你十年后会是怎样的？你会在哪里？

几个月后，当学生们再拿出这封信阅读时，发现的确有许多想法都与以前有所不同了。而这正是老师确信将会得到的结果。老师让大家把现在的新想法加写在信中，并建议他们继续保留好此信，过一段时间再拿出来重读，那时可能又有新的变化。老师解释说："这是思考的必然过程，而不断变化正是在不断完善个人的思考。"

自我规划课程，探索未来方向

高中正式计算学分是从十年级开始的，到十二年级毕业，三年中须修满80个学分。那么应该修习哪些课程呢？这是个比较复杂的事情。学生们一方面要完成高中毕业的必修课，另一方面也要选修一些与高中毕业后的去向有关的课程。将来想要从事哪种职业，在高中阶段就得做一定的基础知识准备。如果打算继续接受高等教育，则要符合大学招生对不同科目的要求。加拿大每所大学招生时都有对专业课程的具体要求，文科和理科各有不同的偏重。如果想要直接进入职场，也必须知道那个行业招聘所要求的基本技能。在高中选课时这些都是要考虑到的。

这不正是实实在在的人生规划问题吗？所以学生们为此要学习自己规划自己的高中课程。十年级开始，每个学生就要考虑和斟酌自己修课的侧重点了，于是他们着手进行三年的学习规划。

非非和栓柱十年级时都自己填写了一张三年的课程规划表。以 MD 高中为例，表格形式如下：

十年级	十一年级	十二年级
1. 十年级英文（4分）	1. 一门十一年级语言艺术课程（4分）	1. 一门十二年级语言艺术课程（4分）
2. 十年级社会科学（4分）	2. 一门十一年级社会科学课程（4分）	2. 一门十二年级＿＿＿课程（4分）
3. 十年级数学（4分）	3. 一门十一年级数学课程（4分）	3. 一门十二年级＿＿＿课程（4分）
4. 十年级科学（4分）	4. 一门十一年级科学课程（4分）	4. 一门十二年级＿＿＿课程（4分）
5. 十年级体育（4分）	5. 规划课程（4分）	5.＿＿＿＿（4分）
6.＿＿＿＿（4分）	6.＿＿＿＿（4分）	6.＿＿＿＿（4分）
7.＿＿＿＿（4分）	7.＿＿＿＿（4分）	7.＿＿＿＿（4分）
8.＿＿＿＿（4分）	8.＿＿＿＿（4分）	8.＿＿＿＿（4分）
注：十、十一、十二年级期间必须选择完成一门艺术课程或实用技术课程。	注：计划课可在十年级或十一年级完成。	9. 十二年级毕业生过渡课程（4分） 注：十至十二年级共80个学分。

这个表格中，写出名字的课程是必修课，没有写出名字的部分是选修课。填写这个表格，并不意味着今后三年必须照此选课，这只是一个大体规划，旨在引导学生自行考虑自己今后的方向。学生们还可以随时根据情况的变化进行修改。做了选课计划后，老师还要让他们解释为什么这样选课，说出理由，敦促学生加深思考。

其实，高中选课的难处并没有从这张表格上体现出来，原因在于高中课程内容广泛，项目繁多，领域庞杂，而现在课程信息都在学校的网页上，不容易具象地看到其数量的多少。当年栓柱和非非刚上高中时，学校发给学生和家长的课程手册，实在让我们惊叹。那手册如同一本厚厚的大开本杂志，琳琅满目的课程使人眼花缭乱，从何下手选择课程还真是要费一番脑筋的。

老师的任务就是要帮助学生有的放矢地选课，而这首先就要读懂课程手册。计划课上，非非的老师在指导学生阅读学校的课程手册时，循循善诱地提出了一长串问题，引导他们去梳理选课线索：

1. 目录里的三大标题是什么？

2. 列出十个专门的实用技术课程名称。

3. 列出本校十个艺术课课程名称。

4. MD 高中有哪些学徒课程项目？

5. 获得奖学金的信息在哪一页？

6. MD 高中有多少体育团队在活动？

7. 十一和十二年级的社会科学课课程包括哪些？

8. 十年级可进入学习成绩光荣榜的条件有哪些？

9. 列出五项课外活动项目。

10. 如果你要进入维多利亚大学的人文学科，你需要修读哪些课程？

11. 如果你要进入维多利亚大学学习科学，你需要修读哪些课程？

12. 列出五项从校外可以得到的学分的活动。

13. 哪些科目设有大学先修课程？

14. 中学毕业需要做多少小时的课外义工？

15. 数学课程中学徒数学、基础数学和预备代数课程有何区别？

16. 描述一下"比较文明"课程的内容。

17. MD 高中提供哪些外语课程？

18. 哪些课程属于技术教育？

19. 学习创业营销项目能够获得多少学分？

20. 哪一个是即将开始的新设课程？

老师还指导学生做个案练习。他以三个学生为例，让同学们根据这三位的不同情况，按照 MD 高中的课程指引为这三位设计课程，满足他们的个人要求。一位叫卓尼，喜欢音乐、木工、社会科学和英文，但数学和科学较弱，她将来打算去维多利亚大学深造，专门学习音乐；第二位叫罗比，数学和科学非常强，对机械很感兴趣，想去卡莫森学院学习，打算将来做汽车技师；第三位叫高尔迪，在学校学习有困难，高中期间就已经开始帮助父亲打理生意了，以后很可能会接手家业，目前没有计划在高中毕业后继续读书。大家为他们三位量体定做了不同的学习计划，这样不仅更加熟悉了学校的修课要求，同时也比照这几个活生生的模本而对自己的学习计划有了深入的思考。

为了让学生们详细了解所要选择的课程，确定自己是否喜欢某门课程，学校还举办了课程视听活动。MD 高中每年春天在十年级和十一年级学生选择下一年度课程之前，都举办一个"迷你课堂博览会"。所谓"迷你课堂"，就是把一堂 50 分钟的课浓缩为 15 分钟。老师不仅讲解这门课的教学内容，还就某个主题做一个小小的示范，让学生们对这门课的教学教法有全面的认识，避免他们在似是而非的情况下盲目选课。这个活动总在中午吃饭休息的时间举办，一个小时下来，学生们可以观摩四门迷你课程。

如何在选课时满足上大学的要求呢？学生们最初也是一头雾水。老师在辅导他们时，也先拿出一些案例让大家探讨。比如：欧恩准备去英属哥伦比亚大学修读科学；格列夫打算去 BC 信息技术学院（BCIT）学习电信；莱德考虑在维多利亚大学选修健康科学；布莱茵想去温哥华读商科，主修市场学；而萨姆的理想则是成为飞机工程师。这些人该怎样安排各自的高中课程呢？老师要学生们一个案例一个案例地去解决问题，先要查找某人想修读的那所大学相关科目的招生要求，把具体需要哪些科目的成绩列出清单，然后根据 MD 高中的课程表来制订相关的修读计划。

接下来，学生可以自己考量自己应该修读哪些课程并怎样计划了。老师因势利导，步步深入，先让他们逐一列出自己感兴趣的科目，然后到网上查看一下本省三所综合性大学对这一科目的录取有哪些要求，再回头来研究高中阶段需要修读哪些课程。经过这样的训练，学生们对申请大学和高中选课之间的关系就很清楚了。

非非从十年级上计划课就开始规划他高中后三年的课程了。他根据当时自己感兴趣的科目，设定了四个领域，即：化学、物理、历史、心理学。之后，他发现在自己所选择的课程中，还没有大学先修课程，而这种课程对他将来到大学学习很有帮助，于是又把选择两门大学先修课程纳入考量范围。在高中的后三年里，他基本遵从了最初的选课规划，但也有所调整。比如十一年级时他听了最初两周的心理学课后，发现和自己的预期颇有差距，于是就放弃了这门课程。到十二年级时，他根据计划选择了物理和微积分的大学先修课程，而没有把化学作为重点科目，而是通过网上课程修读了化学。

孩子在那个年龄段心思很活，兴趣变化也很快。十一年级时，非非考虑大学修读的专业方向时，还在科学与历史两个科目之间犹豫不决，而到十二年级申报大学的节骨眼上，他却坚定不移地选择了工程专业，让我们做父母的跌破了眼镜。尽管他的决定对我们来说有些始料不及，但这也是他从十年级就开始思考的最终结果。这是他自己的决定，我们家长只有为他的自主精神高兴。

设定奋斗目标

在引导学生选择自己未来道路的同时，学校还希望帮助学生们成就自己的人生理想。这就关乎价值理念方面的教育了。

成功，是当今社会的流行价值，也是很多人的人生理想。那么什么是成功？LP 高中的计划课上对此专门有讨论。老师给学生们提出的问题就是："什么是成功？你对成功的理解是什么？在你眼里，谁是成功者？他／她总是很成功吗？"

老师首先让各位同学找出一位在自己看来是成功的人士。老师还提供了一个名单供大家选择，其中有体育明星、作家、企业家、演员、政治家、慈善家等。学生也可以从生活中寻找一位熟悉的人，比如自己的一位亲友，或是一位救火队员、老师、医生、生意人、发型师、艺术家等等。

选定了这位成功人士之后，学生们要对之做进一步的研究，了解这个人做出重要决定时的过程、动机、计划、策略及此人达到目标的方法。老师要求学生们思考以下问题并加以回答：

· 他／她遇到过哪些逆境？

· 什么启发和激励了他／她？

· 在他／她成长中谁是其榜样？

· 他／她是怎样保持动力的？

· 他／她的目标有没有发生变化？

· 成功有没有给他／她带来喜悦？

·为实现最终目标他 / 她采取了什么策略坚持到底？

·他 / 她总是能够成功吗？

·他 / 她有什么风险？

·他 / 她有没有害怕过？

·哪一个决定最重要？

·他 / 她为了成功是怎样计划的？

为了启发学生的探索，老师又提出一些旨在让他们把别人的成功经验联系到自身发展的问题：

第一，从你的研究中，找出适用于自己的七条人生经验。

老师以世界知名的美国汽车工程师和企业家亨利·福特（Henry Ford）为例，指出了他的几大特点：为他人服务、全力以赴、有效率……以便学生有迹可循。

第二，这些经验不仅在未来使你受益，现在也可以。想一想，你现在的选择、目标和决定怎样帮助你在未来成功？

这时，老师让每位学生为自己设立一个目标。这个目标要具体、实在，既不能泛泛而谈，也不可好高骛远。

学生们在思考、研究、整理后，还要把自己的想法表达出来。课程结束时，他们用幻灯片、小册子、视频、录音访谈等各种方式，通过演讲分享了他们的研究成果。

设定目标是人生成功的第一步。但目标必须着眼现实，脚踏实地。在 MD 高中的课堂上，非非的老师用一种别致的方法教给学生关于设定个人奋斗目标的一些技巧。他说，真正聪明的设置目标，就如英文"聪明"（SMART）一词的写法一样，可以用每个字母开头的五个词来表达，即：

·具体的（Specific）：何时、何地、什么、和谁、为什么，五个 W；

·可衡量的（Measurable）：用数字衡量，多少量的投入，多少时间，什么程度，多少效率等；

· 可实现的（Achievable）：在能力和掌控范围之内；

· 相关的（Relevant）：与具体事务有关联的；

· 有时间段的、限定的（Time-bound）。

学生们被要求根据这五项指标来制定并写出个人目标、学习目标和与职业有关的目标，以及所要采取的行动，并证明自己的能力。老师强调说，这些目标必须是现实的，而不是为了向别人显示而装模作样的。比如，关于个人目标，要充分考虑到保持自己的情绪和身体状态良好，保持与朋友和家庭的和谐关系，具有个人财政的保障，在态度、脾气、决断、交友（男朋友或女朋友）等各方面把握住自己。

关于学习目标，老师也告诫要从现实出发，做自己能够做到的事。他帮助学生进一步把思路和方法具体化：

· 写出你的目标。比如，下学期将分数从 C 提高到 B；你目前的情况是怎样的呢？如果 9 月份刚开学时你的数学成绩是 68 分，那不妨计划在 12 月份将成绩提高到 75 分。

· 列出可能的行动方案。比如说，更多地复习、寻求同伴的帮助、午饭时间加课、更好地利用课堂时间等。

· 考量自己采取的每个相关行动：

学习可以是质量和数量两方面的。如果没有更多的时间，那就要更好地利用现有的时间。为了减少干扰，也许要更改一下时间表的安排。

把遇到的困难记录下来。搞清楚自己到底有哪些困难，那就可以有针对性地寻求帮助了。很多老师会提供课外辅导，或在你有需要时提供帮助。你知道自己具体的困难，可以在寻求同伴和老师的帮助时更有针对性。

你在教室坐在什么位置，和谁坐在一起，都会对学习产生影响。

认真听老师讲课并能够理解内容是非常重要的，如果跟不上老师讲的内容了，要马上问老师。

· 付诸行动：见自己的老师，搞清楚什么地方需要补课。搞清楚老师什么时间可以见学生，并一周增加两次课外时间针对自己不会的问题重点解决，充分利用好上课的时间。坐在教室靠前的位置，减少打扰，不懂时赶快提问。

学生们按照这样的例子来设定自己的目标和行动。上这门课时他们才十年级，之后还有两年多的时间可以实践、补充、完善。

这门课备有一份教材，学生们人手一份——这在这里是并不常见的情况。教材内容旨在系统地指导学生怎样实现职业方面的目标。它包括这样五个部分：

第一部分，梦想成功：首先确定自己的目标，毕业后想做什么样的工作？你打算用你挣的钱做些什么？你想要什么样的生活方式？你工作之外的业余生活想做什么？

第二部分，保持收入和支出的平衡：离开父母独立生活后，怎样保持收入和支出的均衡。通过计算包括衣、食、住、行各方面的生活费用，看看收入多少才能支持你的生活。

第三部分，发现自己：提出各种问题，帮助自己发现自己的良好品质和习惯。（其中对准备怎样申请工作，怎样写履历，怎样准备工作面试有具体指导。）

第四部分，计划你的成功：怎样寻找工作机会？从当前的形势和发展趋势看工作机会。

第五部分，计划职业生涯的具体步骤：

第一步：了解自己（兴趣、价值、技能、特点）；

第二步：找出选择的方向和内容（自己想做什么职业？你的父母、朋友、老师有什么主意？自己希望完成什么样的教育程度？）；

第三步：寻找信息（职业介绍所、网上信息、志愿者工作、学校辅导员等）；

第四步：做决定；

第五步：建立目标和计划，包括寻找自己的榜样，思考怎样树立目标；

第六步：持续重新评估。

教材中反复强调了高中毕业后继续接受其他教育的重要意义，以促使高中生们充分意识到，进大学、接受商业学徒训练或工业技能训练、半工半读等等，这些多种形式的教育都可以帮助学生在未来取得成功。

探寻职业兴趣

到了高中的最后阶段，年轻人要着手确定自己将来的职业方向了。自己究竟适合做什么工作呢？尚未涉身复杂、现实的社会大世界的他们，要做出恰当的决定并不是一件容易的事情。有些孩子还不知道自己到底喜欢什么，搞不清做什么工作符合自己的特点；有些孩子则兴趣广泛，一时难以选定自己的终身职业方向。毕业转型课程在这方面也为学生提供了辅导与帮助。

非非十二年级时，老师教他们用动笔写的方式来一步步地展开自己的相关思考：

第一步：选择一项自己想探索的职业，写一段话，说明为什么做出这样的选择。

第二步：使用至少三种研究工具来收集下列信息（突出重要信息并在旁边加注）：

1. 对这一职业的描述；

2. 这一职业所需的职业训练要求：

·列出你高中后可能进入的至少一个教育机构的名字；

·一般的录取要求（包括十二年级所学课程和分数要求）；

·学习科目的名称及所需完成的课程；

·预先必修的课程和分数要求（事先必修的课程包括十一和十二年级的，如果你要研修的是医学或法律课程，还必须包括在大学需要预修的课程）；

3. 至少两项相关工作。说明：这些工作都做些什么，和你最开始所选择的职业有何关系；

4. 工资收入（比如，这个职业的平均收入是多少？与全国的平均收入相比如何？）；

5. 这一职业的未来展望（如：未来对这项职业的需求量是否很大？）；

6. 其他一些你认为有意思的信息，或对你完成和加强职业研究有用的信息。

第三步：根据以上信息写一篇报告。用自己的语言写出，而不是从资料上裁剪或摘抄。

第四步：为研究报告制作一个标题页。这一页必须包括三个自己使用的工具，标明所有信息的来源（网页、职业生涯指引、TypeFocus 网页等）。

第五步：结论。提交一页纸的职业研究概要，包括：

1. 强调自己的发现（至少三项）；

2. 自己对这些发现的评论和对研究的想法；

3. 研究工具的效用；

4. 内容具体并是深思过的。

为了帮助学生们了解自己的特点并发现相应的职业工作，老师组织大家做了一次题为"对焦自己的类型"的测试。此前，老师解释了这项测试的意义。他说，一个人的特点是他自己所特有的各种优点的总和，学会辨认和发现自己的长处和才能，晓得自己的特点，才有可能在选择职业时做出好的决定，从而找到会长久从事且感到自我满足的工作。自己的特点、价值、爱好和技能是什么呢？与之相符的职业是哪些呢？这项测试也许能给你提供参考。

测试是通过一个网页进行的，先是做一个问卷调查，询问个性、兴趣、价值及有关成功的因素，然后还有一些自我评估。测试题完成后，网页便自动总结出被测试者的四种个性特点。老师让学生们从这四种当中选出两种觉得与自己最贴近的特点加以阐述，说说这与自己的情况是如何相符的。

针对不同个性特点，网页提供了一些关于职业类型的具体建议。学生根据自己选定的两个特点列出网页所建议的相应工作类型，再在这些工作类型中进一步找出各种具体职业，最后从中选择自己觉得最适合的职业。如果没能找到，则要写一写为什么没有找到。另外，所有人还要回答：这项测试有没有给你提供以前你没想到过的新信息呢？

完成以上步骤之后，并不是就此打住，老师还要求学生们再回过头来思考，看看测试中有关自己特点的描述是不是准确？根据测试结果想一想最适合自己的从业类型是什么？自己同意这个测试的结果吗？再进一步琢磨一番自己最大的特点是什么？第二大特点是什么？这其实也是一种思维方法的训练，即在不断的反思、推敲中使思考臻于完整、深入和成熟。决定人生大事，这尤其是必要的思维过程。

非非认真地做了测试后发现自己是一个内向型的人，善于思考，但不善于交际。网页建议的可能适合他的行业是科学、技术、数学等方面的工作，相关的职业包括：天文学家、化学工程师、机械工程师、机器人制造工程师、汽车工程师等。这些内容是在非非上大学以后我从他的作业资料里翻看到的。我想，他选择机械工程专业，也许是从这项测试中受到了启发吧？不过，他在最后的测试问答中写道："这一测试并没有给我提供新的信息，而是进一步确认了我的想法。"看来他对专业的选择早有想法，还是颇为深思熟虑的。

不过，非非所写的有关职业研究的报告，却与他真正想选择的专业无关，而是研究了怎样成为一位天文学家。按照老师的要求，他在报告中阐述了为什么要选择这个职业，描述了这个职业的工作状况、核心任务及从业所需要接受的教育程度和科目，介绍了这一行业人员的收入情况及这一行业的未来发展趋势。他还联想到其他一些关系密切的职业，比如物理学家、宇航员，也介绍了他们的工作是怎样的。非非认为，要从事这些行业，必须做好三项准备：第一，保持良好的身体状况；第二，接受高难度科学知识的挑战；第三，能够自己做出决定。我问他为什么不就自己所选择的机械工程师进行研究呢？他回答说，在网页向他建议的这些职业中，他最不了解的是天文学家，探究他们的职业主要是出于好奇。

高中毕业后何去何从，不仅是学生们自己的大事，也是教育部门的重要关切所在。本地 61 学区每年都组织一次"职业博览会"，邀请本地各种不同行业和领域的近百家公司、企业、机构等举办职业展览，并向学生介绍本行业的工作性质和内容。

非非的老师也带领他们去参观了博览会。出发前，老师布置的任务是：每位学生必须访问四个展位；访问的步骤是，先介绍自己，然后就下列问题提问：

· 他们在工作中喜欢什么？

· 他们在工作中不喜欢什么？

· 这个职业领域的预期如何？

· 需要什么样的教育或训练？

· 他们的一般年薪是多少？

参观回来后，学生每人把访问的收获写出并交给老师，老师又追问了几个问题：

1. 在这个博览会上，你最感兴趣的行业是什么？那个行业为什么吸引了你？

2. 你从那里获得的信息，有没有对你原有的职业计划带来正面或负面的冲击？

3. 博览会上你最喜欢的地方是什么？你觉得需要改进的地方是什么？解释一下你为什么喜欢、怎样改进。

毕业转型课不仅帮助学生树立长远的职业理想，也着眼实现的具体途径。找工作的过程中，有两个环节特别重要，即写简历与接受面试，学生们因此也会接受相应训练。高中毕业前，学生们会在老师的指导下各自准备好一份自己的简历，他们将以此为蓝本，在未来的成长过程中不断填写上新的篇章。课堂上，他们也进行过申请工作的模拟面试，围绕模拟面试而了解怎样做面试前的准备、面试中要注意的事情、面试结束后怎样跟踪结果等。从学校生活到走向职场，这是人生的一大步，学生们在高中毕业时对此大体建立了一种全方位的图像概念。

17. 健康与生命——职业教育（下）

职业教育课程的另一课题是健康教育，包括身体健康和心理健康两个方面。帮助学生们树立健康理念，珍惜生命，了解有关健康常识，懂得健康的人际关系，让学生们对健康生活做出独立的选择和决定，不仅有益于自己，也有益于家庭、同伴乃至整个社会。

珍惜生命，安全驾驶

栓柱在 LP 高中曾经参加了一个简称为 "P.A.R.T.Y."（派对）的项目，其意取自英文 Prevention（预防）、Alcohol（酒精）、Risk related（有关危险）、Trauma（创伤）、Youth（青少年）这几个词的第一个字母，全称就是 "预防年轻人因酒后驾驶导致自己和他人遭受无法治愈的创伤"。这是一项行车安全教育项目，也是高中职业教育课程的内容。

对这个项目的好评，我早有耳闻。究竟怎么好呢？那确实是耳听为虚，眼见为实。当学校邀请家长参加相关活动时，我当然不能错过这个机会。那天，我和孩子们一同乘坐校车来到举办这个课程的合作单位维多利亚总医院。那里一年举办好几场相关活动，每次接待七八十位从维多利亚各所高中汇集而来的学生。活动的工作人员全都是志愿者，有来自维多利亚总医院的医生、护士、退休人员，也有因车祸受伤曾经在这里接受过治疗的病人。

课程在一间大教室里开场，最先走上讲台的是一位医生。他言简意赅地介绍了这门课程的目的和内容之后，便向在座的高中生们提出了一个问题：你们希望将来从事的理想工作是什么？有五六个学生站起来回答，有想当篮球运动员的，有想做医生或律师的，也有说还没想好的。但医生提出这个问题却另有含意，他说：“你们无论做什么，都很好。但是如果你们因为一场车祸受伤成了残障人士，甚至失去了生命，那所有的努力都会付诸东流。”

是啊，生命只有一次，生命和健康的损失在人生中是无可补偿的。珍惜生命，这是医生语重心长的教导，而突出这一点也正是这一项目的本质意义。

接下来，学生们分成多个小组，进行了随后的一系列活动。我陪栓柱这一组大约七八个男生，随着一位引路人员进入了第一个参观地点——太平间。这处十米见方的空间，贴墙上上下下安装有8个放置尸体的冰柜。接待参观的护士讲话毫不客气，一张口就让我出了身冷汗。她用冰冷的语气告诉孩子们：“如果有人因车祸身亡，尸体就会暂时存放在这里。”说着，她便打开一个空的冰柜让大家观看。我虽然颇有毛骨悚然之感，但护士的讲法倒也让我很能理解其中的苦心，希望她的话可以震慑这些正在或将要学习汽车驾驶，但尚不懂得畏惧的愣小子们，让他们真正意识到如果不把安全驾驶当回事，严重的后果就在眼前。

接着，护士把我们带到旁边一个房间，给大家播放幻灯片。幻灯片都是发生汽车事故后的惨状，甚是血腥。护士一边讲解，一边提醒学生，如果有人感觉不舒服，或有极度恐惧，可以暂避一下。我作为陪同家长，任务之一也是为了在发生类似情况时能助其一臂之力。还好，20分钟的播放和讲解结束，学生们都还状况平和。我暗地里观察到栓柱有时紧闭双眼，有时把头埋下，显然是面对镜头产生了不安。不过，这也是成效之一：这些镜头可以强烈刺激他们的感官和神经，让他们印象深刻。

从这个房间出来到了大走廊，我们这一行人刚刚舒了口气，就又进入了创伤急救室。这里很宽敞，照明条件很好，各种急救设备一应俱全。病床上躺着一位昏迷中的年轻女子，头部被包扎起来，纱布渗出鲜血。急救室的护士告诉大家，这位伤者是今晨因车祸受伤被送进医院的。我的心不由得一下提到了嗓子眼，为这位女孩子感到难过。护士说着话，从一个桶内拿出各种救护器械给大家展示，向学生们讲解如何处理伤者：清除血迹、止血、输液、打针、安装各种监护仪器等等。更重要的是，医院需要立即得到伤者的个人资料，特别是其年龄、血型、平日的身体状况，还要争取马上与伤者家人取得联系。为此，护士向学生们一再强调：出门时身上要带身份证，以便在有不测的情况下迅速查证身份，医院可以从电脑记录或从其亲人那里尽快取得有关的健康资料，及时进行抢救。看到这位伤者的惨状，我心中一直惴惴不安。还好，后来我从学校老师那里得知，这位伤员是一位学生志愿者扮演的，以假乱真为的是加强教学的现场感。

下一项活动是聆听因车祸导致伤残的几位病人的谈话。第一位发言的病人是一位病理意义上真正的脑残者，他在若干年前经历了一场车祸后大脑受到严重损伤，失去了很大一部分语言和思维能力。经过相当长一段时间的恢复，他达到了某种表达水平，但在场的所有人仍然难以听懂他的发音，只有借助一份发给大家的文字材料来理解他的讲话内容。第二位发言者是一位坐轮椅的先生，他也向学生们讲述了他车祸致残的经过和目前生活上的极度不便。第三位是一个经历车祸后基本恢复健康的先生，但车祸对他身体造成的后遗症仍然时常折磨他，他的事业和家庭也都为此付出了巨大的代价。

听完伤者的演讲后，项目还安排学生们体尝一下残疾生活的滋味。在一间教室里，他们面对面坐在两排椅子上，中间的桌子上摆放着一排镜子。工作人员让学生们各自拿起一本书，把书平放在桌上，然后从镜子里阅读书上的字句。他们吃力地辨认着，有不少人频频摇头，觉得难度太大，根本无法识别。之后，工作人员又让学生们拿笔写出自己的姓名，但写字时也不能看着纸，而是看着镜子在纸上书写。学生们费劲地揣摩着笔画的方向，歪七扭八地试图把字书写正确，但却无法如愿以偿。辅导人员告诉学生们："有些因为车祸引起的脑残病人，状态就如同你们现在用镜子读书写字一样，他们日常的脑力活动都是这样在极度困难中挣扎。"

接着，工作人员又让学生们穿上特意准备的上衣，再用长毛巾把他们的双手分别缠裹起来，然后要他们借助一个带钩的工具来系衣服纽扣。这些本来就笨手笨脚的男孩子们将将能把工具攥在手里，但再想做精细一点的动作就难上加难了。三分钟后，有人勉强系上了一个扣子，有人则屡试不成而干脆放弃了。就这样折腾了十来分钟，还没有一个人能把衣服上的那排扣子全部扣上。 工作人员借此向学生们强调："那些因车祸致残的人每天都会遇到类似的生活障碍；大家可想而知，这些人的生活质量有多么恶劣，生存是多么艰难。"

下一项内容是见警察。这是一位专门负责 LP 高中校区一带安全工作的警员，他向学生们宣讲了 16 岁青年学习开车的法律要求、规则和注意事项。然后，话锋一转，他讲起在行车时最容易出现的危险情况。他告诉学生们，最易出车祸的就是 17 到 24 岁缺乏经验的年轻司机。他们开车时或发短信，或接电话，或被一旁接听电话的朋友打搅，还有人甚至酒后或吸食大麻后驾驶，结果反应速度减慢，从而造成事故。他指出，从夜间 12 点到早上 5 点是行车最容易出事故的时间段，这时开车尤其要谨慎。他特别提醒学生：行车犯法将受害终生，因为犯罪记录会跟随一个人一辈子，会影响申请任何工作；如果被送上法庭，律师费用会非常昂贵；它还会带来旅行的不便，比如去邻国美国旅行，必须要每年申请许可，还要携带犯罪记录文件由海关检查通关。

讲话之后，警察拿出一个握在手上的测试仪，请一位学生上来对着仪器上的一个口吹气，示范酒精测试如何进行。在座的孩子都还没有到法定的喝酒年龄，自然应该不曾喝酒，更不知道酒喝多了身体状态会怎样。警察请一位学生戴上一副变形眼镜，然后让他沿着地上画好的一条直线走几米，那位学生东倒西歪地很难走正，把其他同学逗得哄堂大笑。警察又拿起一只球，让另一位学生戴上这副眼镜来接住他抛的球，可是这位学生怎么也接不到，球从他的手臂旁一次次落地。用这些生动、实际的表演，让学生们看到了酒精摄取过量后人们的行为会是怎样的怪异。

课程的设计者们非常了解年轻人的心理：虽然他们看到了不良驾驶的后果，但仍然会对开车充满好奇和憧憬。行车安全教育的意义不在于阻止年轻人学车，因此在医院停车场中央还安置了一个电子模拟驾驶舱，其外形如同野外宿营车，舱内有一个巨大的电子屏幕，学生们在屏幕前操作方向盘，身临其境地驾驶在大马路上，过了把开车瘾。

最后，学生们又回到最开始的大教室集合，之前讲话的那位医生再次出面，这次他讲的是如何处理危险情况。一群同学晚上参加了派对后，一起开车回家时，在车上狂闹，发生车祸的危险性很大，这个时候，大家应该怎么办呢？医生建议：立即说服车上的同伴，让他们注意行车安全；如果劝说无效，找一个借口马上下车；下车后可以叫出租车。他还告诉大家一个小窍门：在北美任何地方，拨打井字键加 TAXI 字母键，就可以呼叫到出租车。还说，一旦遭遇汽车事故，应立即拨打 911 通知警方。他嘱咐大家，出门时身上要带零钱、手机和证件。当然，如果身上零钱不够，下车后向家人要了再补付也是可以的。安全教育不仅千方百计地敦促学生重视行车安全，还教给大家一套实用有效的处理方法，真是一举两得。

驾驶汽车不仅是一项技术本领，也能帮助培养年轻人对自己和他人的责任心，以及对待生命的珍爱态度。加拿大幅员辽阔，地广人稀，交通工具主要靠汽车，可称是车轮上的国家，驾驶汽车因此是必需的生活技能。BC 省法律规定可以驾驶的年龄为 16 岁。不过，16 岁的孩子虽然能够在技术上驾驶车辆，但心理上还不够成熟，对行车安全的重视程度往往不够，行车事故中年轻人犯错误的比例相当高。这个教育项目防患于未然：高中第二年正是学生们开始学习驾驶的年龄了，课程开得恰是时机。

在从医院回学校的校车上，栓柱的辅导员老师太特女士告诉我，这个教育项目始于 1986 年安大略省的萨尼布鲁克。当地一位四个孩子的母亲看到她女儿的几个朋友在一场车祸中有的失去生命，有的终身残疾，非常痛心，于是推动开办了这样一个以预防为主的教育项目，并得到抢救这些受伤孩子们的萨尼布鲁克医院的积极支持。他们坚信，预防是避免灾难的最有效的途径，让缺乏经验的年轻人了解事故带来的后果的严重性可以使他们受益良多。在从政府、学生、学校、校区管理部门、救护车中心、警察、火警、医院和康复中心多方面调查了解后，家长和医护人员设计了一系列的教育内容，创办了这一项目。医院外伤急救室、重症监护室和负责康复的工作人员看到许许多多因车祸而伤亡的年轻人，目睹生命的巨大损失，成为这项活动最积极的志愿参与者，他们真诚地期盼通过教育来减少事故的发生。项目开办近 30 年来，发展迅速，已有上百万的青年参与了这一课程的训练，并从安省扩展到了加拿大各省，甚至还推广到了澳大利亚、巴西、日本、德国和美国等国。

维多利亚的高中 2003 年第一次开办这个项目，目前已有 2 万多学生参加。教育获得了显著成果。主持这个项目的维多利亚卫生管理局做过一项调查发现，参加过这个课程的学生比没有参加过的学生总体上在行车安全方面更加注意遵守规则，在行车时更注意系安全带，更少使用手机，也更少在夜间 12 点后行车。

课程结束时，每位学生还填写了政府健康部门下发的一份调查问卷，以为今后改进这个项目提供参考。

政府健康管理部门的调查问卷

问题	正确	错误
断臂和大脑创伤是可以完全治愈的		
事故是无法预防的		
急救室在认为你有脑伤时就不会使用麻醉剂		
14 岁的少年在开车出事故的情况下可以根据刑法判罪		
酗酒的定义是男士一次喝 4 种酒，女士一次喝 3 种酒		
在汽车相撞中男性司机更容易撞死他人或被撞死		
驾驶是一种权利，我拥有这种权利		
你可以通过聪明的选择来避免受伤		
57% 的 12 至 19 岁的年轻人称从未喝过酒		
城市年轻人更容易出现喝酒和酒后驾驶的问题		
脊髓损伤后，人们需要通过管子将尿液排入袋子里		
创伤对受害者及其家庭来说是永久性的		
如果你车里的乘客没有系安全带，他会给你及其他乘客带来危险		
救护人员在车祸现场总是会将你的安全放在第一位		
冬季死于车祸的人数更多		
在寒春，黄金一小时不总是一个好的选择		
1/3 的加拿大年轻人喝酒达到危险程度（醉酒、昏厥）		
如果你系上安全带，超速和酒精都不会造成问题		
你可以把安全带放在臂膀腋窝以下，你照样受到保护		
女性更容易出车祸和身体受伤		
我们应当准备好帮助朋友及其家庭做出避免受伤的选择		
救护队员总能有办法解救困在车内的人		

来源：温哥华岛健康管理局调查问卷

维多利亚总医院门前为 P.A.R.T.Y. 项目摆放的被撞坏的汽车

P.A.R.T.Y. 项目只是有关危险驾驶教育的途径之一。教育部门、社会团体及媒体舆论，也同时呼吁家长要非常强硬地限制孩子酒后驾车。家长应当让孩子们懂得，在欢庆和娱乐中，喝酒并不是必不可少的，而一旦酒后驾车发生事故，给自己和他人的一生所带来的严重后果将是无法弥补的。在这一点上，家长需要和孩子们进行严肃的对话。在孩子的成长过程中，尽管父母会原谅他们的许多错误，甚至为了鼓励他们而告诉他们犯错误并不可怕，但是在这件事情上，父母的态度不能有丝毫的含糊，生命高于一切！

管理自己的健康与情绪

每当有人问及，孩子一个人在外生活，最让你担心的是什么？我总是脱口而出：担心他生病。年轻人独立生活，懂得照顾自己的身体并不是件简单的事情。身体健康出现小问题时，他们往往不大在乎，能扛就扛，能拖就拖，结果就有可能耽误病情。让学生们学会关注自己的健康状况，这是学校健康教育的重要内容和目的。

在身体出现一些不良症状时，怎样才会引起年轻人的重视？在什么情况下应该去看医生？非非他们上的有关课程，叫作"医学常识课"。他们重温人体的各个部位和器官，以及各种病症在所有器官上的反映。老师发给大家一个表格，把头、胸、背、嗓子、胃、鼻子、耳朵、皮肤等各处在生病时可能发生的一般症状都列了出来。比如头部，症状有：焦虑、迷糊、抑郁、嘴馋、睡不好、头晕、发烧、头痛、做噩梦……大大小小的症状都包括在内。

老师教导学生，当身体不适持续不好甚至加重时，应该去看医生；看医生之前，要把自己的症状列一个单子，这可以帮助医生了解你的情况。老师还让学生们准备这样一些问题，以便他们看医生时可以与医生很好地沟通：

· 你的症状是从哪里开始的？

· 情况是否越来越坏？

· 你想问医生什么问题？

· 你在服用任何一种药物吗？

· 你家里有这种病史吗？

· 谁是你的紧急情况联系人？

· 你有任何过敏情况吗？

学生们还要知道在一个人生地不熟的地方怎样寻找医生，从哪里获得医生的信息。学生们按照老师的指导，在课堂上共同准备问题，寻找答案，相互分享。

生病看病之外，平日锻炼身体的时候也可能会发生不测。他们还有一堂课，是专门教授怎样在锻炼时保护肌肉免受损伤的。这堂课上，学生们要熟悉肌肉各部位的名称，并用图解的方式认识人体各部位的肌肉组织状况，搞清楚在什么情况下锻炼容易受伤，这种情况意味着什么，锻炼时要注意什么。

人们常说，好习惯成就好身体。健康是一种生活方式，健康教育就是要教导学生坚持体育锻炼，保持营养均衡的饮食习惯，懂得管理个人情绪，建立良好的人际关系。相关教育还应帮助学生们了解社会和环境对身体带来的巨大影响。这些影响不仅来自家庭和同伴，也来自媒体、技术、空气和水的质量等多个方面。学生们从分析智力、情绪、精神和社会相对于个人身体的关系入手，共同讨论如何保持它们之间的平衡。

在生活中学会照顾自己的同时，还须懂得关心和帮助他人。当朋友和同伴遇到身体不适或情绪障碍时，不仅应当关怀他们，还要知道怎样解决问题。非非他们在课堂上为此做了一些个案研究，通过一个个具体的例子，探寻处理和对待出现问题的伙伴们的有效方案。

　　比如，有一个这样的案例：你从六年级开始认识丽塔，并把她看作你最好的朋友之一。最近你发现她变得不像她本人了。上个月，她瘦了20磅（约9千克）。她同时显得悲伤、孤独、闷闷不乐。以前你们经常一起去玩儿，但现在她好像对什么都不感兴趣。尽管她掉了好多磅，她仍然嫌自己太胖。针对这种情况，老师问大家："你应当把发生在她身上的情况告诉谁呢？医生？家长？其他朋友？还是心理辅导师？"

　　同学们大多认为，看医生是最直接简便的方法。于是，老师让学生们继续讨论：如果她想去看医生，但又不愿意让她父母知道，而是请求你帮助打电话约医生并要求你陪她去看医生，你应该怎样帮助她呢？比如，你怎样才能找到医生的电话号码、诊所地址以及丽塔的医疗卡？你们使用什么交通工具去看医生？

　　这些问题还算容易回答，但接下来的问题就比较复杂了：你会把丽塔的情况告诉她妈妈吗？为什么会？或为什么不会？医生是否会允许与她妈妈分享关于她的信息？医生可不可以让她妈妈知道她最近看了医生？为什么可以？为什么不可以？想一想：你认为一个好的家庭医生应当怎样处理这个问题？这些问题牵涉到职业操守、文化习俗、法律规定、个人心理等多种因素，学生们在课堂上七嘴八舌地发表意见，得到的答案丰富了他们原来不甚周密的思考。

　　再一个案例，有关霸凌现象：你在家里的电脑上收到一个短信，一个同学发来一个链接让你打开。你打开后，是一个网页，上面写着"欢迎你来到逗乐本杰明的网页"。你在上面看到你从小学就认识的朋友本杰明的照片。网页上有各种针对本杰明和他家人的恶意评论。制作这个网页的人邀请许多同学来看这个网页，有些人还添加了与事实不符的闲言碎语。你于是给本杰明发了一个短信，问他有没有看到这个网页。他回答说："是的，别理我，我想死。"

　　老师让大家想一想这样的情况该如何处理？要为本杰明做些什么？学生们觉得他的反应十分让人担心，一致认为这时候应当立即采取行动反对霸凌，比如报告有关负责人士并封停网页。

　　但是案情并未就此结束，老师继续陈述这个案例：网页虽然被封掉了，但本杰明仍然不愿返回学校。你每天放学回家时都顺路去探访他，大概持续了几个星期。你感到他一直很抑郁，未能从中解脱。他说他觉得生命毫无意思。老师停下来问大家："在这种情况下，应当怎样帮助本杰明？他需不需要去找辅导员、医生或心理医生？"

学生们你一言我一语，提出了很多办法，老师也帮助大家进行归纳和总结。这些案例让学生们对帮助他人解决困境增加了未曾有的经验，也为有可能在自己身上发生的不良情绪产生了几分警觉和戒备。

健康的人际关系关乎生活的快乐，影响个人的身心。人际关系中有情感也有规则，要处理适当还需掌握一定技巧。学生们在课堂上学习了一些原则，比如交流和沟通的技巧：学会主动倾听，请求他人解释清楚，与众人分享信息，自愿接受回馈的信息，用提问式搞清楚没有懂的内容，会使用"我"进行陈述。另外他们还讨论了如何提高处理人际关系的能力，包括怎样建立自信，怎样进行谈判，怎样解决冲突，如何分辨健康的关系和不健康的关系，并怎样处理不健康的关系。

成人生活比青少年生活更为复杂，遇到的困难也会更大，而他们当中有许多人又脱离了家庭的保护，需要独自面对。为高中生进入成人生活做准备，通过一道道心理上的关卡尤为紧要。

18. 校园——成长的乐土

敏感、活跃的高中学生，正处在特别需要正面引导的人生成长阶段。积极良好的人际关系，丰富快乐的学习生活，充满活力的健康身体，受到鼓励的点滴成绩，都是青少年成长的营养要素。学校是家庭之外青少年成长的主要场所，是他们上课、读书、做作业的地方，也是同学们在一起玩耍、成长的乐土。

课业之外的多彩校园

那是冬天的一个早晨，窗外白雪茫茫，非非踏着那层薄薄的白雪走向学校，参加一年一度的圣诞老人早餐会，青春矫健的身姿后留下一串清晰的脚印。也许是因为这里雪天不多，当然更是因为亲情的关系，反正这个镜头不时会从我的记忆中浮现出来。

那是非非高中第一年的圣诞假期到来的前一天。学校没有课，但有一顿以圣诞老人之名提供给全体师生的免费早餐，食物是西式软饼配加拿大的枫叶糖浆。早饭之后，他们还有节目要观赏。圣诞老人很慷慨呢，让学生们既饱口福也饱眼福。特殊之处在于：这次表演节目的人，不是学生们自己，而是他们的老师。平日一本正经地给学生讲授数学、物理的老师，今天则来上一段脱口秀；严格训练学生的体育老师，给大家玩了个魔术；音乐老师自不用说，指挥一个小乐队，吹拉弹唱了几支曲子。体育大厅里欢声笑语，好不热闹。从9月开学到现在，这三个多月里学生们很辛苦。这一天，他们在老师面前彻底放松一把，庆祝学习告一段落，迎接随即开始的圣诞、新年两周假期。

此前，学校已经为庆祝圣诞举办了音乐会、舞会等等，许多班级还有同学之间互赠小礼物的活动。非非他们班每年都这么做，不过礼物是匿名赠送，这项活动因此称为"秘密的圣诞老人"（secret santa）。方式是：每个同学都通过抓阄抽中另一位同学的名字，然后给他/她买礼物，价值一般在一二十元加币，并不昂贵。圣诞假期前，全班每人都收到一份礼物，礼物上只有接收者姓名，而送礼者则是匿名的，就当作是圣诞老人赠送的了。对此同学们都很用心，总要事先暗地里了解一番对方的兴趣爱好，以便购买合适的礼物。非非每年接到的小礼物都十分合他心意。比如，有一年他得到的是一本希特勒的传记，赠送者显然知道他对"二战"历史最感兴趣；还有一年他收到一盒平日最爱吃的巧克力。学生们通过礼物表达相互间的关爱与情意，相互之间洋溢着浓浓的友情。

圣诞节当然节日氛围浓厚，但其他节日也不遑多让。比如，万圣节之际，学校总要号召大家标新立异，穿着各种稀奇古怪的服装来学校，做一天与平日不同的自己。同学们还动手刻南瓜，一面装点节日气氛，一面练手工，搞创作。

在认真的课堂学习之余，校园里总有同伴们一起娱乐、玩耍的时间。学校里各种俱乐部组织的活动，尤其丰富了大家的课余生活。

俱乐部的活动都在午饭时间或课前课后进行。俱乐部的种类，则根据大家的兴趣而可能每年有所不同。就拿非非在MD高中最后那年为例，学校的俱乐部有这样一些：

原住民文化俱乐部：组织的多是有助于了解原住民文化的活动和旅行，也会请相关人士做有关主题的演讲。

啦啦队俱乐部：周一、周四午饭时间和周五放学后2点到4点活动。

象棋俱乐部：每天午饭时间，象棋爱好者进行象棋比赛，任何同学都可以参赛或观战。

英语对话俱乐部：周三午饭时间，给那些英语不够好的国际学生或新移民提供口语对话机会和游戏活动。

"解放儿童"俱乐部："解放儿童"是个公益机构，以为本土和国际青少年争取权益为目标。MD高中也建立了这个组织并展开有关活动。

性别联盟俱乐部：这是一个同性恋俱乐部，把那些同性恋、变性人和不确定自己性别的同学聚集在一起，互相给予精神支持，提供一个安全的社交场所。

即兴表演俱乐部：创作各种游戏、活动和节目，帮助学生提高即兴表演能力，还为参加全加拿大即兴表演比赛做准备。

环境俱乐部：推广有助于保护环境的健康生活方式，建设学校的绿色环境，组织各种环保活动。

联合国模式辩论俱乐部：对国际政治和外交感兴趣的同学，在这里学习和练习辩论技巧，并为参加与其他学校的联合国模式辩论比赛做准备。同时，他们也学习有关外交、国际关系和联合国方面的知识，到公众场合锻炼讲话和辩论能力，练习写作，训练批判思维、团队合作和领导能力。那一年MD高中有6位学生跨洋到中国台湾地区参加了国际联合国模式辩论会，讨论的主题是"世界粮食危机"。

法语俱乐部：旨在倡导学校内的法语语言使用和法语文化。

男生合唱俱乐部：这是一组热情洋溢的男生，他们的演唱在每次音乐会上都是最受欢迎的节目之一。

摄影俱乐部：喜欢摄影就可以参加，无须摄影经验，无须自备相机，学校提供设备。

校报编写俱乐部：专门编写校报，是活跃在学校里的媒体人。

青年变革和包容俱乐部：这是一群少年领袖，他们的目的是在学校和社区推广社会公正和多元文化理念。

像这样的俱乐部，只要大家有要求，并有老师愿意带领就可以成立起来。非非十一年级时曾参加过一个机器人俱乐部，他们那年一直都在设计一种能够绕开各种障碍不断前行的自动越野车。他们才开始活动一个多月后，就离开维多利亚去少宁根湖学校参加了一项地区比赛，结果在50个参赛队伍中获得第25名。但他们并没有气馁，了解到了自己的不足后便进一步努力，第二年2月又去温哥华参加了同样的比赛，这次获得了一项设计奖。

去少宁根湖学校那次，他们来回食宿和旅费一分钱都没花。原来，少宁根湖这所私立学校有个学生十分热爱体育，这位学生的家长捐赠了一大笔钱为学校举办各种活动。学校因此全额赞助了这项机器人设计比赛活动，让本地区的许多孩子从中受益。

俱乐部作为一个集体，同学们常在一起切磋，还为比赛一起去旅行。非非他们队有7名队员，都是男生，每次出行都是指导老师当司机，一个小面包车正好装下全体成员。一年下来，不仅同学之间成了关系密切的好朋友，老师也和他们成了哥们儿。放暑假前，这位老师还专门在学校里请机器人俱乐部的全体成员吃了一顿意大利饼。

同学之间除了伙伴关系，也可以是师生关系。各个高中都开设了"朋辈辅导计划课程"，由学习成绩优秀的学生在课余时间当辅导员，为学习有困难的同学补习功课。

学业上需要帮助的学生，各有各的原因。有的同学因为生病而缺了课，需要帮助补上；有的同学听课没问题，但自己做功课时可能有困难；有的同学学习进度较慢，在同伴的辅导下他们可以按照自己所习惯的速度来学，并不至于对学习失去兴趣；还有的同学可能学习能力弱一些，常常需要帮助才能完成作业或准备好考试。加拿大的教育理念始终认为，每一个学生学习的方法和速度都是不同的。这种一对一的教学辅导是有效学习的重要方法，也很受学生们的欢迎。

担任辅导工作也有种种益处，正如学生辅导员招聘广告所言：你可以借此机会发挥自己的长处，把所学到的知识与他人分享；你不仅可以帮助同伴们提高学习成绩，还能提高他们的自信心；你在帮助同学做功课的同时，也是在进行社交活动，增进同学之间的熟悉程度，而如果是帮助国际学生，一方面可以帮助他们提高英语水平，另一方面还可以了解他们的文化、政治和社会；特别是，你会因为帮助别人而感到自我实现和自我满足，会从老师、家长那里得到赞赏。这些对学生辅导员们都是极大的鼓励。

加入这一项目做辅导员并不困难，不是学校挑选，也不设特别的门槛，而是学生们自觉自愿。招收辅导员的广告上只列出三个条件：你是一个靠得住的人；行为上是别人的榜样；学习成绩出色。学生自己觉得具备这些条件，就可以申请加入。这里的学生都很诚实，如果知道自己的水平解答不了别人的问题，也不会勉强地去做。而朴实与真诚的品质，也正是在这样没有强制而靠自觉的环境中得到了培养。

这样的学习辅导一般是午饭时间在某个教室，或放学以后在学校图书馆进行。开始做辅导之前，学校会对辅导员们进行一定的培训。辅导员的工作虽然是志愿的，但也有补偿。他们完成 50 个小时的辅导工作时间，就能获得相当于修读一门课程的 4 个学分。

辅导过他人和受过辅导的学生们对此都有什么样的感想呢？学校的媒体上对此有专门的报道，这里不妨摘录一些。

担任辅导员的学生们说：

"帮助我的朋友，感觉真好！"
"这工作也是对自己的重新审视。"
"我结识了很多的新朋友。"

受到帮助的同学们说：

"我在学习上不再紧张了。"
"同伴辅导确实让我真正搞懂了功课。"
"他们帮助我通过了课堂考试！"
"他们让我的分数提高了！"
"让我的自信心增强了！"

显然，这一项目充满了同学之间的良性互动，不仅具有智育上的益处，也是承载着社会公益心的积极人际交往实践。

舞会——展现青春魅力

　　高中同学建立的友谊，往往伴随终生。开展积极、正面的社交活动，常常为同学之间形成友谊奠定下基础。青春期是充满激情的好动年龄，借音乐舞蹈狂欢，既展现年轻人的魅力，又能在娱乐中增进友情。高中阶段，舞会是学校里重要的社交方式，成为历届学生的传统活动。

　　高中的舞会一年至少有三四次。万圣节、圣诞节、复活节之际，舞会是不可或缺的庆祝活动。如今的年轻人罕见有跳传统的三步、四步交谊舞的，他们大多跳的都是任意自我发挥的现代舞。

　　作为家长义工，我曾在 MD 高中的几场舞会期间帮忙服务，因此有机会一睹学生们舞会上的青春风采。我第一次看到的是万圣节舞会，让人大开眼界。舞场在学校的体育大厅，晚上 7 点舞会准时开场，大厅的灯光一下子暗淡下来，激光打出五颜六色的光束，它们在大厅里闪烁，变换着各种形状，光点在四壁旋转，白色的烟雾升腾又散落，室内弥漫着神秘、迷幻的气氛。音乐震耳欲聋，节奏感强烈，似乎让整座教学楼震颤。

　　学生们有的三三两两，有的成群结伙，鱼贯走入大厅。与圣诞节舞会喜庆、华丽的着装不同，万圣节在西方传统中被认为是鬼怪离人间最近的时候，人们习惯穿上与鬼怪一样的服装来庆祝。女孩子们总爱扮成仙女或女巫，男孩子则愿意装作鬼怪、蝙蝠、黑猫、精灵、骷髅、恶魔等，恐怖上阵。在这个场合，奇特的着装正是个性的张扬。

　　舞会对平日紧张学习的高中生们来说不仅是一种社交，也是一种宣泄。随着喧嚣的音乐和强烈的节奏，他们的身体在扭动，激情在喷发，能量在释放。300 多个学生挤满舞场，有人在地上轻巧地翻跟头、打滚，有人矫捷地迈开街舞的舞步，有人则急促地用脚尖脚跟在地上拍击踢踏舞，个个生龙活虎。那些不太会跳舞的学生，也夹杂其中随意蹦跳，不必讲究章法，但求自我陶醉。一旦响起一支大家都熟悉的乐曲，光影下，人群更是伴随着音乐节奏此起彼伏，如同大海的波浪。

　　这时，学校有责任保证学生安全、健康，要绝对防止狂欢中发生酗酒、吸毒的情况。学校采取的措施之一，是封闭所有通向室外的出口以防止有学生跑到校外酗酒或吸毒，也防止有人这样做后到校内肇事。舞会期间，学生只可以从通向室内走廊的大门进出舞厅。我作为义工也正是为了帮助学校落实这项措施，一直站在舞蹈大厅一角，看守那里的一个通向室外的门口。走道里，有另外一些家长志愿者为学生们提供饮水、存包、售卖点心等其他服务。校长、副校长和一些老师也在校门口督察，还有警察在一旁巡逻——但凡有较为大型的集体活动，警察到场也是惯例，以备及时处理可能发生的意外情况。

学校思虑严密，不放过一切可能的肇事漏洞。作为舞厅的体育室里有一排排观看的座位，下面是空的。学校指示我们家长义工要注意监视这些座位下的空地，任何学生不得钻入；一旦看到学生胡闹的场面，须立即报告校方。这么多年轻人在一起，兴奋时容易出现情绪失控，学校这样的安排自是多年的经验总结，家长们也为此感到安心。

奖励学生的特殊成绩

奖励是利用人类自尊自爱的本能引发人们自动向善的动机。在加拿大，无论学校还是社会，都特别善用这一手段，形式则是多种多样的。

学校里每年举办达人秀，让学生们展现才能。唱歌、跳舞、朗诵、脱口秀、乐器、杂技，但凡有一技之长，愿意拿出来秀一秀都可以。当然，由于表演时间有限，学校不得不事先挑选一下，选出最精湛的节目。而上场表演必受到鼓励，得到赞赏。

栓柱在 LP 高中读书时，学校年年有个叫作"冠军早餐"的庆典活动，为的就是奖励那些懂得坚持、尊重、参与、奉献和最有热情的学生们，他们对学校的生活和建设起到过积极的作用。获奖者由老师们决定，学校邀请他们的父母出席早餐会授奖仪式。早餐的食物来自社区商家的捐献，有星巴克咖啡馆提供的咖啡和茶，有意大利饼店送来的意大利饼，还有超市捐赠的香肠、蔬菜，再加上面包店的甜点和面包，合起来成为一顿丰盛又地道的英式早餐。活动安排在早晨七点半，也就是上课之前一小时。大家一边吃着早餐，一边聆听校长讲话。校长对奖励有他特有的解读，他告诉家长："学校奖励这些做正确事情的孩子们，比只盯着做错了事情的孩子们要更加有意义，这可以让他们相信自己将来能做得更出色，并且有能力把握自己的命运。"

学校每年还颁发年终大奖，其中最令人瞩目的是给毕业生颁发的课业大奖。6月下旬结束课程之前，学校邀请所有获奖学生和家长前来参加颁奖仪式。非非毕业那年，我们也亲历了这样的颁奖仪式。那天，体育大厅坐满了学生和家长。老师依次来到台前报出奖项和得奖学生姓名，然后邀请获奖学生来前台领奖。每次公布完姓名，台下听众便报以热烈掌声。这个奖是孩子优异成绩的一笔记录，也是父母辛勤养育得到的一株果实，家长们心中自是感到犹如蜜饯一般甜蜜。

年终大奖的奖项名目繁多，可以列举出长长一串：

艺术类：乐队服务奖、杰出贡献奖、每个年级的乐队优秀队员奖、爵士乐队优秀队员奖、合唱队队员奖、弦乐队奖、表演艺术戏剧奖、音乐剧奖、舞蹈奖、视觉艺术绘画奖；

学校服务类：技术奖、年鉴奖、告别演说奖、团队领袖奖；

体育类：九年级女子、九年级男子、十年级女子、十年级男子、十一年级女子、十一年级男子、十二年级女子、十二年级男子奖；

课业类（专门奖给十二年级学生）：包括英语、数学、历史、地理、法律、化学、物理、生物等十二年级所有科目的学科竞赛奖；还有国际学生奖、数学竞赛奖、科学竞赛奖，以及学校各类奖学金；

大奖：低年级服务奖、十一年级服务奖、十二年级服务奖，校长给予的服务奖，艺术大奖、体育大奖，九年级、十年级、十一年级、十二年级优秀学习成绩奖，公民奖；

最后一个也是最高荣誉大奖，叫作"凯莱梅茨格奖"，是奖给全校当年最优秀的一位毕业生。[非非毕业那年，这个奖颁给了一个叫陆克的学生。他是一位波兰裔移民，在文、体、社会服务和课业成绩各个方面都出类拔萃。他毕业后去了卡尔加里大学攻读土木工程，还得到大学颁发的6万加元（1加元约5元）全额奖学金。]

非非获得的是历史学科优异成绩奖。这是他的强项，更是他的读书兴趣；由于爱读历史，他在同学中以历史知识丰富广博著称，据说享有"行走的历史百科全书"之誉。我们为他高兴，但也感到一丝遗憾，因为他的志向并不在历史，而是选择在大学修读机械工程专业。我们只能祝福他，愿他把读历史作为自己的终生爱好。

在学校之外，加拿大社会也有众多对中小学生的奖励。众所周知的是BC省总督府颁发的爱丁堡公爵（即安得列王子）金奖。每年本地有大约 20 位学生得奖，以表彰他们在社区服务、户外活动、电脑技巧、音乐和手工技能、参与团队和个人体育等多方面的优秀表现。

有一年，一位来自 MD 高中十二年级的学生获得此奖。几年前，他曾经去非洲小学和孤儿院做义工，回来后则继续在本地协助寻找支援非洲的项目和资源。他不像许多同龄人那样拥有手机，也从不沉溺于电脑游戏，而是忙碌在各种义工工作之中。有个有关乳腺癌的研究中心是他常去做义工的地方。他热爱自然科学，在那里做义工使他对医学研究产生了浓厚的兴趣，因此决定将来从事医学研究或做医生。他认为医学能够刺激人的智力发展，对人类存亡最为重要。他是一位全面发展的优秀学生，还善弹钢琴，小小年纪就通过了皇家音乐学院的钢琴十级水平考试，也热爱打冰球，并且负责指导 10 岁以下儿童的冰球训练。

本地还有一个"惊人孩子奖"（Amazing Kids Award），由本地 Save On Food 连锁超市赞助，奖励那些才能惊人的青少年。每位得奖的孩子可获得 1000 加元奖金，LP 高中和 MD 高中都有得奖者。

有一年 LP 高中得到此奖的是一位叫切尔西的十二年级女生。她是一个体育球类全能，篮球、排球、垒球，样样出色。有一位 MD 高中的学生叫娜娃，在"惊人孩子奖"中被授予"节省食品"大奖。娜娃是学校合唱团里即兴表演团队的重要成员，也是 MD 高中生态俱乐部环保讲座和海岸线清理工作的主要组织者。她还在社区负责"童子军"志愿者工作，在社会工作中她为节省食品、减少浪费付出的努力最多。MD 高中还有一位得奖者叫伊丽莎白。她的惊人之处不仅在于是一位优秀的田径运动员，也是学校少年领袖工作的卓越贡献者。

还有许多其他学校的获奖者，事迹也很不凡。有一位本地贝尔蒙高中十二年级的女生，唱歌、跳舞、表演音乐剧，样样冠压群芳。此外她还迷恋摄影，并在社区担任义务摄影工作，理想是将来开设自己的私人摄影室。她同时还参加跆拳道班，拳技出色。还有一位岛上的 16 岁女孩叫尼雷，不仅在学校参加游泳队和篮球队，还在校外教小朋友游泳。她说她很乐意教别人游泳，希望让别人建立自信并热爱游泳。她还组织援助肯尼亚学生的募捐活动。对她来说，帮助别人是她生活中最大的快乐，如果一天没有帮助别人，她就会感到浪费了人生。

这些孩子们不仅个人能力超强，也对生活充满友善和激情。受到奖励，必会使他们的天性更加大放异彩。

加拿大社会里，孩子们的任何过人之处都会备受关注，并以奖励的方式引发世人瞩目。比如，有一年，维多利亚一位 13 岁的八年级孩子伽文，得到了由"生命救护协会"颁发的第 103 届颁奖年会的"救护奖"。他的故事好比一部惊险影片。一年前，他随祖父在河里玩船，不料船进了水，船上的水泵则因负荷过重而停止了工作，船开始倾斜，祖孙二人不得不弃船跳入水中。祖父年老体弱，在伽文的鼓励和协助下，终于和孙子一同爬上了河岸。但那里是一片荒野，周围不见人烟。伽文想起刚才在船上时曾经看到过一座房子，于是他让祖父坐在水边休息，独自回头去找那幢房子。他走了近两个小时，终于找到了那个像是被废弃了的房子。屋内没有人，屋外停有一辆破旧的卡车，钥匙居然还放在车里。伽文还没有到法定驾驶的年龄，但也懂一点汽车操作，他用钥匙尝试着发动汽车，试了多次之后竟然真的把车子发动了起来。这是一辆手动挡的汽车，伽文从来没有摸过，不过他懂得离合器换挡的原理。他大胆地把车开了出来，穿过陡峭的小路，终于来到大路旁，等看到一个骑摩托车的人路过时便向那人挥手求助。警察到来后，他们一起找到了祖父。大家都认为他是一个了不起的小英雄。伽文的妈妈对前来采访的记者说，她和孩子的父亲都为伽文在这样紧急的状态下保持清醒的头脑感到无比骄傲。

　　课堂、考场、体育场、艺术舞台、公共生活……都是青少年表现自我的地方。任何小小的不凡之处，都能显现人性的光辉，而由此获得奖励和承认，更成为鼓励青少年健康成长的推动力。

19. 校园——安全的环境

　　安全的校园环境是社会安宁、和谐的体现。在培养学生遵从社会规范、具备责任感、接受有意义的挑战的同时，建设一个让学生们身心健康、相互尊重、友好相处、没有霸凌、更没有暴力的校园，是学校必须承担的责任。这样的教育环境是孩子们成长的重要条件之一。

校园暴力零容忍

有一天，本地广播突然发布了一个牵动人心的消息：位于维多利亚以西的苏克镇上，有几个学生在社交媒体发帖，威胁要使用刀枪绑架某高中的三名学生。校方得到消息时学生们正在上课，学校于是马上采取了锁门噤声行动。他们把门从教室内锁上，所有人不准发出任何声音，全体学生在老师的指挥下躲藏在上课的教室里长达2个小时。就连距离该校4公里远的一所高中闻讯后，为预防万一，也采取了同样的措施。

说来真巧，学校那天上午刚刚做完锁门噤声的演习，紧接着就发生了真实的一幕。学生们感到很有戏剧性，恍如在拍电影。但得知真相后，却也让他们内心十分紧张。直到警察四处搜寻而并没有在校内找到任何武器，并且抓到了那几位发帖者后，事件才告结束。

学校里的暴力事件在本地偶有发生。有一次，维多利亚所在的温哥华岛中部奶奶庙地区一个11岁的学生，从学校的厨房里拿了一把刀，跑出教学楼，声称要自杀。学校立即报警。为确保其他学生的人身安全，学校按照既定措施，立即进入锁门噤声状态。警察到达现场后，和这个要自杀的孩子进行了90分钟的对话，最后终于使他放下了手里的刀子，走向两位警察并与他们拥抱言和。这个学生因家庭问题而造成心理和行为异常，平日在学校里有专门人员陪伴他，这次不知由于什么特殊原因激发而引起了突然的变故。

校园内这类威胁人身安全的暴力行为，是学校特别要防范的。每有类似事件发生，校方都与警方全力合作，立即采取紧急措施，避免事情的最坏结果。学生的生命安全高于一切。

校园周围如果出现任何安全隐患，学校也会很负责任地提醒学生注意。有个冬天的晚上，本地警察接到一位年轻女士的报案，说她被一个男人跟踪。她正在路上走着，这个男人和她讲话，她没有回答，这个男人就伸手去抓她，她立刻大叫起来，男人就慌忙逃走了。这位女士并没有受伤，警察来后也没能找到疑犯，但警察还是向本地居民通报了这件事。由于事情就发生在MD高中旁的公交车站附近，学校也很警觉，马上给家长发了电子邮件，不仅讲述了事情的经过，而且提醒所有学生提高警惕，特别要在走路的时候留心周围环境。学校还借此机会教育学生不要走路时看手机。校长在信中写道："很多学生在走路时过多地看手机，因而忽视周围的环境，这是应当纠正的不良习惯。"

安全的校园还应当是没有骚扰、恐吓、欺凌和歧视的。而要解决这些问题，首先必须倡导多元精神，引导学生们对不同种族、文化、性别、性倾向、年龄、社会经济状况、精神和心理能力不同情况的理解与包容。加拿大十分重视这方面的教育。

霸凌在加拿大校园里是被严肃对待的问题，哪怕仅仅是用语言表现出的霸凌，都不能被轻易放过。加拿大校园里有"粉红色衬衫日"，也就是反霸凌日，各所学校每年都在这一天举办各种各样的活动来提醒人们应坚决杜绝霸凌现象的发生。有关粉红色衬衫日的由来，我在《中学还能这样上》一书中有较为详细的介绍。

不过，解决霸凌问题并不是一时一日之功，平日里学校也有持续不断的活动。MD 高中参加的一个由红十字会主办的有关保护学生不受欺凌的宣传员训练项目，叫作"超越伤害"，深受学生领袖们的欢迎，每年有十几位学生前往参加为期两天的训练。训练内容包括认清什么是霸凌行为，为受到欺凌后如何做出回应提供策略，同时讨论应当采取什么样的行动来建立校内的健康的人际关系。别看只有两天的训练，却给少年领袖们带来许多的益处。学生们在完成训练后，先去附近的初中进行宣讲，然后还和那里的学生们一起探讨新的办法来改进校园生活。这种宣讲让他们得到了对公众讲话和工作坊宣讲员的经验，而讨论学校建设既能为学校做贡献，又能提高他们的领导才能和团队工作能力，并约束自己成为其他学生的榜样。另外，他们也能获得一些实际的好处，比如积攒了更多的义务劳动的课时，在简历中添加了工作经验的记录，等等。

暴力不光来自学生之间，也可能来自老师。老师对待学生的态度要分寸恰当，既要严格管教，又不能过分苛刻到让学生的心理受到创伤，否则会有欺凌之嫌。维多利亚一所著名的私立高中，曾有 13 位篮球运动员学生，因在训练时经常受到篮球教练严厉的训斥，于是联合起来指控教练用语言暴力对待学生，成为本地媒体关注的事件。经过本地警察局、本省私立学校的监察员及专门调查事件机构等多方进行的数年调查后，这位教练的行为被认为只是对学生过于严厉，并不构成侮辱学生的霸凌行为，这位教练才没有受到处罚。

积极、正面的人际环境

心理健康与身体健康一样，对学生成长至关重要。学校通过各种方式帮助学生建设积极、正面的人际环境，维护良好的情绪健康，包括追求美好的性爱关系。

一年春暖花开的季节，LP 高中给学生们发送了一封信，建议他们利用这个美好的季节提升一下享受生活的品位。信中为此提出了一些具体的方法：

·做给予别人正能量的事情。做对别人有用处、有价值并使自己能建立自信的事情，学习并发现新的事物，参加读书会，参观博物馆，学习一种新的语言，去一个新的地方看一看。

·享受自然的美和艺术的美。研究发现，人们穿过花园时，血压会降低并减少紧张。去公园和画廊，爬山，欣赏建筑，在海边沙滩上坐坐，也都能达到同样的效果。

·参与有意义、有创造性的工作。做能够挑战自己创造力的事，比如园艺、画画、写作、玩乐器、制作物品等等，无论是有报酬的，还是没有报酬的工作，重要的是让自己在成果中感受到快乐。

·给自己娱乐的时间。做一些不为了什么，就是自己感觉好的事情，去看有意思的电影，在海滩上走走，爬爬山，听听音乐，读一本好书，和朋友聊聊天。玩耍在情绪上和精神上都是一种健康需要。

·给自己时间去思考和赞美。享受落日的同时，用点时间来思考什么是这一天里自己觉得特别好或特别有意思的事情。

这些看上去不是做什么"正经事"的小建议，其实对培养青少年的心灵具有很正面的意义。教育不应光教学生知识，还应当从这些务虚的小事中培养美好情怀。学校希望让学生们懂得，每一个人都是不同的，有的人在放松时感觉很好，有的人则更喜欢运动和刺激，而真正重要的是能找到使自己感到享受的活动，并提升自己的快乐感。

高中生正处于情窦初开的时节，少男少女们在高中期间的初恋情人往往是终生难忘的，并会对人的一生产生重要影响。也有不少学生，这时开始有了性行为。因此，性教育是加拿大基础教育中不可或缺的内容。学校必须教育学生在性方面做出负责任的健康决定。教育部门认为，性教育应该遵循这样几项原则：第一，这是一项长期的工作，从小学一直到高中毕业都要不间断地进行有关教育；第二，根据学生生理发育成长的不同阶段，有针对性地对学生进行符合其心理和生理发育的相关教育；第三，在性教育过程中，必须有青少年自己的声音。

正如我在记述加拿大小学和初中教育的两本书中所谈过的，在小学和初中阶段，性教育完成了对性的基本认识的启蒙教育。到了高中，性教育则是职业教育的一部分，着重于给学生提供关于性健康的信息，介绍什么是健康的身体，什么是健康的性关系，讲解什么样的人际关系有利于建设一种安全和相互关爱的学校生活，让学生懂得尊重差异，尊重多样化，提高防范欺凌和恐吓的意识，并为防止药物滥用提供策略，其中特别强调防止性病的发生，并提供关于艾滋病预防和治疗的知识。

这项教育不仅是教育家的建议，也是学生们自己的要求。曾经在一个媒体访谈节目中，当主持人问学生怎样才是最好的性教育时，学生们的回答是：希望成人与他们进行开诚布公的交流，把性行为当中的各种情况越坦白地解释给他们，他们越会感到安全。

由于各族裔的文化差异很大，老师在教授这些内容时，态度也会十分谨慎。记得在一次有关健康决定的教育课开讲前，MD 高中的老师专门给家长写信告知："其中有些内容可能会引起某些学生或家长的担忧，比如会讲到关于性问题、性的滥用或性决定等。如果有学生不愿意探讨这些问题，请学生来找老师商谈，可免上此课。请家长阅后签字。"老师还特意在课上提醒学生，发给他们的手册里有内容目录，如果有人对某些敏感问题担忧，请事先与老师联系。

在加拿大谈到性问题，不光指男女关系，还涉及同性之间。加拿大的价值理念一贯主张对不同性倾向的学生都给予尊重，一些维护同性恋者权益的组织在高中也很活跃。"彩虹周二"便是 MD 高中的同性恋俱乐部主持的一个每周一次的娱乐活动日，目的在于强调和推广 MD 高中所遵从的平等观念，支持和正面地对待全校所有学生的不同文化价值。彩虹旗代表多元的美和多层次、多色彩的生活。这个旗子挂在学校大厅，大家可以在这里共同讨论自由、安全、权利，表达对各种性倾向的理解，欣赏人与人之间、文化与文化之间的异与同。他们还定期售卖具有象征意义的"彩虹小杯点心"。这样的活动对防止在学校里可能发生的各种歧视，尤其是减少对于同性恋的恐惧感有积极的作用。参加这项活动的学生们认为，只有每一位学生在学校里都感到安全和舒服，才能够在学习上和实现个人目标上取得成功。

确保健康安全

健康是生活之本。加拿大的学校、家长以及公共健康机构一直在共同努力，通过建立有效、安全的措施确保学生们的健康。平日，学区有专门的护士在各校巡回，以便迅速处理校园里发生的有关健康安危的紧急情况。

学校对每一位学生的身体健康状况都予以极大的关注。老师对那些身体状况特殊的学生信息了如指掌，因为有一些病情可能触发生命危险，有些则可能直接影响到学习能力和学习效果。通常的做法是学校请家长把患病学生的病情告诉学校，学生在校期间学校会给予必要的帮助。那些有可能出现突发情况需要紧急处理的病情，比如糖尿病、心脏病、血管阻塞、食品过敏、哮喘、会发生痉挛和惊厥的癫痫病，学校对有这些疾病的学生设有"健康警报卡"，卡上记录学生的病症，并记有紧急情况下的处理方法。学区的护士每年都会联系这些学生的家长，询问病情变化，更新卡上的有关内容。学校也定期提醒家长和学生告知病情的变化，并共同商议处理办法。

这里的一个常见问题是食物过敏。尤其是对于花生，有的学生过敏程度非常严重，以致威胁生命。曾经有位加拿大东部的高中男生，只因他的女朋友吃了花生酱面包后与他亲吻了一下，便引起过敏而失去生命。因此，学校对过敏问题非常重视，一方面要保障所有学生的饮食权利，另一方面又要保证过敏学生的安全。而在校园里要实现"无过敏原"的环境是非常困难的，于是学校提倡建设一种"警惕过敏原"的环境，并希望家长鼓励孩子支持学校的努力，把课堂变成生命无危险的安全地方。学校里一般都储备了急救药物，老师们也都受过有关的急救训练。此外，学校还采取了一些措施，比如，建议学生之间不要分享食品和餐具，提醒学生在进食前后洗手，提供一个专门的教室作为无过敏原的安全饮食区域；如果有学生一定要带花生食品来学校，则要告诉有关老师，以便于监督，避免发生意外。

如果有的学生在校期间需要在用药方面得到学校工作人员的监督和帮助，家长也可以求助于学校。如果一位学生需要这方面的帮助时间超过一个月，学校则向家长提供一个"医疗用药管理卡"，经由医生填写后交到学校，学校即可根据要求执行。

对于疾病，特别是传染性疾病，学校历来采取预防为主的方法。每到感冒流行季节，学校都反复发函给学生，请他们注意卫生，尽量避免被感冒病毒感染。学校根据卫生部门的指示，很细致地提醒学生：要经常用肥皂洗手；如果生病了或者有感冒症状，就不要来学校而应留在家中；咳嗽和打喷嚏时不要用手遮盖，而要用胳膊的上臂或纸巾来阻挡；避免用手触摸眼睛、鼻子和嘴巴；避免和生病的人近距离接触。

记得有一年，LP 高中在感冒季节还给学生和家长发过饮食指南。学校的信函这样写道："多喝酸奶，因为里面有很多健康有益菌，购买维生素 D 含量较高的那一种；多吃水果以增加维生素 C 的摄取，可以增强抵抗力；多吃肉、花生、花生酱等含有锌的食品，因为锌有助于免疫系统正常运作；得了感冒的同学，要喝一些鸡汤和温热的汤水帮助鼻子通气，减轻感冒症状，鸡汤的香味也是正能量的一部分。"我们家长觉得学校为学生着想细致周到，也愿意努力配合学校督促学生注意饮食。

学校里一旦发生传染病疫情，哪怕仅仅是个案，校长也不隐瞒病情，马上通知全体家长。假如因掩饰病况而使得疫情暴发，学校必承担更大的责任。

有一年冬天，MD 高中发生了一例百日咳。学校马上通过电子邮件告知家长，并指出可能会有学生已经受到了感染，提醒家长注意孩子的身体情况。学校还详细地向家长介绍了这种病的症状和应当注意的事项：百日咳刚开始时像是感冒，但随着病情的加重，咳嗽会越来越厉害，并伴随哮喘、呕吐等症状，病情可能会持续几周。这种病对一周岁以内的孩子和正在怀孕的母亲威胁最大，特别是对接近临产的母亲，有可能会殃及即将出生的胎儿。如果家里有成员发生上述症状，请马上与医务人员联络，检查他们是否已被百日咳杆菌感染。如果情况如此，患者则需要使用抗生素。经过治疗，情况好转后，患者方可回学校上课或工作。学校又提醒家长查看记录，确保孩子已接受了百日咳预防针的注射，如果没有注射过，则建议立即到本地健康机构补打预防针。

还有一年，本地 R 高中有位学生得了手足口病。这种传染病在本地十分罕见。学校也立刻向所有学生提出警告：手足口病虽然一般发生在更小的孩子身上，在高中生当中很少见，但如有学生患病，就必须待在家里，不得来学校。同时学校在给家长和学生的通知中也按照惯例介绍了有关知识：这种病的症状是流鼻涕，嗓子痛，嘴巴痛，没有胃口，浑身痛，手脚会出现疱疹。其传染性很强，一般通过病人的口水、黏液和粪便传播。传染的高峰期是病发第一周，但病菌还可能在水疱和疼痛消失后仍然存在于粪便中并继续传播。学校一再告诫学生餐前便后多洗手，并请家长配合学校，把发病的孩子留在家中。

学校里还有些学生，身体状况并没有生命危险，但却有可能影响到课堂学习。比如说，视觉问题、听觉问题、体育活动方面的某种限制、大脑健康问题等等，这些情况学校也都一清二楚。在每个新学年开始时，学校都会通知家长和学生把这些情况告知校方，以便老师在教学时考虑到学生的问题与困难，并能提供帮助。

在对待精神和智力方面有困难的学生，教育机构则设有特殊的项目，采取相应的措施，努力使他们追赶上正常成长的青少年。比如高中阶段，有专门的课程为那些患有自闭症或多动症的学生提供帮助。这些学生每天必须参加一个小时的自习课，在专职老师的监督下完成当天的学习任务，以帮助他们养成良好的学习习惯。当他们在学习上遇到困难时，还可以求助于这些老师。

近些年来，青少年的精神健康受到越来越多的重视。有些得了抑郁症的学生，或容易过度紧张、过度忧虑的学生，并不明确地知道自己的精神出了什么问题，也不知道应该怎样应对。学校协同加拿大精神健康协会、警察局等校外有关机构，不仅对老师进行训练，也针对学生展开训练，让大家了解患有精神健康疾病的情况，并帮助学生解除障碍，渡过难关。学区专门组织那些出现过抑郁症、后因积极对待而痊愈的高中生，到初中甚至小学演讲，把经历和经验告诉岁数更小的学生。有位叫史蒂芬妮的十二年级女生，在一次演讲中告诉大家，她初中时就产生过不良情绪问题，总是感到不开心，朋友做什么都会惹怒她，一到学校她就想哭，她觉得每一天都过得非常糟糕。另一位十二年级的男生叫约书亚，也介绍说，高中十年级时，他每天一下课就想赶快回家，然后把房门关起来睡觉，他总有一种无止境的无望感。他们的经验是终于鼓足勇气向成人吐露了心境，因此才得到了有效的心理治疗。

酗酒与吸毒是加拿大教育机构最为关注的问题。BC省的法定饮酒年龄是19岁，即高中毕业后才可以饮酒。酒精对正在成长的青少年有百害而无一益。很多科学实验证明，酒精对青少年的大脑功能有很大的损害，最受影响的是大脑中有关学习和记忆的区域。有研究显示，那些在成长期曾经接触过酒精的成年人，记忆都受到不同程度的损伤，注意力和对问题的判断力以及学习新技能的能力也都受损。

加拿大政府为有效地管理大麻类产品，已将大麻合法化，但法律明文禁止青少年使用大麻。对于正在成长发育期的青少年，使用大麻无论对大脑还是身心，都会带来极大的负面效果。

有关酒精与毒品方面的教育在高中定期举办，主要针对酗酒和吸毒对精神和身体的影响展开，目的是让学生们充分认识到这些东西对身体和精神的危害，教他们怎样做出正确的选择来减少对身体的不良影响。

酒精和大麻是学校里绝对禁止的东西，任何人不得把酒精饮品和大麻产品带入学校。在特殊情况下，如果老师或家长搞活动需要在校园内饮酒，则必须得到学区管理机构的特批。尤其在学生欢庆活动中，学校都与警方密切配合，做好各种防范措施，以杜绝酗酒和吸毒事件在校园发生。

遵守校园纪律

学校不仅要保护学生的安全，也要教育他们遵循社会规范。学生们必须懂得社会中什么是恰当的行为，什么是不恰当的行为。而纪律正可以教会一个人承担责任、懂得尊重，并做出明智的决定。所以遵守学校纪律，是对每位学生的一种基本训练。

比如，考勤制度就是其中的重要一项。上课不得迟到，更不能无故缺勤，这是人人必须遵守的规矩。高中学生在生活上越来越独立自主，他们的日常行踪已经不是家长能够完全掌控的了。因此，高中的考勤管理，与小学和初中一样严格。老师每天在课堂上必定记录出席情况，遇有学生缺席则必立即通知学校办公室；办公室有专人负责核查，看这个学生有没有事先请假。学校还设置了请假留言的专线电话，如有紧急情况不能来校，学生或家长可通过电话留言通知校方。若是没有核查出任何缺席原因，学校会立即通过电话或电子邮件联系家长，要求得到解释。

栓柱十一年级时的某天，我接到学校的一封电邮，告知栓柱这天即某月某日第几堂课缺席，并请家长与孩子核实后向学校解释缘由。这封电邮也同时发给了孩子的父亲。下午，我又接到了学校的电话，再次重复上面的质询。栓柱回家后，我向他询问情况，他一脸茫然，因为他整天都在学校里，并未缺席任何课程。我去信向学校转达了栓柱说的情况。第二天上课，老师主动向栓柱道歉，说是他自己搞错了。这次由于有了非非在初中时学校出错的经验，我没有惊慌，还为学校严格负责的考勤制度感到欣慰。

高中学生虽然已经具有很强的独立意识，但他们还需要经过严格的要求和训练才能成为自觉的人。为了达到这个目的，学校在课堂纪律方面的规定也十分严格。每一门课的老师都会在开学时发给学生一份文件，阐明有关课堂、作业、考试的规定，并要求学生自觉遵守。下面是两位老师的课堂要求，这里作为具体实例展示给读者。

第一份是 LP 高中十二年级语言艺术课老师的课堂要求：

持续安静的阅读：

安静的阅读是每日的日常课堂活动，学生利用这个时间安静的阅读至关重要。学生不可以利用这个时间来完成作业或写作。在安静阅读时，可以写作的唯一内容，只能是为阅读后发表评论而撰写的提纲。

缺席：

最重要的是你不缺席课程，但如果缺席的话，则要你自己对缺席落掉的所有功课承担责任。缺席后应该把功课立即补上。所有缺席落下的内容，包括作业、测验和考试，希望能在课外时间，如午饭时间或自习时间补上。要主动询问同课的同学自己落下了哪些功课。如果需要，和老师预约，共同商讨怎样补课。

迟到：

在不得已的特殊情况下迟到才可被允许。经常的、规律性的迟到，是对本课堂和老师的不尊重，而且具有潜在的扰乱课堂的性质。迟到一般发生在一堂课的开始，这会错过老师在课堂上给予学生的最重要的指引。如果你迟到了，请尽量安静地进入教室，最大限度地减小对课堂的打扰。

缺席考试：

如果学生缺席考试，必须有有效的证明理由。学生要在返回教室后的第一时间向老师解释理由，并在三天内预约补考。如果没有如期完成补考，这次考试则被视为未交卷，就是相当于零分。如果学生与老师商谈后，遇有一定困难，则可以给予适当的弹性。LP 的自习时间是最理想的补考时间。

另：同样要求也适用于作业递交期限。如果学生在提交作业那天缺席，他必须有有效的解释理由，并在返校后立即提交作业。

技术手段：

技术手段是我们完成学习内容的一部分，很多技术手段都可以接受，只要是为了而且仅仅是为了完成功课的目的。这包括在课堂上使用电脑、个人的手提电脑、平板，以及手机，主要是用来记笔记。如果学生需要在课堂上使用上述电器，必须知会老师。如果不是为了课堂学习的用途，所有的手机都要收藏起来。为听音乐或其他目的所使用的电器则一概不允许在课堂上使用。

食物和饮料：

任何情况下都不可以在使用电脑时饮食。总的来说，除了水，其他食物和饮料都不可以进入课堂，除非在得到老师允许的某些特殊情况下。但只能在与电脑分开的地方吃东西或喝水。在很特殊的情况下，如果有学生午饭时间很忙，之后上课时需要在课堂上吃东西，如果得到老师的允许是可以的，但不可以打扰安静的阅读，而且学生必须随后自己清理干净残渣。

专注于英语学习：

在我的这门课上做作业时，不允许做任何其他科目的作业。总是有功课可以做，比如阅读。虽然这是显而易见的，但还是必须提醒大家。

写作：

家庭作业必须使用 Word 软件完成，以符合期末做本课学习文案的要求。Word 软件有更好的编辑效果。所交作业必须采用双行格式，最后的文案则是单行格式。

所有提交的作业都必须干净整洁。草稿就是草稿，意思是比较杂乱。作业如果是杂乱的，老师不会接受，不合要求的作业不给予成绩。如果是一份论文或写作需同时提交多个草本，请将最新的干净的正本放在最上面，然后将其他版本按照日期，以最近的日期放前、最远的日期放后的顺序排列。字体请用 Times New Roman 12 号。这是将来在中学毕业后会使用的标准字体。所有的作业都需要写上日期、你的全名，以及作业名称。

使用电脑：

如果学生在课堂上使用电脑，只可以用在功课上，不可以上网闲逛。在没得到老师许可的情况下，也不可以使用自己的电邮或其他个人功能或网页。如果学生希望通过电邮把作业邮寄给自己以便回家做作业，鼓励使用学校的"黑板"软件工具。

学术造假（剽窃）：

剽窃，即在没有得到作者许可的情况下使用其学术成果，是一种很严重的侵权行为。从课堂之外获取的所有资料来源，必须在写作功课里清楚地标明。所有从他人那里得来的思想、推理和直接的引用，必须清楚地承认和引用。引用资料来源必须和学生自己的写作区分清楚。

第二份是 MD 高中十一年级化学课老师的课堂要求：

本课所需用具：

1. 笔记本或纸。

2. 圆珠笔或铅笔（所有考试必须用铅笔书写）。

3. 纸夹（你需要把本课所有的作业放在同一个纸夹内）。

4. 计算器（需要一个科学计算器。如果这种计算器带有记忆功能，则需在每次考试前重新设置。如果你不会重新设置，则不可以使用。九年级和十年级数学课所使用的计算器完全可以用于本课）。

5. 参考表（本课开始时所提供的）。

课堂的一般规则：

1. 准时出席，并对每一位课堂成员都有礼貌。

2. 跟随课题教学不要落伍。

3. 实验室内和实验室的座位上禁止饮食（非实验室教室允许吃简单的零食和喝水，但所有的垃圾必须投入垃圾箱，塑料瓶投入回收箱）。如果有人在教室里留下食物或饮料，则将不再被允许把饮食带入教室。

4. 手机在课堂里的使用必须是以尊重他人的和负责任的方式。在老师讲课、做实验和课堂讨论时，不可以使用手机。在课堂作业、测验和考试时，不可以拿出手机。手机必须处于无声状态，震动状态也不可以。不然，我会将你的手机扣留在我这里，直到这一天的学习结束时再归还。如果你认为手机对你有干扰，请不要把手机带进教室，或者在开课前把手机放到我这里，课程结束后到我这里领取。

5. 不可用手机做计算器使用，请带一个专门在课堂上使用的计算器。

6. 听音乐用的电器只能在安静做作业时使用，声音要小到离你很近的人都听不到。

7. 在课堂上不可以做任何打扰他人学习的事情。

这些要求如同老师和学生之间的一个合同文本，学生来上课时需遵守这个合约。每门课都以发布这些文字要求作为开端。有些老师还让家长和学生在这个文本上一起签字，以保证家长也能够了解这些要求，监督和帮助孩子执行。

老师有上课的规矩，学校还有学校的规矩。每一所学校都有明文校规，印成手册发给学生。下面是LP高中学生手册全部内容的译文：

学生的权利：

·受教育的权利；

·与学生受教育相关事务的决定权；

·不受到破坏的学习的权利；

·拥有安全和正面的学习环境的权利。

为了辅助学生的学习，LP高中提供以下服务：

·由辅导员和行政人员提供学业方面的建议；

·由青少年和家庭问题咨询专家帮助学生解决有可能影响学习的社会和个人情绪问题；

·职业中心提供职业生涯的建议，包括高中毕业后的工作和学习信息，并帮助申请高中学徒项目；

·同学之间的学习辅导课；

·资源室和学习中心提供的学习指导；

·特殊教育服务：着重于课业、测验和课堂辅助的个人教育发展计划；

·为英文是第二语言的学生提供语言辅导；

· 全面的图书馆服务；

· 定期的学生成绩报告单，教师与学生家长的会面谈话。

在校学生行为准则：

· 按时进教室，并为学习做好精神和装备上的准备；

· 除非父母或监护人出面请假，否则必须参加所有的课程；

· 在行为上表现出尊重学习环境；

· 尊重他人，无论其种族、性别、年龄、性倾向、社会背景及能力如何；

· 在学校和课堂中有正面的学习态度；

· 无论自己的决定是正确还是错误的，都要承担责任；

· 帮助维护校园没有垃圾和没有故意破坏公物的现象；

· 尊重学校和他人的财务；

· 以尊重的方式表达意见；

· 穿着与学校环境相符；

· 在学区协议的条件下使用科技手段。

下列行为是学校不能接受的：

· 拥有、使用和发放非法药物（指毒品）和酒精；

· 身体暴力；

· 对他人使用任何方式的过分行为或威胁行为，包括语言的、科技手段的、书写的或动作的；

· 破坏或挑衅行为；

· 禁止拥有武器，如果为学习项目或展览所用，需事先得到许可，并由老师负责保管；

· 抄袭和作弊行为；

· 对向学校报告破坏规矩的人的报复；

· 穿着影响学校教学和学习环境的服装，推广毒品和酒精的使用，对他人的歧视。

如果学生在校出现问题，根据学生的年龄和成熟度，根据学校和校区的规定，可以采取如下解决方法：

· 与家长或监护人开会；

- 赔偿；

- 开除；

- 没收财产；

- 解决争端；

- 为社区服务；

- 剥夺在学校里的某种权利；

- 对其在校物品和储物柜进行搜查；

- 进行辅导教育；

- 停学；

- 警察干预；

- 由特别成立的团队或委员会解决。

手册最后一部分的规定，涉及学生与老师及学校发生纠纷时的处理方式。加拿大是一个执法严格的国家，如果有学生与老师发生严重冲突，学校会用法律手段对不良行为采取严明的惩罚措施，并可以在警察的介入下解决问题。不过，在我们两个孩子从小学到高中的十二年期间，我从来没有听说，更没有见到过他们学校里发生过这类事件。总体来讲这个社会有着良好的社会风气，人与人之间也有着相当高的信任度。

MD 高中校规

出席所有的课程：学生必须出席所有的课程。出席课程与学生的学校成绩有密切关系，这一责任应当由学生、家长、教师和学校共同分担。

如果学生因故不能来学校上课，家长应打学校的专线电话为学生请假，或通过电邮向学校请假。如果没有接到家长的请假通知，学校会通过电话自动录音系统通知家长学生缺席。

迟到：学生必须准时出席课程，无一例外必须在上课铃声敲响之前到达教室。

储物柜：学生都有一个带锁的储物柜，九年级和十年级的学生每两人共用一个储物柜。每个学生都有一个密码锁，押金包括在学生活动经费当中。储物柜是学校的财产，但请学生好好保护，那同样也是学生自己的。

更衣室的储物柜只供体育课使用，上课使用时可以自带锁把衣服锁好，但下课后需把锁拿掉，把衣服和物品清理干净。

自行车和汽车停放：使用校门前的自行车停放架子把自行车锁好。学生的汽车要停放在学生停车场内。在学生停车场内停放的汽车必须拥有停车许可证。停车证可以从少年领袖办公室领取，只有交了学生活动经费的学生才可以得到许可证。没有许可证停放在

停车场的汽车，初次停放会收到警告，屡犯的话，汽车将被拖走。

自习课：没有监督人的自习课只给予十二年级的学生，其他年级学生的自习课应在图书馆进行。

使用电话：作为学校的服务，少年领袖办公室提供免费电话，学生可以用来打简短的电话。电话设置在少年领袖办公室门外的墙壁上。

学生可以携带手机或其他电子设备来学校。但在课上、全校大会及庆祝活动时，机器必须关闭，并存在储物柜、书包、钱包、口袋或其他不显露出来的地方。如果上课时间学生需要使用手机，必须得到任课老师的许可。

滥用药物：MD 高中为无毒区、无酒精区。如果学生非法使用毒品和酒精，将会得到下列处置（以下是校区 5131.61 条例规定简述）：

（a）如果学生有以下情况，校长可决定该生停学 5 天或少于 5 天：

　　i. 受到非法毒品或酒精的影响；

　　ii. 使用非法毒品或酒精；

　　iii. 在学校或其他任何由学校组织的活动中携带非法毒品或酒精。

（b）如果学生有以下情况，校长可以决定该生停学 5 天以上：

　　i. 企图提供、贩卖非法毒品和酒精；

　　ii. 第二次或屡次发生以上情况者。

20. 准备大学生活

继续接受高等教育是许多高中毕业生的选择。加拿大没有像中国高考那样的大学入学考试，所有的高中毕业生都可以进入大学。因此，高中的最后一年，学生们并不是忙着升学考试，而是要完成大学入学申请手续。对此，学校不仅帮助提供进入各类大学的信息，也从心理上和财政上给予学生们指导。

选择大学

加拿大有近百所大学，应该选择上哪所大学呢？对十二年级学生来说，这是一个大课题。非非的老师告诉他们："世界上没有一所大学对某个人来说是完美无缺的，每所学校都有其长处和短处，每个录取都是一项特殊的经验。不要让任何人来告诉你应该上哪所大学，是你将要去某所学校学习和生活，而不是你所咨询的人，也不是你的父母或朋友。"老师的意思很明确，就是让学生自己做出决定。这是十二年级职业教育课堂的内容之一。

那么，年轻人自己应该如何做出这个决定呢？老师帮助学生们通过三个步骤来思考并决定：

第一步，自我评估：你的需要和你的局限。你想要什么？你想做什么职业？你的学习成绩怎样？你的财政能力怎样？

第二步，查找学校：找出你想去什么样的学校。有哪些类型的大学？你重视哪些学术因素？你重视哪些非学术因素？你最先考虑的应是什么？

学术因素包括：

· 这所学校有哪些专业和课程？

· 有没有你感兴趣的专门领域？

· 那里共有多少不同的专业可供选择？

· 课程的时间是否符合你的要求？

· 需要多长时间可以获得学位？

· 学校对学习成绩的要求是什么？

· 学校的信誉怎样？

· 那里有没有学生实习课程？

· 学生毕业后都做什么？就业率怎样？能上研究生吗？

· 学校的淘汰率有多高？

· 教学质量怎样？系里那些顶尖教授们教不教一年级学生的课程，还是说他们只做研究？

· 课堂人数有多少？

· 有些专门设备是否更新了？

· 图书馆和其他学术设施的规模如何？

· 有没有学生咨询机构和财政资助机构？

· 怎样招生？有没有迎接新生的指导活动？

· 还有最重要的一点：学费是多少？

非学术因素包括：

· 是想在家里住或离家比较近，还是想去离家远的地方？

· 喜欢规模大（学生多）的学校还是规模小（学生少）的学校？

· 如果离家生活，是喜欢住在小城市还是大城市？

· 男女混合还是性别单一学校？

· 两学期制还是三学期制？

· 学生族裔的比例构成是否重要？

· 有没有丰富的活动和俱乐部？

· 住宿条件怎样？

· 去大学校园的交通是否方便？

· 学校布局怎样？

· 校园生活怎样？其他学生是否友好？

第三步，考察学校：通过网络、指南、大学博览会、学校材料，或是大学辅导员、校友、你自己认识的人，或者去学校参观等，考察这所学校。

栓柱和非非在十二年级时都修读了类似的课程。MD 高中有关课程的教学大纲里有这样一些内容：

1. 怎样对待高中毕业后的决策；

2. 看懂大学网页和日历；

3. 计划大学学习课程；

4. 加拿大大学招生人员的讲话；

5. 语言能力指数（LPI），评估现有学生进入学术课程或一年级英语课程的写作水平（BC 省大学的要求）；

6. 大学和学院申请程序；

7. 美国和其他海外大学申请程序，以及 SAT 考试；

8. 维多利亚大学和卡莫森学院学生的演讲；

9. 大学生活；

10. 教育资助；

11. 学生贷款。

每到招生季节，加拿大各大学也会到全国高中做推广介绍，争取生源。进入十二年级，从10月下旬到11月中旬，每所高中都会接二连三地接待来访的大学招生人员。

加拿大的高等学府全都是公立的，是根据各省的宪章建立或运营的。加拿大大学分为三类：第一类为设有医学院的大学，规模一般较大，总共大约十多所，包括名列世界前茅的多伦多大学、英属哥伦比亚大学和麦吉尔大学；第二类大学为综合性大学，不设医学院，规模相对小一些，其中多年来排名前三位的是维多利亚大学、西蒙菲莎大学和滑铁卢大学；第三类是社区大学，凡持有高中毕业文凭的人都可以修读。

在大学招生人员来访之前，高中老师帮助学生们准备了这样一些问题，提示他们如何提问：

1. 你们这所学校有什么特殊项目和非常强的专业？

2. 假设我想修读某个科目，那个科目是怎样挑选学生的呢？比如，我想修读医学院，那如果我是这个学校的学生，我会否有优先权？

3. 你们有哪些申请程序：申请/自报成绩/正式成绩的副本（本省/外省）？

4. 我所申请的专业是否还需要一份特殊的申请表格？

5. 你们有没有"提前录取"的申请程序？这类录取占全部招生比例的百分比如何？

6. 你们的申请时间有没有最后期限？

7. 申请你们学校需要正式成绩的副本吗？还是只需自报成绩？

8. 我能否在网络上自行查看申请过程的进展？

9. 你们需要多少门学术课程和考试？

10. 你们需要省考笔试成绩吗？

11. 对十一年级外语课有何要求？

12. 你们接受大学先修课程的成绩吗？

13. 你们对十二年级英语课的要求是什么？

14. 需要多少年的英语课程才可以免予托福考试？

15. 你们提供哪些类型的奖学金？

16. 何时会接到有条件的录取通知？

17. 申请住宿的最后期限是何时？

18. 能够获得住宿学生的比例是多少？

19. 我的专业会有实习吗？

20. 我何时、怎样选择大学课程？

21. 毕业生的就业率有多高？

22. 何时需要最后确认接受学校的录取？

23. 对你们这所学校，有哪些进一步的信息是我需要了解的？

24. 如果我有问题，我可以向谁发送电子邮件询问？

LP 高中每年最先迎到的招生来访者，总是来自本省的大学，首先是位于本地的维多利亚大学和位于温哥华的西蒙菲莎大学。大学招生人员在一间大教室里接待每一位想了解情况的学生，向他们介绍大学的情况，并耐心解答学生们关于申请大学的各种问题。栓柱头一天就准备好了一些问题。他最想读的是历史专业，所以他的问题都聚焦这方面，包括：你们学校历史系的规模有多大？录取的分数大约多高？都开设一些什么样的课程？每门课大约有多少学生？对得到的答案，栓柱颇感满意。两个学校也都分别给他提供了书面介绍材料，上面的相关信息也能帮助他去寻找进一步的答案。

英属哥伦比亚大学在加拿大一般被视为三所最好的大学之一，他们的来访似乎更加隆重。招生人员除了一对一地回答学生问题之外，还通过幻灯片介绍学校情况。他们特别强调这个学校的优质教学和响当当的国际排名。正因如此，申请的学生通常都是成绩出色的小学霸。水涨船高，录取名额有限，自然入校的门槛就高了。而进入这所大学后，学业上的竞争也非常激烈，对学生各方面的挑战都更大。

卡莫森大学是本地的一所社区大学，教学不像上述几所大学那样注重学术，而是实用性很强。如果学生希望将来做护士、技术员、厨师、洗牙师等，这所学校可能是最好的选择。这种社区大学还有其他许多好处，比如课堂人数较少，没有综合大学里几百名学生一起上大课的场面，学生受到的关注因而也较多。在头两年的学业达到一定的成绩要求后，如果学生愿意，还可以申请转入综合性大学完成后两年的学业，并最终获取综合性大学的毕业文凭。

加拿大人一般不迷信名校，不大在意大学排名。其中一个原因，是因为加拿大大学整体来讲水平差别不大，只能说是各有特色。加上财政等多方面考虑，绝大多数高中毕业生都愿意留在本地上大学。而在维多利亚，这种风气似乎尤甚，这与本地气候在全加最为温和（即使相比温哥华来说也是如此）有关，也和维多利亚大学学校规模较小、单门课程学生数量也少，因而学习效果较好有关，况且仅仅从排名来说，维多利亚大学多年来都在综合类大学中占据全加第一的位置。就我所知，栓柱和非非的高中同学里大约有 2/3 的人选择了就读本地的维多利亚大学，其中有不少是成绩非常优秀的学生。

在没有高考的情况下，大学怎样确定录取分数呢？这主要是看学生高中时期十一年级和十二年级这两年的在校成绩，包括平时作业、课堂测验、学校考试的成绩，并加上在几门全省统一考试中的成绩。

这样做的前提，是这个社会总体来讲具有诚信和职业操守。高中老师不会为了让学生升学而故意给他们打高分。老师有老师的职业操守和专业标准，他们按照这种操守和标准给出学生的成绩，为什么要去夸大提高、弄虚作假呢？当然，学生成绩与实际水平有出入的情况，也是无法完全避免的。由于中学教学质量的差异，或个别老师教学水平的原因，有的学生在高中阶段并没有真的打好知识底子，但却因成绩较高而如愿进入了心仪的大学。这样的学生到了大学往往在学习上遇到极大困难，很难最终完成学业。

这就是说，在加拿大，进入大学并不等于进入了拿到文凭的保险箱。恰恰相反，加拿大大学入学比较容易，但毕业并非易事，可说是"易入难出"，而不是"难入易出"。大学有大学的专业规则、操守和标准，包括严格的学术要求。达不到要求的教授尚且会被淘汰，更不要说是学生了。加拿大的本科是以修满学分的形式完成学业的，并不限制上学的年头。正常速度一般为 4 年，但有不少学生由于各种原因会以更长的时间修读完本科。据统计，在 7 年间能够完成大学本科学业的学生，大约占 70%。那 30% 未能完成学业的大学本科学生，其中有一部分即是出于学习能力的原因。

了解大学生活

大学是一个极富挑战的全新环境。在 MD 高中十二年级的课堂上，非非的老师坦率地告诉他们："进入大学后，你们很快会感到有心理压力。"随后他向大家逐一分析个中的原因：

首先是竞争的压力。中学时成绩出色，你会觉得自己是最好的学生。但强中更有强中手，如果在大学里还想保持这样的成绩，并非轻而易举。这就会使你产生心理上的压力。

其次是自主的压力。比如说，大学里有许多课堂学生人数非常多，可能多达几百人，老师不会给你像在中学里那样的关注。当你遇到困难时，可能并不容易找到帮助你的人。这并不是说在大学里就没有可能得到帮助，但与中学不同的是，你的自主性要进一步加强，你必须主动去找老师、助教、辅导员以及各类为学生服务的人员。

最后是成人的压力。大学里，人们把你当作成年人。特别是，如果你离开父母到外地上学，日常生活也要自理，你的经历就会与以往更加不同了。

老师总结说："大学阶段人生会发生很多变化，你可能会经历恋爱，你可能会做很多让自己遗憾的事，你也许会被某种事物所困扰。这些都可能给你造成心理压力。"

老师话音一转，又给予他们鼓励："这种压力也可以帮助你取得成功，使你懂得怎样努力学习，怎样冒险，怎样从受挫的经验中汲取教训而获得下一次的成功。也许第一年的学习成绩并不理想，但你坚持下去就会有很大的改变，就会有提高，最重要的是你不能放弃，要给予你自己继续努力的机会。第一年的大学生活有可能困难重重，但你从中正可以学到怎样克服困难。重要的是，不要认为你进了大学就能成为最好的学生，你仍然需要努力与成长。"

这一席话，分量甚重。接着，老师则传授给大家在大学里减少压力的一些小窍门：

· 每天早到教室，做好准备；
· 在学习开始前熟悉你的环境；
· 熟悉图书馆的布局；
· 做你自己，不要害羞；
· 向高年级学生请教；
· 读教科书；
· 注意不要参加过多的派对以免耽误学习，要顶住同伴压力，做自己想做的事；
· 和做得好的伙伴们在一起；
· 集中精力，并注意获得各种信息。

老师还讲述了一系列的学习技巧，包括怎样应对课程，怎样记笔记，怎样自学，怎样写论文，怎样阅读，可谓无所不至。比如：第一天上课该怎么做呢？老师的建议是：课前做好预习；坐在教室尽量靠前或靠近老师的地方；搞清楚老师会见学生的时间；如果老师给你们奖励分数的功课就一定要做；不能迟到也不要早退，讲课开始或结束的时段里老师往往会向学生们发布重要信息。老师特别强调的是：大学阶段，一定要懂得阅读，不会读书就不会学习，无论是理工科学生还是文科学生都不例外。

大学第一年，学生们一般都住学校宿舍。非非的高中老师带领学生们讨论了如何在宿舍里处理好人际关系，还一一交代怎样注意保持健康——这包括这样一些要点：要吃得好，休息得好；不要尝试毒品；安排好自己的时间，既要有学习的时间也要有玩的时间；了解学校给学生提供的各种服务，特别是帮助学生减轻压力的心理咨询，以便在需要时求得帮助。

老师最后讲，成功的诀窍就是要树立目标。老师说，这个目标可以是短期的，也可以是长期的。老师引导他们这么做：想一想你为什么上大学？你想取得怎样的成功？把你的目标写下来，尽量去争取做到。目标要比较现实，是要保证自己能够完成已经开始的工作，并要排好自己的时间。老师让大家切记："要完成在大学受教育的任务，只有靠你自己来实现。"

老师的大道理加上带有细节的建议，对高中生们来说，既是定心丸又是清醒剂。

与高中里的准备工作并行，加拿大的大学也为即将毕业的高中生顺利过渡到大学生活提供帮助。每所大学都为此展开一系列活动。以维多利亚大学为例，每年都在高中生提交入学申请之际为他们举办"做一天大学生"的活动，让他们亲临大学校园，了解大学的教育状况，熟悉校园环境。这也是为招募学生所做的最好的广告。这个活动从周一到周五都会举办，有心申请该校的高中生可以任意选择适合自己的时间，通过网上预约报名参加。

栓柱很有兴趣地参加了这一活动。导游们都是维多利亚大学的在校本科生。活动从上午10点开始，持续到下午3点。栓柱去的那天，上午的主要活动是听一堂大学一年级的英文课，一个半小时的时间，全堂课以老师授课为主。那次老师讲的是简·奥斯汀的名著《爱玛》。栓柱没有看过这本小说，开始时对情节有些摸不着头脑，不过，随着老师有条有理、层层深入的解析，他很快就搞明白了小说中的人物关系，特别是其中的阶级关系。后来我问栓柱感觉大学课程与中学有何不同，他想了想说："大学生的学习更加独立。在中学课堂上，老师对学生的具体指导更多些，而在大学里，老师只是讲课，但怎样把老师讲的内容记下来，怎样吸收，老师并不多管，一切由学生自行处理。"的确，在加拿大上大学，自主自律非常重要，因为学习全靠自己。

中午，学校为参观者在大学餐厅专门安排了免费午餐。大学餐厅是新近重新装修的，如同商城里的美食广场。北美午餐以快餐著称，不外乎三明治、热狗或意大利饼。栓柱吃了一块意大利饼，这可以被视为他日后在这所大学生活的第一顿午餐。

下午1点钟，大学生导游们开始带领他们参观校园：哪里是什么什么系的教学楼，哪里是大学生们读书的最佳去处，哪里是课余时间参加活动交结朋友的地方，哪里是学校的服务区，他们如何参与大学生活……导游滔滔不绝地介绍着，与即将到来的新伙伴们分享自己上学以来的生活经验。

对外地生来说，学生宿舍是他们非常感兴趣的参观点。学校在学生宿舍区设有一间专门的示范屋，展示宿舍的居住条件。学生宿舍有单人间和双人间，每个套间内都有共用的浴室、卫生间和厨房，费用自然也有不同。

维多利亚大学的校园甚是优美。虽然建筑风格平平，但大片绿地环抱，苍松翠柏挺立，各色花木繁茂，春夏争奇斗艳，秋季红叶斑斓。再加上还有一个收集了几百个品种的杜鹃花花园，以及隐藏在校园一角林间溪谷中的自然保护区，如果不是在这里久住，一时半会儿还难以看尽校园全貌。

参观完毕，最后的时间留给这些未来的大学生们提问。他们对大学这个陌生的地方充满了疑问，充满了好奇，也充满了希望。负责招生的学校工作人员专门负责解答问题。那天，在招生处工作的Cookie姐姐接待了栓柱，她是我们全家的好朋友，对栓柱也一向格外照顾。在解答问题之后，姐姐还赠给栓柱一本书，是多伦多大学哲学教授托马斯·何卡（Thomas Hurka）所撰，名为《生活中最好的事情——关于什么是真正重要东西的一份指南》（*The Best Things in Life—— A Guide to What Really Matters*），内容是指导人们如何认识生活中最有价值的东西。姐姐在赠言中写道："希望这本书能帮助你在生活中做出决定。"姐姐知道，高中毕业是人生的里程碑，栓柱正需要面对新生活，学习如何做选择，如何做决定。

学习理财之道

就对孩子上大学的财政支持来说，中西有很大差异。中国家长习惯于全力以赴地给孩子提供一切费用，包括学费和生活费，甚至常有家长以超出自己财政能力的方式提供支持以保证上大学的孩子生活优渥，所谓"砸锅卖铁，在所不惜"。西方家长的基本态度则大为不同，相当一部分孩子上大学要靠自己贷款付学费，至少要自己打工赚取部分生活费用。因此，如何获取外界的财政支持，懂得理财，并能保持收支平衡，这对于将要初步迈向财政独立的加拿大高中毕业生们来说，是一个很大的新课题，要从头学起。

上大学要支付一大笔学费开支，如果不靠父母的援助，学生们该怎么办呢？职业教育课程有关于理财的专门内容，教学生们建立预算的概念，搞清自己的收入，确定各种支出，保证优先的开支，区分必需的开支和想要的开支，懂得做一定的储存为意外情况做准备。通过这门课程，学生们还可以了解金融产品和金融服务怎样能够帮助实现教育和职业目标，比如，怎样在银行存款，怎样申请学生贷款，怎样投资，怎样使用信用卡，什么是债券，什么是债务，等等。他们还学习怎样向政府申报自己的收入，即报税。报税是公民的法律义务，年满 18 岁后即成为独立于父母的纳税人。

课堂上，学生们学习准备一个高中毕业后的初步财政计划。在 MD 高中的课堂上，非非的老师采用了下面这样一张预算表，其中包括了大学第一年生活的所有经济开支。学生们需要通过计算他们的开支来反观所需要的收入，然后计划如何筹划资金。他们由此知道自己需要申请到多少助学金或贷款，以及如果申请到的款项不够，还需要多少工作量来赚取足够的费用。

年收入	年支出
每小时工资 ＿＿＿＿＿＿＿ 每周工作时间 ＿＿＿＿＿＿＿ 月收入 ＿＿＿＿＿＿＿ 上学期间总收入 ＿＿＿＿＿＿＿ 每小时工资 ＿＿＿＿＿＿＿ 每周工作时间 ＿＿＿＿＿＿＿ 月收入 ＿＿＿＿＿＿＿ 夏季假期总收入 ＿＿＿＿＿＿＿ 税收后的收入 ＿＿＿＿＿＿＿ 现金 ＿＿＿＿＿＿＿ 学生贷款 ＿＿＿＿＿＿＿ 奖学金 ＿＿＿＿＿＿＿ 家庭供款 ＿＿＿＿＿＿＿ 其他收入 ＿＿＿＿＿＿＿ 全部收入 ＿＿＿＿＿＿＿	学费 ＿＿＿＿＿＿＿ 书籍费 ＿＿＿＿＿＿＿ 住宿费 ＿＿＿＿＿＿＿ 水电费 ＿＿＿＿＿＿＿ 伙食费 ＿＿＿＿＿＿＿ 交通费 ＿＿＿＿＿＿＿ 服装费 ＿＿＿＿＿＿＿ 个人卫生费 ＿＿＿＿＿＿＿ 医药费 ＿＿＿＿＿＿＿ 娱乐费 ＿＿＿＿＿＿＿ 通信费 ＿＿＿＿＿＿＿ 保险费 ＿＿＿＿＿＿＿ （如：汽车）＿＿＿＿＿＿＿ 全部支出 ＿＿＿＿＿＿＿

为支持和鼓励高等教育，加拿大政府与社会各界，包括各所高中、各学区、家长会、各所大学以及一些公司或机构，设立了多种多样的财政赞助项目，有奖学金，也有助学金，还有条件十分优惠的学生贷款。成绩优秀的高中学生在获得荣誉之外，也会得到财政奖励，为他们接受高等教育提供资金帮助。

比如说，BC省设立过一个叫作"教育通行证"（Passport To Education）的奖学金项目。学生在十到十二年级间可以获取"通行证印花"（passport stamps），这些印花在毕业后可用来兑换为一定金额（十年级和十一年级各为250加元，十二年级为500加元）以支付高中后继续接受教育的费用。学校根据学生人数比例、学生的学习总成绩、出席情况、努力状况、学习习惯、对社区贡献等，确定得到印花的学生。栓柱高中期间三年合计获得了1000加元奖金。可是，等非非上高中十年级时，政府缩减教育经费，这项奖学金被取消了。

又比如说，高中也设立了毕业班奖学金。非非毕业前的那一年，MD高中全校学生所获奖学金总额达到130万加元，其中有53位同学获得维多利亚大学入学奖学金或四年全额大学奖学金，光是这几项的总额即近30万加元。

大学对优等生也提供奖学金，有金额高达几万元的全额奖学金，也有一次性的小额奖学金。比如：维多利亚大学专门有一项入学奖学金，颁发给在高中十一年级和十二年级平均成绩85分以上的新生，金额虽然只有一两千加元，但对学生来说也是一笔不可忽略的经济援助，当然更是对于年轻人的精神鼓励。奖学金对于学生选择大学也具有重要的价值。有些学生在同时获得好几所大学的录取通知书后，得到奖学金的数额则可成为决定性的考量因素。栓柱尽管不是因为这个原因而选择进入维多利亚大学，但他获得的入学奖学金成了他个人简历上列出的第一个奖项，可说是他即将进入成年时得到的第一个重要认可。

还有许多比赛颁发的奖金也都是为学生升入大学提供资金的一种方式。比如，"跨加拿大科学博览会"是一项展示学生聪明大脑的重大比赛，经层层选拔，每年有近500名七年级到十二年级的学生入围，最终有25位参赛者获奖，这些奖金有的是直接给予获奖者，有的则以作为未来上加拿大某所大学学费的形式颁发。

另外有些奖学金则需要学生自行申请。比如某些由捐助奖学金委员会、工会、基金会、协会或联营集团承办的奖学金项目，必须经过一定的申请手续才可能获得。高中十二年级时，学校有专门课程指导学生申请各类奖学金。

记得非非十二年级时，有段时间每周五早晨七点半就到学校上这门课，在老师的指导下学习申请奖学金的程序。老师教他们怎样进行奖学金项目搜索，怎样制作高质量的奖学金申请简历，还给他们讲解义工工作对于申请奖学金的重要性，告诉他们怎样请求写推荐信，怎样准备奖学金申请面试；并告诉他们申请某项奖学金有哪些程序。

一项奖学金总有许多人申请，往往竞争相当激烈。怎样提高申请的成功率呢？老师讲了这样一些要点：

- 首先需获得具体信息；
- 再从中寻找符合条件的申请项目；
- 注意申请要求的所有细节；
- 如有疑问则打电话问讯；
- 尽早准备好推荐信；
- 反复写作练习需要长篇回答的问题；
- 书面申请要整洁，并把记录保留下来；
- 一定要按时提交申请。

申请奖学金时怎样写简历呢？老师列出了一定不能漏掉的内容：

·学习成果：学习成绩上光荣榜，数学和写作获奖，天才教育班，很高的 GPA（总平均成绩）；

·体育成绩：获奖、个人赛或团队赛成绩；

·艺术成绩：音乐、舞蹈、戏剧、艺术，具体做的内容、展览、活动等；

·在学校里参加的活动（学生会、俱乐部、兴趣小组、学生辅导员、学校义工）；

·社区参与：校外的组织、童子军、教会唱诗班、教会教学、兴趣组、义工；

·会议和工作坊：学生的大型会议，与学校学习有关的工作坊，如球类、戏剧工作坊；

·技能：打字（文秘）、语言能力、人际交流、救护文凭；

·个人兴趣；

·工作经验；

·职业计划：近期计划和长期目标。

老师还叮嘱他们，在提交申请之前，还要从以下这些方面重视简历写作：

·格式要规范；

·拼写、语法有无错误；

·顺序：从最新资料开始列举；

·内容是否全面，是否包括了技能、兴趣、义工、经验、职业计划等；

·是否列出了自己所参加的活动的细节；

·个人信息中是否包括了个人的地址、邮箱。

老师还发给学生们申请奖学金简历的检查清单，内容非常实用：

·姓名、地址、电话号码，以及电邮地址；

·年月日包括在内；

·每一栏目的任何事件都把最新发生的放在最前列；

·简写要用得合适；

·所提供的材料的书写格式正规；

·技能、兴趣和职业计划必须包括在内；

·联系人姓名和电话，在简历中所提到的以前和现在的雇主都要包括在内。

加拿大社会整体受教育的水平很高。据加拿大统计局的资料，在 25 岁到 64 岁年龄段的人口中，一半以上接受过高等教育。但是在加拿大人的心目中，上大学并不是接受教育的终点，而只是人生不断学习的又一个新起点。

21. 长大成人的里程碑——高中毕业典礼

要毕业了！经过四年的砥砺奋进，高中生们在 6 月迎来了收获季节，即将开始人生的新阶段。这一年，他们刚好 18 岁。高中毕业，也正是长大成人的里程碑！

这是憧憬未来的季节，也是惜别过往的季节。维多利亚各所高中都在忙着为毕业生们举办各种毕业活动。种种活动中，最有纪念意义也最令毕业生们期待的，是毕业晚宴和毕业典礼。

毕业晚宴——浪漫的青春记忆

十二年级的毕业季节，是从 12 月份圣诞假期前的毕业生晚宴拉开序幕的。这是毕业生这一年里两场重要晚宴的第一场。学校发来的通知上，要求学生们穿正式的晚装，但也嘱咐他们，最漂亮的礼服还是要留到来年 6 月再穿。这个提醒对女生也许是重要的，而男生们除了西装加领带或领结之外，还能有什么更多的花样呢？不过，对这里的许多青年人来说，生平第一次正装场合，当属高中毕业圣诞晚宴。对栓柱和非非来说也都是如此。

栓柱参加圣诞晚宴那天，他老爸亲自上阵帮他穿上西装打好领带。平日总是一件套头衫的儿子，一经打扮，瞬间变成了神采飞扬的小帅哥。

我送栓柱来到学校预定的餐厅时，天色已黑。校长卢奇斯先生站在门前，冒着细雨在阴冷昏暗的露天一脸春风地迎接学生。借着门口的灯光，他认出我是栓柱的妈妈，便热情地欢迎我进去，说："里面的气氛可好了，你去瞅瞅吧！"我被强烈的好奇心驱使，顺势进入餐厅内观望。

LP高中今年的毕业圣诞宴会选在离校园不远的一家海滨餐厅。餐厅刚刚重新做过装修，用木质结构的柱子和大梁做装饰，感觉并不豪华，而是充满自然和古朴的气息。东侧一排落地窗面向大海，支撑在高于海平面十来米的岸边，涨潮时伸头向下张望，即便在晚间也能清晰地看到窗下席卷而来的白色浪花。室内柔和的灯光烘托出一种和平、浪漫的情调。里面已经站满了人，有的在聊天，有的在照相，门口走廊更被挤得水泄不通。孩子们的装扮，与平日在学校迥然不同：男生西装革履，玉树临风；女生略施粉黛，芳华照人。这一眼，足让我感到惊艳！栓柱转眼间已消失在人海和暗光中，我无从看到他和同学们在一起的样子，停留片刻便离开了。

晚宴结束后我们来接栓柱，看到他那副兴奋劲儿，便知晚宴很令人愉快。他向我们讲述道，晚宴的座位是事先安排好的，每个座位前都放有学生的名牌，大家只需按名牌就座；食物是自助餐，他们可以任意拿取；餐厅的中央是舞池，不少同学餐后翩翩起舞，不跳舞的同学则围坐聊天。我们问他，同学们穿着那么讲究，大家见面都会说些什么？他回答说，大家都相互赞美。我们接着问："同学们赞美你的衣着了吗？"他很得意地回答："赞美了！"因为大多数男生穿的是深色衬衫，而栓柱穿的是蓝条衬衫配蓝黄色调的花领带，有些与众不同。

这次晚宴只是序曲。6月份毕业前夕，还有一场毕业生晚宴，那才是最为郑重其事的。

还在栓柱刚刚进入高中的第一年，我就有机会目睹毕业生晚宴的盛况了。当时，LP高中邀请家长志愿者到晚宴上帮忙，我欣然报名参加。那一年，LP高中的毕业晚宴是在维多利亚的三角洲大酒店举办的。宽大的宴会厅里摆放了约20张桌子，中间的空间留着作舞场。晚上7点，晚宴准时开始，学生们陆续进入宴会厅，按事先安排好的座位就座。只见男孩子们身着白色衬衫配黑色蝴蝶结或各色领带，外加纯黑色西服套装，有些人还佩戴胸花。那算是西方晚宴上最为正式的男装打扮。女孩子们则身穿色彩鲜艳的晚礼服，上身袒露胸肩，下身长裙拖地，个个雍容华贵，似乎能与奥斯卡奖颁奖仪式上走红地毯的演员们一比高低。

据说，加拿大女性一生一般只有两次机会穿着这样的晚礼服盛装：一次当然是结婚，另一次就是这样的高中毕业晚宴。不同的是，婚纱是白色的，而毕业礼服却可以有各种颜色，或鲜艳或淡雅不拘一格。豆蔻年华的女孩子们都盼望着高中毕业晚宴上穿一袭出众的礼服大展风采。不过，这种风气大概也就是近二十年来在加拿大高中毕业生中兴起的。有位家长告诉我，当年她们高中参加毕业晚宴时，服装相当简单。

我好奇地问这位家长："这些裙子都是在哪里买的呢？"她告诉我，维多利亚城里有好几个专门经营毕业生礼服的商店，那里的裙服千姿百态。到那里定做毕业礼服，店里还会把每个学校每个女生的晚礼服的款式记录下来，这样可以避免晚宴上有人撞衫。可不是吗，在这样重要的场合，如果有两位女生穿一模一样的礼服出现，场面滑稽不说，独特的青春又怎能充分体现？

有学生对毕业晚宴穿晚礼服这种做法有不同的看法，于是他们便打破传统，别出心裁，把礼服做得富有寓意。栓柱毕业的那一年，R 高中的一位女生用自己的作业纸做成一件晚礼服，穿此参加了毕业晚宴。本来用于买裙子的钱，她则捐献出来用于救助贫穷的学生。这位有理想、有关怀、有个性的姑娘，觉得不是所有的人都能像她那样有条件接受教育，她想用自己的微薄之力帮助别人。

非非十年级时，他们学校有一对毕业生情侣的毕业晚宴服装，也是有趣并有意义的故事。女孩子叫茅斯，男孩子叫莱利，他们俩的宴会晚装，是自己动手，足足花费了 200 个小时，用胶纸带制作而成的。原来，安大略省一家胶带公司，已经连续十四年在举办高中毕业晚装竞赛，目的是为十二年级学生提供奖学金，前三名获奖者可以分别获得 1 万、5000 和 3000 加元的奖金，而得奖学生所在学校也同时能够分别得到 5000、3000 和 2000 加元。这对情侣动员师生们通过网络投票积极支持他们的行动。7 月 8 日是 5000、3000 和 2000 加投票截止日期。六月中旬，本地报纸报道了他们的事迹，并为他俩争夺名次大做广告。最后，茅斯和莱利在 140 名参赛者中进入了前十名。

茅斯和莱利是从小一起长大的伙伴。一进入十二年级，他们就计划参加胶带公司的这项比赛，并想使用黑色胶带制作凤凰图形的毕业晚宴情侣装。可以想象，用这种不同寻常的材料制作衣服相当困难，而且作为晚礼服穿上参加晚宴和舞会也非常不舒服，又硬又不透气。不过，他们为自己的创意感到兴奋，动力也很强，因为他们期望能够获奖并把一部分奖金捐给慈善机构。茅斯从小就是个与众不同的小超女，不仅喜欢标新立异，创造力惊人，积极向上，且精力无限。她在学校里除了学习成绩出色外，平日还参加各种活动，又是跳舞，又是担任体操教练，有空时还去老人院做义工。高中毕业后，他俩都如愿进入了自己想去的大学：茅斯去了卡尔加里大学攻读医学，莱利在维多利亚大学学习科学。

再说回到那天我参加的晚宴上。学生们坐定，学校请来的专业主持人宣布宴会正式开始，200人的自助餐秩序井然。学生按桌子号码的顺序依次取食，老师和家长志愿者也和学生同时用餐。大约一个小时以后，用餐基本结束，随着迪斯科音乐的响起，学生们陆续进入舞池开始欢快地跳跃。音乐在室内铿锵有力地震荡，一下子烘托起了庆典的热闹气氛。

我们这些做义工的家长们，这时也开始工作了，任务是在大厅周围所有的通道和出口处把门。此前校方已经明确告知学生，只可以在宴会厅一带指定范围内活动，如果走出这一带，就不可以再回到会场。我们家长就是帮助学校监督学生，而警方也在一旁执勤。原来，但凡舞会、娱乐时，学校一定要防止酗酒、吸毒、寻衅闹事等意外发生。在这个社会里，自由和法律如同一块铜币的正反两面，相辅相成。自由不是无边的放任，法律也不是束缚人的工具，而是防止自由被滥用，从而使每一个个体的权利得到应有的保护。学生们就是在这样的环境中成长的。

实际上，学校对学生的状况了如指掌。在我们执勤的过程中，校方发现一个个子不高、穿黑色长裙和黑色高跟鞋的女生不见了。副校长谭女士立即过来询问我们有没有见到她，并嘱咐一旦看到这个女孩子就马上告诉她。后来很快就找到了那个女生，谭女士又来向我们通告了情况。原来这个女孩子平日就有不当行为，学校因此特别关注她。晚10点钟过后，校长又来告诉我们家长，现在可以放松些了，因为那些"有问题"的孩子们都离场了。对学校的这种负责态度，我们家长都很是赞叹。

我站岗的门口旁边是学校专门设立的一处照相角。一块黑布挂在墙上作为摄影棚的背景色调，摄影师是从MD高中请来的有摄影专长的学生。一群群同学不时地来这里照相，让我大开眼界的是他们照相时的行为。一对男女学生来到镜头前并肩站立，相互搂着腰，不用一句指令，双双把头往中间轻轻一靠，一个微笑，咔嚓一声拍照完毕，那姿态自然又亲密。开始时我以为这是一对情侣，可后来发现并不一定，好多明显就是要好的朋友。集体合照又是一番风景：

十来个女生自动排成两排，前排就地而坐，后排全部站立，没有任何人指手画脚，大家却齐刷刷地把头倾向中间，摄影师一声招呼"照了"，全体女生又整齐地嫣然一笑，啪地拍下一张美女集体照。男孩子们则善于搞笑，几个人在一起，做出各种姿态，有的把其中一人高高托起，有的双手抱怀相背而立，还有的各自摆个雕塑般的姿势，但都不见任何招呼、协调，几秒钟内摄影师就按下了快门。我在一旁观赏，觉得张张如同电影剧照。最让我吃惊的是，几人合照居然不用左商右量，也不用咋咋呼呼，大家都不言不语，但配合默契。那自然、自信、自由、自在，都写在每一张青春的脸上——这应该蕴含了这个社会的某种奥秘吧，自我张扬与群体和谐之间的融汇，在青年人的秉性中淋漓尽致地表现了出来。

舞会持续的时间很长，其间穿插了幻灯片播放，用张张照片回望毕业生四年在校的各种瞬间，引起学生们的阵阵掌声和欢笑。

舞会上播放的乐曲基本都是迪斯科，人群随着铿锵的音乐有节奏地奋力涌动。不过，舞会临近结束时，音乐转为一段优雅浪漫的三步舞曲，舞场气氛随之骤变，情侣们纷纷登场，相拥而舞，随着轻曼的舞乐悠来荡去。这是忘情的时刻，有些情侣还挡不住感情的迸发而当众拥吻。高中情侣虽有不少在毕业后劳燕分飞，但初恋毕竟是人生中的深刻记忆，这支舞曲也许就是今后许多次感情经验的前奏曲。青春充满梦幻，高中的恋爱经历也将成为人生感情的珍藏。

几年后，栓柱和非非也都相继参加了他们自己的毕业晚宴。那是家长不参加的场合，我无缘目睹他俩那两场晚宴的盛况。不过，从这次的经验和学校发来的照片中，不难想象出那欢乐、热烈的场面。好在，当 MD 高中毕业生晚宴前在省议会大厦合影留念时，我挤在广场上混杂的家长和游客群中，为非非还有他的小伙伴们抢拍了几张生动的照片：他们个个像是刚刚长成的小树，生机勃发！

毕业典礼——任理想高飞

毕业典礼是毕业生最庄重的仪式。两个儿子的高中毕业典礼先后都是在维多利亚大学音乐厅举办的。那里不仅场地大，而且正规、堂皇，维大又是许多本地高中毕业生即将就读的大学学府，当然是再合适不过的地方了。

孩子们举行毕业典礼那天，我们全家早早吃过晚餐，按照规定的时间来到大学礼堂前。楼外草坪上已经站满了前来参加典礼的学生和家长。6月的天黑得相当晚，这时阳光仍放射出柔和的光线，明亮但不强烈，正是照相的好时候。毕业生和伙伴们纷纷合影留念，父母给他们做摄影师。

学生们身穿统一的毕业礼服。栓柱和非非学校不同，毕业礼服也就有所不同。栓柱他们 LP 高中的礼服是湛蓝色的长袍，领口加一条纯白色的带子镶边，方顶帽子上面挂着个垂在一侧的蓝穗子，看上去清爽醒目。非非所在的 MD 高中的礼服则是黑色的袍子，领口是紫色和黄色的双色绸带装饰，方帽子上的穗子也是紫黄两色相间的，格调庄重深沉。学校要求袍子里面的衣服也要整齐划一，男孩子一律白衬衫、黑裤子，还要打上领带；女孩子则可随意一些，里面可穿一件轻盈的连衣裙。

入场的时间到了，学生们去集合排队，家长们陆续走入大厅就座。仪式前的几个月，学校就通知家长购买入场券。买票入场不仅是为了支付租用场地的费用，也可以预知出席人数，便于合理安排。第一轮售票时，每个学生家庭最多只可订购四张。全体学生都买票之后，若还有剩余座位，学校才发出第二轮通知，有需要更多票的人可以再次购买。

仪式正式开始，场内响起深情而悠扬的毕业生乐曲。学生们从大厅前台左右两侧鱼贯登台。左右同时上场的两位同学相迎走到台中央，互相示意，然后转身一同走向舞台后方的阶梯座位上，面对观众坐下。后来参加非非他们 MD 高中的典礼时，学生人数很多，舞台中央也摆放了满满的座位，好让毕业生全部就座。

学生走场上台的过程一点儿也不呆板，反而常常出现极为有趣的场面，那就是当两个学生走到台子中央相互示意的时候，有的是紧紧握手，有的则相互拥抱；有大胆的男生同女生相遇，竟然双手把女生托起；若是两位好友相遇，还会默契地耍个拳、逗个乐，引得台下观众哈哈大笑。孩子们那股身心放松、自然随意的劲头，真是可爱。

每个学校举办仪式的过程大同小异，但各具风格。LP 高中整个仪式都由学生主持，校长、副校长和一位本地议员演讲。MD 高中的主持人则是在校老师，演讲者不仅有校长，还有学区负责人，本来还请了学校所在地萨尼池市的市长，遗憾的是他因病未能到场。

毕业之际也是怀旧之时。LP 高中的两位学生用边朗诵边表演的方式回忆了高中四年的成长。她们诙谐地述说道："九年级进校时，我们一个个怯生生的，看着谁都那么高。十年级是最不重要的一年，如同多子女家中的老二，既不是新生，又不是老生，搞不清楚自己的身份。十一年级要选的课程很多，刚刚开始知道要发奋学习了，结果一下就上了十二年级，转眼间高中就飞速地结束了，很惋惜。"这些话言简意赅地概括了高中四年的学生心理。

MD 高中校长讲话风趣，他特意给家长们提了一个建议。他说："你们的孩子已经长大了，很快都要离家了，为了不使自己寂寞，你们就去养条狗吧。"全场的家长都被逗笑了。

典礼仪式的高潮当是领取毕业证书并与校长合影。几百名学生依次走到舞台中央接受校长的祝贺，校长与每位学生握手、拥抱，然后合影。学校为此请来了专业摄影师，精准地抓拍下对每个学生来说都具有历史意义的时刻。家长们更是踊跃，看到自己的孩子上台，就拿起手机、相机抢拍，有的家庭还高声喊叫，兄弟姐妹连连给出飞吻，请来的朋友则一片欢呼。高中毕业典礼，也是孩子的成人礼，家长们的幸福感这样爆棚，也是很可理解的吧？！

就在每位学生昂首走入舞台中心这十几秒的过程中，总有一位老师在旁朗诵这位学生的毕业留言。留言是事先精心准备的。几个星期以前，学校要求每位学生写一段自己最想在毕业典礼上说的话。有人回忆高中在校最快乐的时光，有人想起某次难忘的经历，有人提及引以为豪的文体活动，有人透露自己的暑期计划，也有人以一句名人名言来概括自己的心声……当然，未来的事业目标，生活中的美好愿望，这也是年轻人最喜欢述说的主题。但最多的，还是表达对父母、亲人、老师、朋友的感谢。

栓柱有心借此机会做一个声明——这是我们事先不知道的：他希望从高中毕业起人们能直接称呼他的大名而不再使用昵称。随着他走上台来，老师在朗读他的毕业留言，最后一句是："他（注：指栓柱本人，学校要求留言使用第三人称）从来没向任何人说过，他的大名其实叫亚历山大。"话音刚落，台下便爆发出一阵笑声。

校长站在舞台中央一视同仁地迎接每一位毕业生，用亲切的握手和热情的拥抱表达对学生的祝贺。有些活泼的学生在场上大胆地和校长玩耍搞笑，校长这时绝无半点儿长者和领导的架子，而是朋友般地跟随学生做出反应。有位学生走到台中央围着校长转了个圈，校长随后便围着那位学生转了个圈。另一位学生上台来对着校长拍了拍胸脯，给了个暗示，校长便与他同时一跃而起，两人迎胸轻撞。每每有此情景，都赢来全场的掌声和欢笑。那个晚上，最兴奋的是学生，最激动的是家长，而最辛苦的应是校长，他要精神饱满地和几百位学生一一互动，每拍一张合影都是笑意满面、精神抖擞。

终场前，学生们以歌声寄托他们的情思。LP 高中的学生由毕业生合唱队带领，一起唱了一首歌：《你生活中的时光》。MD 高中毕业生共同演唱的那首歌，名为《我们是一家人》。歌中唱道：

> 我们是一家人，
> 我和我所有的姐妹们在一起；
> 我们是一家人，
> 大家都起来和我们一起唱吧！
>
> 我们是一家人，
> 我和我所有的兄弟们在一起；
> 我们是一家人，

MD 高中毕业典礼

大家都起来和我们一起唱吧。

每个人都能看到我们是在一起的，
我们一起走路，
我们就像小鸟一样一起飞翔，
不会有任何谎言，
周围所有的人看到我们都说
他们能够这样亲近，
我可以证明，
我们就像家人一样地互相给予爱。

悠扬的歌声在礼堂上空回荡，令我心潮澎湃。孩子们小学、初中、高中，成长的一幕又一幕在脑海中翻腾，一切仿佛发生在昨天。人生也如白驹过隙，时光如同旋风，瞬间带我们走完了儿童、少年、青年、中年……孩子这一代成长起来了，将来他们的人生会是怎样的呢？高中毕业是孩子们离开父母独自飞翔的起点，我虽如释重负地感到自己完成了育儿大事，但对孩子前途的思虑也随之而来，心中给孩子们献上了深厚无限的祝福。

此时，歌声落下，老师提醒台下观众：准备好相机！随即，台上早已起立歌唱的全体毕业生，一起把毕业礼帽向上空抛去。这一刹那，仿佛是孩子们的青春在飞舞，是他们的理想在翱翔！这张照片，定格的是他们的人生里程碑。由此，孩子们进入了一个全新阶段，等待他们的将是更大的挑战！

后 记

　　几年前的一个夜晚，非非从高中伙伴们的告别晚会上走出，在夜色中目视站在室内窗口挥手送他离开的朋友们，并向他们挥手说再见。这一幕一直印在我的脑海中，成为我的孩子完成中学生活的标志性画面。第二天，非非便跨过海峡到彼岸的温哥华开始了大学时代的新生活。每个孩子各有自己的成长节奏。数年后，栓柱在本地完成了大学本科学业，也独自离家到了更远的地方继续求学。

　　孩子们长大了！感慨之际，我也感谢培养了孩子们成长的加拿大教育。我们从香港移居加拿大时，老大栓柱正要上小学二年级，老二非非则刚上小学一年级，可以说他们在加拿大经历了完整的中小学基础教育。回想他们在加拿大受教育的全过程，深感这里的教育体系和教育理念有许多令人深思之处。在这里，教育充分尊重了孩子们的成长特性，给予他们很大的自我成长空间，提供了从知识到技能多方面的丰富选择，培养了他们遵纪守法、诚实做人、热心公益、对生活负责任的诸多品德，为他们成长为一个社会的人、特别是一个公民奠定了良好的基础。假如有人问我对教育孩子有何建议，我会说：可以参考加拿大的教育理念，给孩子选择，给孩子信任，教他们独自飞翔！

　　学校不仅是孩子读书的地方，更是青春成长的沃野。学校给稚嫩的孩子们以千般包容和保护，但也为他们走向明天的高山大海准备了搏击风云的翅膀。篇幅所限，还有许多的高中教育内容，本书难以一一详述；有所涉及的方面，也因为教学内容丰富，也未免挂一漏万。总之，这本书和此前我关于加拿大小学、初中教育的两本书所述，远远不是加拿大中小学教育的全部内容。我仅仅是从亲身体验出发，尽力以事实和细节来记录并展现加拿大基础教育的精神和特点，与重视教育、实践教育并寻求改善教育的读者们共享。

　　借此机会，我想感谢在本书写作和出版过程中提供了各种帮助的诸多朋友。他们包括：李茵、陈秀清、周丽娟、王津津、王克明、杨利川、鲍朴、刘看看、钱镜、柯琪、孙立川、冯媛、罗晓、李树岭、曹宏亮、许治英、吴青、高欣华、张安纪、廖晓群。

感谢两个孩子为我提供了那么多丰富、鲜活的材料，还对我不时提出的问题给予耐心回答。回头记述他们的高中生活，从前的场景历历在目，仿佛再次和孩子一起度过他们那欢快的青春期，这给了我双倍的温馨、幸福和快乐。祝愿他们勇敢地面对人生的各种挑战，实现自己的梦想。

我愿把此书献给我的先生吴国光，感激他在抚养孩子成人的过程中与我携手同心、相伴而行，赞赏他作为父亲在赋予孩子们爱的同时，也为他们树立了人生榜样，并感谢他在我写作加拿大中小学教育系列丛书的过程中一以贯之的支持与鼓励。

廖晓英